智能城市规划

中国工程院

重大咨询研究项目

“中国人工智能 2.0 发展战略研究”

人工智能城市

AI CITY: ITS THEORY AND PRACTICE

吴志强　主编

上海科学技术出版社

图书在版编目（CIP）数据

人工智能城市 / 吴志强主编. -- 上海 : 上海科学技术出版社, 2023.9
（智能城市规划）
ISBN 978-7-5478-6141-7

Ⅰ. ①人… Ⅱ. ①吴… Ⅲ. ①人工智能—应用—现代化城市—城市建设—研究—中国 Ⅳ. ①F299.2-39

中国国家版本馆CIP数据核字(2023)第063591号

人工智能城市

吴志强　主编

上海世纪出版（集团）有限公司
上海科学技术出版社　出版、发行
（上海市闵行区号景路159弄A座9F-10F）
邮政编码 201101　www.sstp.cn
山东韵杰文化科技有限公司印刷
开本 889×1194　1/16　印张 14.75
字数 373 千字
2023年9月第1版　2023年9月第1次印刷
ISBN 978-7-5478-6141-7/TU·328
定价：98.00元

本书编辑委员会
Editorial board

序 1

Preface 1

中国工程院组织对我国发展新一代人工智能的战略研判得出，中国人工智能的研究不但应向大数据智能、群体智能、跨媒体智能、人机混合增强智能和自主智能 5 个方向前进，而且应向智能城市、智能制造、智能医疗等方面应用。本书正是中国工程院研究项目“中国人工智能 2.0 发展战略研究”下城市应用子课题的研究成果的提炼。

2012 年，我国推出了智慧城市试点管理办法。此后，我国在全国范围内逐步开展了建设智慧城市的探索，并陆续推出了国家战略层面的一系列政策，提出了更具前瞻性和系统性的国家城镇化战略措施及相关科学技术领域的推进指导战略意见，逐步实现智能城镇化建设从试点到成熟、从浅层次到深层次的推进。

如今，人工智能技术开始介入智慧城市的规划、设计、施工、运营的建设维度，以及生产、生活、生态、管理的运行维度，人们也建立了对人工智能城市的初步认识，但是仍然需要对其内涵、特征、要素、关键技术及发展动力的系统性建构。

本书提出一个人工智能城市的理论架构，由核心架构、场景体系、技术体系 3 个部分组成，分 15 个章节系统地介绍了人工智能城市的概念，阐述了从智慧城市到人工智能城市的发展理论基础，人工智能城市的技术前沿、核心目标、构成要素等，并以丰富的实践案例展示了人工智能技术与城市规划、城市治理、城市场景等方面的结合，显示了城市智能化发展的中国智慧和中国特色，为未来人工智能城市的研究与实践提出框架引导，为城乡治理管理、城乡智能改革、城乡规划建设等方面的实践者、决策者、学者及相关专业的师生提供了重要参考。

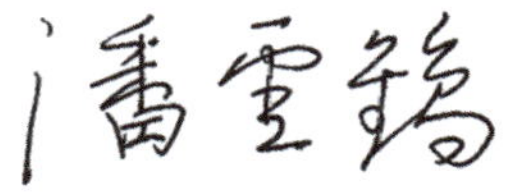

中国工程院院士、原常务副院长

浙江大学教授

2022 年 11 月 12 日

序 2 Preface 2

大家可能熟悉“城市大脑”，我们长期观察发现，如果一个城市运行的所有信息都进入一个“城市大脑”的话，就会发生“脑大”的窘况。因此，我们这一次全新的探索，找了一块 2 平方千米的试验地来模拟 AI 模型是否可以向真实城市协同运行学习，让 AI 学习一个社会群落是如何组织、协同、行动的，形成超越一个大脑的多大脑群落智慧模式，我把这个新模式称为城市众脑。

我们完成了首个众脑结构的 CIMAI 系统，采用多层级、分布式、跨业务的架构，形成一个高效运转的智能决策网络系统，这里面包含主脑、辅脑、分脑、端脑，有些信息不用经过大脑直接可以进行决策反馈，大幅提高了决策效率，这是 AI 模式的一次历史性创新。众脑结构有多种主体，包括城市的战略决策者（市委书记与市长）、部门管理者（各委办局）、投资开发者（企业家、开发商）、经营管理者（城市各功能的日常经营管理，包括校长、店长、企业经理人）、就业者和访问者，我们在 AI 城市模拟平台上构建了六大主体模型来模拟、学习各主体间在同空间中各体感知，个体判断，个体决策反应，群体交互，保障整体平衡下的各方利益持续发展；在 AI 城市模拟平台上，我们提出构建了“合板理论模式”，用于九大 AI 场景的六主体的群落自组织、自运营、自生长和自协同的合作模型，覆盖城市就业、生活、金融、教育、医疗、安全等多个领域。

我们发现，一旦突破了向城市社会群落学习，AI 城市的创新模式，完成了各个系统在同一个空间底座上实现信息交互，和预判他方决策，并欣喜地发现了各方长、短板的互补协同。我们在韧性、绿色、智慧领域完成了一系列的多种目标的场景中的多主体的模拟，一次次被“AI 城市多主体众脑协同”学习进步感动。

我们所探索的众脑模型，从 AI 学习城市群体协同到众脑架构首次在城市实验，我们肯定，智慧城市已经完成了模拟一个社会群落的大脑，走进了众脑学习与协同模式的新时代。我们相信这不仅给 AI 城市模式带来创新，更为城市多元的主体与协同管理提出了更高级的智能模式；这一创新是在中国工程院 AI 2.0 项目深刻影响下的 AI 模式创新。

2007 年，在世博会筹备期间，同济大学团队与 IBM 在合作中共同提出了智慧城市的内部架构和一系列基本概念；世博会也专为此布置了一个主题馆“城市生命馆”（City-Being），以把握城市不仅是复杂生命，更应该是智慧生命的理念，智慧具体是有大数据、数字技术支撑的，应该称为智能生命体；世博会后，城市是一个智慧生命的概念得以在全球传播。

智慧一城市结合之后，Smart City 这个词首先出现，对应的中文是“智慧城市”。但是许多学者，包括徐匡迪主席，认为这样的概念并不严谨，而应该用 Intelligent City，即“智能城市”。因此，很多工程院的报告，包括工程院与联合国教科文组织联合主持的国际工程科技知识中心智能城市分中心（iCity）也使用“智能城市”这一词。

随着人工智能大规模崛起，大量人工智能技术和城市的智能化过程进行了新一轮的结合，这既是人类 8 000 年城市建造史上最新的、最高峰的攀登，也是最大的挑战和风险。因此，对于“人工智能城市”（AI City）这个概念，首先要完成目标的界定、技术的向善，保持初心，即技术是为人类美好的城市生活而服务，而非导致城市更多的不公平、不透明。我们提出 AI City 的第二个关键点是，它不仅是一个统治的大脑，而是使各个层面的人都成为城市的大脑，即“众脑”的概念。城市是民主多元、智慧集成的，城市智慧生命的集体，这才是城市的智慧要义及未来的发展走向。

AI 城市的未来，极为重要的是 AI 导入城市的基本安全保障，比如，城市中的疫情、流行病，城市洪灾和火灾，这些都是人类希望攻克但仍未攻克的难题。有了 AI 技术，可以探索更安全的城市。

AI 另一个重要场景，是帮助弱者。如孤寡老人的生命护理支持；残疾人的生活困难得到更多辅助和帮助；儿童获得更加安全和阳光的美好童年生活；大量外地移民基于 AI 辅助，获得就业、就医、文化学习的条件支撑，等等。还有更多的弱者需要 AI 赋能。

AI 城市场景探索中，大量新技术的架构、数字储存的分享和分割，都是尚未解决的重大问题，如何既保障个体的私密和数字安全，又保障整体系统的高效运行和运转，都是未来亟须解决的重大技术和伦理问题。

AI 城市必然会到来，让更多的人获益，公开讨论技术向善、技术攻关。在筹备几年内部会议、完成中国工程院 AI 2.0 五期智能城市攻关后，我们把这些成果整理出来，和领导、专业人士、百姓一起，从头开始，共同探索把 AI 与城市生活绑定为更加美好和繁荣的未来。

吴志强

写于 2022 年 12 月

目 录
Contents

第 1 章　智慧城市的发展历程　1
CHAPTER 1　THE DEVELOPMENT OF SMART CITY

1.1 智慧城市概念的提出　3
The Concept of Smart City

1.2 国内外智慧城市的发展与困境　4
The Development and Predicament of Smart Cities in the World

1.3 新技术涌现下的城市智慧化　15
Urban Intellectualization under Emerging Technologies

第 2 章　超越智慧城市：人工智能城市已经到来　21
CHAPTER 2　BEYOND SMART CITY: AI CITY IS COMING

2.1 新一代人工智能技术的导入　23
Introduction of New Generation AI Technology

2.2 人工智能城市的定义　30
Definition of AI City

2.3 人工智能城市对智慧城市的提升　32
From Smart City to AI City

2.4 人工智能城市的本质　34
The Essence of AI City

2.5 人工智能城市的众脑模式　37
Multi-brain Scheme of the AI Cities

第 3 章　人工智能城市的原型　39
CHAPTER 3　THE PROTOTYPE OF AI CITY

3.1 城市智化的结构演进　41
Structural Evolution of Urban Intelligence

3.2 七波城市技术对于城市的迭代影响　46
The Impact of Seven Waves of City Technology

3.3 人工智能技术引发的未来城市变化　49
Future Urban Changes Triggered by AI Technology

3.4 人工智能城市的原型 52
The Prototype of AI City

3.5 人工智能城市的规划与治理 55
The Planning and Governance of AI City

第 4 章 人工智能城市的要素 61
CHAPTER 4 THE DETERMINANTS OF AI CITY

4.1 人工智能城市要素一：具有学习能力 63
AI City Determinant One: Learning Ability

4.2 人工智能城市要素二：通过学习发现规律 64
AI City Determinant Two: Discovering Laws through Learning

4.3 人工智能城市要素三：推演城市未来 65
AI City Determinant Three: Predicting the Future

4.4 人工智能城市要素四：智能自组织 66
AI City Determinant Four: Intelligent Self-Organization APPs

4.5 人工智能城市要素五：以需求带动技术发展 67
AI City Determinant Five: Demand Driven Tech-development

第 5 章 人工智能城市的核心目标 69
CHAPTER 5 THE MAIN GOAL OF AI CITY

5.1 需求的产生 71
The Generation of Human Needs

5.2 城市人的需求具有多样性 72
The Diversity of Human Needs

5.3 满足人的需求是城市智化的本质 74
Meeting Human Needs is the Essence of Urban Intelligence

第 6 章 新一代人工智能技术与城市需求的匹配 77
CHAPTER 6 MATCHING BETWEEN NEW GENERATION ARTIFICIAL INTELLIGENCE TECHNOLOGY AND URBAN DEMANDS

6.1 “AI 技术—City 需求”的矩阵 79
Matrix of AI Technologies and City Needs

6.2 大数据智能技术的城市应用 80
The City Applications of Big Data Intelligence

6.3 群体智能技术的城市应用 82
The City Applications of Swarm Intelligence

6.4 跨媒体智能技术的城市应用 84
The City Applications of Cross-media Intelligence

6.5 混合增强智能技术的城市应用 86
The City Applications of Hybrid Enhanced Intelligence

6.6 智能无人系统技术的城市应用 88
The City Applications of Intelligent Unmanned Systems

第 7 章 新一代人工智能技术的前沿应用 91
CHAPTER 7 FRONTIER APPLICATION OF NEW GENERATION ARTIFICIAL INTELLIGENCE TECHNOLOGY

7.1 智能制造 93
Intelligent Fabrication

7.2 智能农业 97
Intelligent Agriculture

7.3 智能医疗 100
Intelligent Healthcare

7.4 智能教育 102
Intelligent Education

第 8 章 人工智能城市的技术架构 107
CHAPTER 8 THE TECHNICAL FRAMEWORK OF AI CITIES

8.1 数据感知底板 109
Data Sensing and Database

8.2 智能反馈技术 112
Intelligent Feedback

8.3 决策技术 115
Decision-making Technology

8.4 应用场景系统 117
The System of Application Scenarios

第 9 章 青岛中德未来城：人工智能技术集成应用 123
CHAPTER 9 CASE: QINGDAO SINO-GERMAN FUTURE-PARK

9.1 青岛中德未来城的 AI 城市中枢建设 125
Construction of AI City Pivot Qingdao Sino-German Future City

9.2 能源与水资源的科学配置 126
Rational Allocation of Energy and Water Resources

9.3 中德未来城 CIM 平台 127
The CIM Platform of Qingdao Sino-German Future City

9.4 中德未来城 CIM 平台的系统架构 128
The Systematic Structure of The CIM Platform of Qingdao Sino-German Future City

9.5 中德未来城 AI 中枢的环境建设 131
The Environment Development of AI City Pivot of Qingdao Sino-German Future City

第 10 章 上海金鼎聪明城市：人工智能城市的规划 133
CHAPTER 10 CASE: SHANGHAI JINDING SMART CITY

10.1 上海金鼎聪明城市：基本情况 135
Shanghai Jinding Smart City: Introduction

10.2 百姓需求的智能感知 136
Intelligent Perception of the Needs of the People

10.3 AI 赋能金鼎空间、功能、配置、运营数智化提升 137
AI Enabled Space, Function, Allocation and Operation with Digital Intelligence in Jinding

10.4 金鼎 AI 场景创新集成 142
AI Scenario Integration Demonstration

第 11 章 台州梦创园：智能场景与空间 145
CHAPTER 11 CASE: TAIZHOU INNOVATION PARK

11.1 台州梦创园：基本情况 147
Taizhou Innovation Park

11.2 产业转型 150
Industrial Transformation

11.3 AI 赋能空间创新 153
AI-Enabled Space Innovation

11.4 台州梦创园 AI 场景创新集成 155
AI Scenes Integration Demonstration

第 12 章 上海马桥：第一个人工智能创新示范区 161
CHAPTER 12 CASE: SHANGHAI MAQIAO: AI INNOVATION EXPERIMENTAL AREA

12.1 上海马桥：全国第一个人工智能创新试验区 163
Shanghai Maqiao: The First Artificial Intelligence Innovation Experimental Area in China

12.2 马桥将成为世界级人工智能城市 164
Maqiao to be a World-class AI City

12.3 马桥人工智能技术应用 *168*
AI Technology Application in Maqiao 168

第 13 章 人工智能城市的推进模式 *173*
CHAPTER 13 THE ITERATION MODE OF AI CITY

13.1 城市需求迭代 *175*
Urban Demand Iteration

13.2 人工智能技术发展 *178*
Development of Artificial Intelligence Technologies

13.3 智能基础设施建设 *181*
Construction of Intelligent Infrastructure

13.4 治理模式提升 *186*
Improvement of Governance Mode

13.5 创新人才培养 *193*
Cultivation of Innovative Talents

第 14 章 中国建设人工智能城市的机遇与挑战 *197*
CHAPTER 14 OPPORTUNITIES AND CHALLENGES OF CONSTRUCTING AI CITIES IN CHINA

14.1 中国建设人工智能城市具有全球独特的优势 *199*
Unique Advantages of China's Construction of AI Cities

14.2 中国建设人工智能城市面临的挑战 *203*
The Challenges of Constructing AI Cities in China

第 15 章 结语：下一代人工智能技术的涌现 *207*
CHAPTER 15 EMERGING AI TECHNIQUES OF NEXT GENERATION

15.1 创作智能 *209*
Creative Intelligence

15.2 情感智能 *213*
Emotional Intelligence

15.3 美学智能 *215*
Aesthetics Intelligence

15.4 智能创组 *217*
Intelligent Creative Cluster

后记 *221*
Postscript

第 1 章　智慧城市的发展历程

CHAPTER 1

THE DEVELOPMENT OF SMART CITY

1.1 智慧城市概念的提出

The Concept of Smart City

“智慧城市”是当下全世界广泛聚焦的领域。2008 年，IBM 提出“智慧地球”的概念。这一概念得到美国政府的认可，并将智慧城市作为应对经济危机的重要策略之一。2010 年，吴志强教授与 IBM 合作提出“智慧城市”的概念（图 1.1.1），并成立同济大学 -IBM 智慧城市研究中心。2012 年 12 月，美国国家情报委员会（National Intelligence Council）发布的《全球趋势 2030》指出，对全球经济发展最具影响力的四类技术是信息技术、自动化和制造技术、资源技术、健康技术。其中，“智慧城市”是信息技术的内容之一。

图 1.1.1 IBM 的未来智慧城市架构

Figure 1.1.1 IBM's Future Smart City Architecture

1.1.1 美国在全球范围内较早推广“智慧城市”

美国政府通过财政资金推进智慧城市的建设，并引导企业在相关领域投入科研，鼓励创新。信息基础设施、智能电网、智能交通、智慧医疗等建设是美国当前智慧城市建设的重点。

为了推动智慧城市，美国政府曾计划投资超过 1.6 亿美元用作联邦研究经费，支持超过 25 项新科技合作以帮助基层解决关键性挑战。这些关键性挑战包括缓解交通拥堵、打击犯罪、促进经济增长、应对气候变化及提供城市服务。

1.1.2 欧洲在智慧城市方面的实践走在世界前列

英国、荷兰、瑞典、丹麦、西班牙、法国等国家在积极推进智慧城市建设方面都起步较早。《欧洲愿景 2020》（*Europe 2020*）中提出要建设智慧的、可持续发展的、包容性的欧洲，将智慧城市作为其中重要的组成部分，希望通过智慧城市的建设最大限度释放当前基础设施和资本的潜力，研发适应社会和环境挑战的新产品与新服务。

1.1.3 亚太地区国家结合自身特点实施相关国家战略政策

早在 2004 年，韩国、日本就先后推出 U-Korea、U-Japan 的国家战略规划。新加坡于 1992 年提出“智慧岛计划”（IT 2000），于 2000 年提出“21 世纪信息通信计划”（Infocomm 21），并在智慧城市建设方面做出了卓越的成绩。

1.2 国内外智慧城市的发展与困境

The Development and Predicament of Smart Cities in the World

1.2.1 国内智慧城市发展现状

我国城镇化正处在快速发展时期，以沿海城镇密集地区和内陆中心城市为引导，以产业与就业为带动，以人口大规模跨区域流动为特征。我国城镇化增长速度远高于同期世界城镇化发展的平均水平。国家统计局资料显示，1978—2013 年，中国常住人口城镇化率从 17.9% 提升到 53.7%，年均提高约 1 个百分点。而根据 2018 年国家统计局公布的《中华人民共和国 2017 年国民经济和社会发展统计公报》，2017 年年末，国家总人口数为 13.9 亿，其中城镇人口数为 8.13 亿，占总人口比重为 58.52%，即城镇化率已达到 58.52%。城镇化发展的态势还将持续 10～20 年。

智慧城市是通过综合运用现代科学技术、整合信息资源、统筹业务应用系统，加强城市规划、建设和管理的新模式。同时，建设智慧城市也是贯彻党中央、国务院关于创新驱动发展、推动新型城镇化、全面建成小康社会的重要举措。

从 2012 年我国推出智慧城市试点管理办法及此后公布的三批智慧城市建设试点名单开始，我国在全国范围内逐步开展了建设智慧城市的探索。紧接着几年间又陆续推出了国家战略层面的一系列政策，提出了更具前瞻性和系统性的国家城镇化战略措施及相关科学技术领域的推进指导战略意见，逐步实现智能城镇化建设从试点到成熟、从浅层次到深层次的推进（图 1.2.1）。

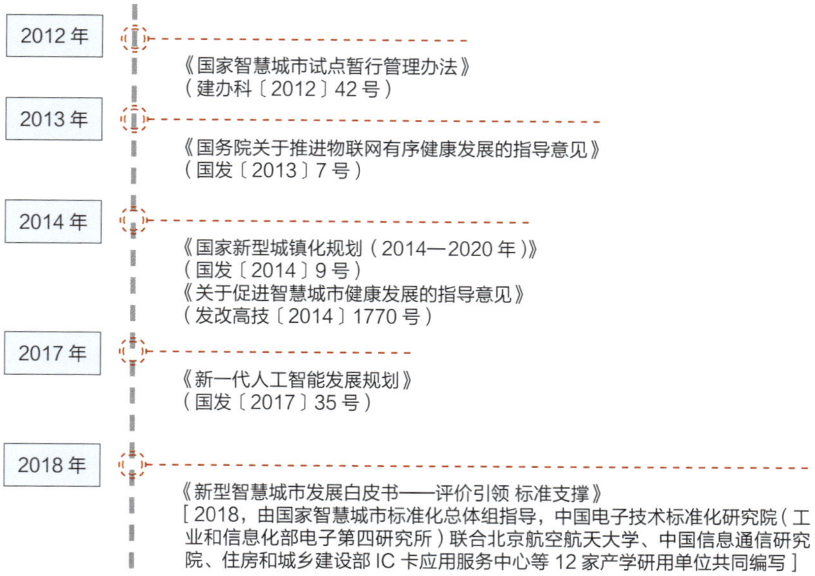

图 1.2.1　智能城镇化建设时间线

Figure 1.2.1 The Timeline of Smart Urbanlization Construction

北京

在智慧交通、物业、公共服务方面国内领先

(1) 智慧交通

我国大多数一线城市面临着城市拥堵的交通系统压力，北京就在其中。为缓解交通系统压力，北京市积极推进新一代信息技术在交通系统中的应用，作为智慧城市建设中的重要一环。通过不断地注入新技术、导入新模式，疏导交通拥堵，提升交通体系运行效率。

驭势科技（北京）有限公司在房山区高端制造业基地和中关村新兴产业前沿技术研究院的支持下，通过在窦店镇建立智能网联汽车测试场，建设了实现无人驾驶和智能网联的道路基础设施，对智能驾驶汽车在车路协同下运行进行了测试实验，为智慧交通体系搭建打下了良好的实践基础。在技术应用上，该公司还积极拓展特定场景下的产品应用。通过与白云机场合作，在航站楼和停车场之间投入无人驾驶接驳车，给乘客们带来科技感、未来感的摆渡服务体验，并提升了机场通勤的便捷性和安全性。通过与来福士商业综合体项目合作，在大型地下停车场投入无人驾驶接驳车，通过自动识别系统锁定顾客车位，将顾客从停车场电梯口接送至其车辆所在停车位，有效解决了顾客停车场找车难、通行距离长等问题。

未来，在京津冀协同发展大背景下，在北京智慧城市建设过程中，无人驾驶、车联网、人工智能等一系列技术、产品、应用、模式将层出不穷，逐渐点亮首都交通大动脉。

(2) 智慧物业

智能科技在日常生活管理方面的应用也被充分重视，智慧物业管理对城市民众生活有许多方面的积极影响。现状面临的一些问题，如老旧小区停车困难且秩序差、现代住宅小区管理水平参差不齐、现代办公楼宇能源消耗浪费等，将得到有效解决或提升改善。而搭建智慧物业管理体系，需要秉承行政精细化治理和民众参与共同治理相结合的理念。通过大数据采集、云计算、高速物联网等新一代信息技术，构建综合管理平台，居民经由综合管理平台 APP 将问题汇总至街道，物业服务公司、行政主管部门都可以通过综合管理平台 APP 介入，共同探讨解决方案，最后经由物业公司执行，形成问题处置闭环机制。同时，通过联合物业公司对办公楼宇企业、住宅小区居民的信息进行动态采集，实时预警把控消防、非法集资、人口动态、水电气热安全等状况，并建立数据库以便综合分析，解决非法集聚活动、高层楼宇消防隐患排查、独居老人救援处理等问题。另外，在物业管理法律法规和制度方面，鼓励街道、业主与物业公司签订标准化服务管理协议，提高管理和监督的效率。

(3) 率先建立公共设施“身份证”

未来，北京道路两侧的公交站牌、电话亭、报刊亭、垃圾箱等城市公共设施都将配置二维码“身份证”。到 2019 年北京核心 CBD 区域、奥运会园区及周边区域、三里屯等区域二维码覆盖率已达 100%。市民通过微信、QQ、微博等软件，扫描设施上的二维码，不仅能了解这些设施的基本信息，还能在线举报公共设施存在的脏乱、破损等问题。过去，公共设施处于多部门管理的乱象状态，全市的公共设施到底有多少、位置在哪里、破损该找谁等，都不十分明晰。给每个公共设施建立档案作为“身份证”，明确这个设施的产权单位，解决了上述弊端。

(4) 大数据平台打造共享社会

在交通组织方面，智慧城市将采用大数据、物联网及智能网联汽车等新技术；在解决拥堵、停车、乘车等方面，采取一系列的新信息化技术，使人们出行更加便利。智慧城市、城市物联网，就是采集所有可移动的、可应用的、可交互的信息，用大数据的方式储存在一个大的数据库里面，也就是“城市大数据平台”。这个平台首先将政府各部门的信息汇聚，实现共享。其次，把社会各单位、机构、商业部门的信息进行汇聚、交换和共享。通过应用来进一步丰富、完善数据平台，最终形成一个良性循环。社会组织和个人活动都通过数据汇聚，形成一个巨大的数据库，再经过数据挖掘、分析、整理和优化，提炼出一些规律性的东西辅助决策。同时，市民也可以利用这些数据获得各类便利的生活服务。

上海

智慧健康建设国内领先，注重智慧对产业升级的赋能

(1) 智慧健康

上海致力于建设智慧健康体系。上海健康网作为重点建设项目，经过两期建设，初步建成国内最大的人口健康大数据中心，汇聚了300多亿条临床诊疗数据，包括10亿份门诊病历和1 000多万份住院病历，实现了全市公立医疗卫生机构的互联互通和数据共享。基于人口健康大数据的应用探索，在医疗服务价格调整、社区“1+1+1”、公立医院评价等政策设计中发挥了决定性作用，实现了政府过程管理、精细管理，推动了政府管理模式的转变。

(2) 智慧政务

上海积极推进新技术、新模式在政府管理和服务中的应用，推进政务信息共享平台全市联通、数据全网共享、业务全面协同、服务全程在线。完成了近200个基于政务云的信息子系统部署，实现不同空间位置内的企业、市民信息共享使用，并开展跨部门协同管理的行动。目前已经实现上海市级政务信息共享平台与全国政务信息共享平台的协调联动，为解决跨地区、跨层级、跨部门的信息交互共享打下了坚实的基础。

(3) 智慧生活

上海智慧生活建设以市民卫生综合服务、智慧交通出行、气象数据服务等为项目启动，构建了如下平台：

① 卫生服务综合管理平台。建设覆盖医疗、医保、医药、公共卫生领域的综合管理平台，实现政府的政策与资源联动；建立卫生计生行政决策综合管理平台，推进市级平台与区级平台、业务系统的深度融合和无缝对接。

② 智慧交通出行信息发布体系。建设交通综合信息服务平台，满足公众出行信息需求，通过移动终端等多种载体，提供涵盖公共交通、对外交通和道路交通的交互式综合性信息服务。

③ 气象公共数据社会服务云平台。通过气象监测数据的开放化处理，构建气象大数据平台，向民众提供即时气象信息服务，提升城市生活的便捷性。

(4) 智慧经济

上海市针对经济发展导入新一代通信技术，从产业园区发展高效化、智慧化（简称“两化”）入手，实现产业经济发展提质换挡。其中，“两化”融合管理体系贯标推广工程对于能源经济发展具有较大的促进作用。通过开展“两化”融合评估诊断和对标引导工作，充实贯标试点企业和服务机构，完善和规范贯标推进和评定服务体系；加强对贯标试点工作的政策支持，引导“两化”融合管理体系与智慧园区、工业互联网等相关标准的融合发展。

(5) 智慧治理

上海在城市治理方面侧重于空气、能源、公共服务领域。其中，空气治理协同长三角区域，构建长三角区域空气质量预报预警系统，成立长三角区域空气质量预测预报中心，建立涵盖监测数据开放、数据可视化、综合治理应用、排放清单、区域空气预报服务等功能于一体的系统，提升长三角区域空气质量预测预报水平。

(6) 新一代信息基础设施

① 用户感知提升工程。完善宽带网络结构，优化网间互联，扩容城域网络，规模部署千兆接入到户，进一步提升网速。

② 新型服务平台构筑工程。依托电信运营企业自身的网络和设施资源，整合其互联接入、业务支撑、云计算及大数据、用户渠道等能力，加强与社会第三方合作，建立开放式“互联网+”综合服务平台，在医疗服务、交通出行、智能制造等领域开展应用示范。

③ 骨干物联专网建设工程。在临港、杨浦、迪士尼等部分重点区域先期开展技术试验和网络部署，面向不同类型用户，提供异构、泛在、灵活的网络接入，推动在城市管理、智能制造等方面的应用，初步建成面向物物互联的全市域物联专网并实现规模应用。

(7) 数据资源开放利用

① 政务数据资源共享和开放。制定共享技术规范和管理标准，完善共享评估监督机制，打造全市统一的政务数据资源共享管理平台，实现数据资源目录的集中存储和统一管理及政务数据资源的全面共享。

② 建立健全本市数据交易流通市场。依托上海数据交易中心，探索开展面向应用场景的商业数据衍生产品交易，完善数据交易和隐私保护等方面的相关法律制度、规则标准、技术保障和认证体系，规范数据资源共享流通行为，逐步建立国内领先的数据交易市场体系、标准化体系和监管体系。

广州

智慧交通、智慧规划探索取得较大成果

广州市深入贯彻党中央、国务院关于加快政府职能转变、简政放权、优化服务的工作部署，加快推进“互联网+政务服务”，结合国家“一号一窗一网”政务服务改革要求，深入实施信息惠民工程，全面推进行政审批“集成服务”改革，实现全市全部行政审批、公共服务事项“前台综合受理、后台分类审批、统一窗口出件”，建立市、区、街（镇）、社区（村）四级行政审批服务的联动机制，营造审批流程优、审批服务好、审批成本低、审批效率高的政务服务环境。同时，全力推进“社会治理政府公共服务平台”建设，打造“两级平台、三级管理、四级联动、五级服务”的政府服务管理体系，实现全市政府服务管理工作的资源整合、流程再造、数据共享、业务联动，促进社会治理能力显著增强，公共服务水平明显提升，信息整合建设纵深推进，服务管理机制更加完善。

(1) 基于智慧产业进行区域规划探索智慧城市建设——天河智慧城

在2010—2020年，广州市政府将“智慧广州”作为城市发展的重要战略，聚焦打造新设施、新应用、新产业、新技术和新生活。通过展开“规划大作战”，对重点区域编制控制性详细规划，在2015年完成智慧城市建设基本框架的搭建。其中，天河智慧城作为重点区域之一，是广州对智慧城市建设的先导探索。

(2) 将现代生态技术融入岭南山水文化，实现城野共生——智慧生态

天河智慧城是广州中部生态廊道中的一个重要节点，周边由山地、丘陵包围，三面环山，有着传统岭南山水格局相同的生态基底。通过融入智慧采集、智慧分析等现代技术手段，与岭南山水格局基底相融合，在雨洪、生物、游憩三大方面进行研究，推演发展规律，并依据发展的规律进行科学合理的发展规划。在雨洪方面，通过对现状湖塘水体的容量、径流量、雨洪淹没范围的计算研究，针对10年一遇、50年一遇、100年一遇的雨洪情况，建立科学合理的空间布局方案。在生物方面，通过研究区域内主要动物的迁徙过程和环境适应性，布置保护生物、维护生态的安全生态格局。在游憩方面，通过对历史古迹、留存建筑、生态公园的研究，将可利用的景观资源、人文资源、游憩资源进行统筹分析，编制、穿插、叠加不同级别的安全游憩流线。

(3) 注重生态的智慧修复能力，完善生态基础设施

通过强调自然环境的调节指引作用，将自然环境与城市发展相融合，实现两者的共生。具体采取的措施有：①通过对城市发展过程中经历的雨洪进行分析计算，为未来的城市发展设计多道不同的分洪阻洪廊道断面；②利用廊道断面与自然湿地形成调蓄网络系统，分洪拦蓄的同时，运用现代技术进行水体净化，形成基于生态的雨洪调节体系；③还原和修复河道原始形态，通过建造生态绿带，将农田、湿地串联，构建二级雨洪调蓄体系；④基于山体打造生态廊道，充分考虑生态动植物保护，预留出限制级生态保护空间；⑤基于游憩路线、生态廊道、城市道路进行统筹设计，建立渗透式、高覆盖的休闲生活绿道；⑥将农田、苗圃保留，构成城市有机发展的重要部分。

(4) 构建公交优先的智能低碳交通体系

以城市地铁、ART等为核心，以传统公交系统为基础，以公共自行车、公共慢行通道为辅助，构建智能低碳的交通体系。增加新型交通网络密度，加强城市轨道交通间的衔接，提升中大运量公交体系的运载能力，实现15分钟到达城市核心交通枢纽、30分钟到达城市主要功能组团的发展愿景；提高轨交间、轨交与公交、公交与自行交通的换乘便捷度和城市服务能力，结合生态廊道和交通节点、枢纽，构建慢行系统网络，实现30分钟通达组团内部任何地点位置。

深圳

注重智慧交通管理、智慧产业发展

2016 年，深圳将智慧点（智慧路灯）列入智慧城市的信息基础设施建设，深圳东门步行街以智慧路灯系统的安全“点”全面辐射东门各个街道，发布《深圳市智慧点（智慧路灯）建设标准》，成立深圳公共 WLAN 及智慧点（智慧路灯）产业联盟。智慧点（智慧路灯）的综合功能依附于智能路灯的灯杆，在城市原有公共基础设施的基础上，通过结合 4G/5G 微基站、Wi-Fi 设备、传感器、视频监控、RFID、公共广播、智能照明、信息发布、充电桩等多功能模块，组建智能交互模块、搭建智能感知网络，为智慧城市建设采集数据并提供智能服务，助力推动新型智慧城市的建设。

智能交通管理

2017 年，深圳交警与华为共同打造业界领先的智慧交通实验室，构建城市交通大脑。双方优势互补，基于实战业务场景，探索更高效、更智能的交通管理技术体系，并形成了一系列的创新成果。城市交通大脑具备三类智能——计算智能、感知智能和认知智能，着力提升交通系统运行效率。

① 计算智能为交通大脑构建开放计算平台

在人工智能领域，各种智能分析算法百花齐放，同时也产生了大量的智能碎片。城市交通大脑提供了开放计算平台，有效解决了智能化碎片困境，支撑智慧交通持续发展的要求。开放的计算平台 Atlas，构建领先的 AI 硬件编排能力，支持 CPU、GPU、FPGA、NPU、存储等智能计算资源池化，可以按需提供硬件资源，统一编排调度，资源利用率提升 50%；秒级提供逻辑服务器，大幅减少业务部署周期。灵活的 EI（enterprise intelligence）平台，可以实现流式数据的实时调度和全局异构资源的任务调度，能够对交通服务进行智能编排，适应不同的业务场景。

② 感知智能像人类一样，感知全城交通状态

通过深度学习平台和开放式算法仓，容纳流量采集、事件采集、违章采集、智能分析、智能回滚等 1 000 余种算法，实现对交通流量、事件、违章等行为的深度感知，为智慧交通生态应用打好基础。通过算法仓，应用开发商无须关心深度计算部分的资源开销、硬件形态、系统规模扩展，而是将精力聚焦在交通应用中，实现交通业务的快速上线和创新。

③ 认知智能让交通大脑具备强大的认知能力

认知智能是城市交通大脑的高级能力，可以有效认知重点车辆态势，发掘专项整治的情报数据，如“失驾”在驶车辆分析、危化品车辆违法行驶、“夜猫车”分析等；认知交通出行规律，提供创新交通服务，为交警提供智能辅助，成为交警的智囊团和决策顾问。城市交通大脑提供了针对性的智能场景，帮助交警更高效地管理城市交通，让每个城市都拥有自己的交通大脑，让城市交通管理更加美好。

近年来，深圳交警着力于构建大数据支撑下的精准管控体系，秉持基于大数据和信息化的情报主导警务工作理念，建成了一套完整的情报研判体系，“情报主导警务”已逐渐由概念化、抽象化转变为实战化、具体化。交警部门成立三级情报中心，做强情报研判龙头；构建大数据池，实现车辆动静态可查可知；应用关键技术，实现数据比对碰撞；建立 DA

（数据“Data”+打击“Attack”）新模式，依托大数据平台，创建“失驾”、“毒驾”、多次违法未处理等大数据分析模型，通过开展DA专项行动予以精准查处，定向清除。深圳交警机训大队查获一宗挪用其他机动车号牌重点违法行为；2016年，深圳交警精准查处各类重点违法37 055起，查扣假、套牌车874辆，工作效率是以往的10倍，大数据作战效果显著。通过常态化的DA系列行动，套牌、假牌、报废、多次违法车辆在深圳道路已基本绝迹。当前，情报主导已成为深圳交警各项工作新常态，情报意识已成为各级部门的新习惯，一线民警的工作模式已逐渐由“大海捞针”向“精确制导”转变。

杭州

注重城市大脑建设发展，为智慧产业奠定坚实基础

（1）阿里云ET城市大脑

阿里云ET城市大脑是目前全球最大规模的人工智能公共系统之一，可以对整个城市进行全局实时分析，自动调配公共资源，修正城市运行中的漏洞，成为未来城市的基础设施。

目前ET城市大脑已经在杭州、苏州等地落地。杭州城市大脑接管了杭州128个信号灯路口，试点区域通行时间减少15.3%，高架道路出行时间节省4.6分钟。在主城区，城市大脑日均事件报警500次以上，准确率达92%；在萧山，120救护车到达现场时间缩短一半。

（2）其他

除了城市大脑，阿里云ET还在工业、医疗、环境方面构建开放平台，打造人工智能与重大产业结合的跨界开放生态体系。

科技部2017年召开的新一代人工智能发展规划暨重大科技项目启动会公布了新一代人工智能战略咨询委员会成员，由潘云鹤院士任组长，阿里云机器智能首席科学家闵万里是27名专家成员之一。

到2020年，人工智能总体技术和应用与世界先进水平同步；初步建成人工智能技术标准、服务体系和产业生态链，人工智能核心产业规模超过1 500亿元，带动相关产业规模超过1万亿元。

1.2.2　国外智慧城市发展现状

1.2.2.1　欧洲地区

（1）欧盟——注重智慧能源的建设和智慧生活方面的应用（图1.2.2）。

欧盟委员会一直积极推进智慧城市的建设，将智慧城市视为促进可持续发展的重要手段，希望通过智慧城市的建设最大限度释放当前基础设施和资本的潜力，研发新的适应社会和环境挑战的产品与服务。

欧盟探索了一个很创新的模式，即在技术上构建“智慧城市操作系统”模式，为智慧城市构建统一的系统构架标准，其与智慧城市的关系就像Windows系统与PC终端的关系，建设比较典型的有2013年“EPIC欧盟智慧城市建设平台系统”、巴塞罗那智慧城市业务架构、国际智慧城市建设“城市协议”。

（2）英国——以民众需求为核心，智慧城市建设注重智慧生活应用。

① 伦敦。早在2002年，

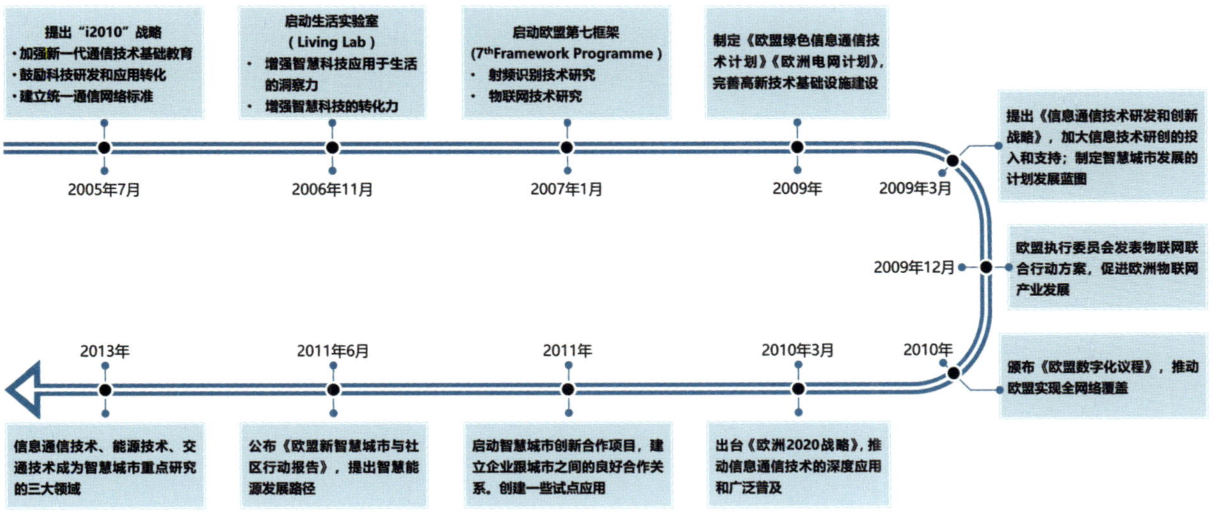

图 1.2.2　欧盟智慧城市发展历程示意图

Figure 1.2.2 Schematic Diagram of EU Smart City Development Process

伦敦就开始了对智慧城市建设的探索。贝丁顿零碳社区（Bed ZED）使用环保建筑材料，通过智能化手段，利用建筑隔热、智能供热、天然采光等巧妙设计，综合使用太阳能、风能、生物质能等清洁能源，实现可循环、零排放、零耗能。

② 格洛斯特。智能屋项目（The Gloucester Smart House）于 2007 年启动，以一栋房屋作为试点，安装各类传感器，通过传感器和中央处理系统，监测居住人的心率、血压，控制房间的温度，以便及时在发生危险的情况下发出警报并通知监护人。

③ 伯明翰。通过运用城市中的数字技术应对气候变化。同时，家居住房协会与数字伯明翰共同启动家庭能源管理项目，通过能源消耗数据可视化的方式，帮助民众了解能源利用信息，并据此为能源设施设备提供升级的预警信息。

（3）荷兰——以控制温室气体排放为核心，注重智慧能源生活方面的建设。

阿姆斯特丹是欧洲智慧城市建设的典范，也是世界上最早开始智慧城市建设的城市之一，以 5 个 “R” [即减少（reduce）、再利用（reuse）、再循环（recycle）、回报（repay）、恢复（recovery）] 作为城市提升的原则。运用可持续智慧节能技术，建立可持续交通系统、可持续公共空间、可持续生活等几十个智能项目（图 1.2.3）。

（4）西班牙——以绿色建筑为重点发展智慧城市。

巴塞罗那掌握智慧城市建设的领先经验，市政府专门成立“城市栖息地”部门，负责智慧城市项目的主导建设、监督、协调等。2008 年，巴塞罗那推出了 Urban Lab 项目，通过在公共空间中试验各种服务和技术，获取这些技术实践与空间相互作用的相关信息。2010 年建成的 Media-TIC 大楼是全球最具代表性的智能绿色建筑之一，曾获得全球建筑物节能最高荣誉 LEED 金奖。

（5）法国——以智慧交通、智慧旅游为重点发展方向。

① 巴黎。2011 年组织主题为智慧街道家具的设计竞赛，为街道中的设施提供智慧提升的方案，企业设计师和民众们纷纷参与，最终选出 40 项设计并予以实施。其中的典型是 Concept Shelters，它是一座数字化的公交车站，让民众通过交互式触摸屏幕设备终端与城市管理相关部门进行在线沟通。

② 里昂。2013 年开始，里昂在其拼车门户网站上建立

图 1.2.3　阿姆斯特丹智慧城市建设项目空间分布图
Figure 1.2.3 Spatial Distribution of Smart City Construction Projects in Amsterdam

实时的全城拼车信息服务平台。通过该网站，人们可以找到并进一步联系符合自己需求的长期或者短期拼车伙伴。截至目前，网站上已经有 9 000 人注册，其中 20% 的人至少每周拼车一次，计算下来可以节省 1 万桶汽油。

1.2.2.2　美洲地区

（1）美国——虚实互动：城市物理世界、网络空间和谐统一。

美国是北美地区最先对智慧城市建设进行探索的国家，在全球率先提出的国家信息基础设施建设（NII）和全球信息基础设施建设（GII）两大项目，侧重智慧城市信息设备设施的建设、智慧科技的研发与应用，最终实现政府 - 企业信息交互平台搭建、政府 - 社区信息交互平台搭建、数字化社区等，为智慧城市发展带来了良好的硬件设施基础。

（2）加拿大——注重智慧能源、智慧交通的应用，减少城市温室气体排放。

① 埃德蒙顿。由于有限的交通资源无法满足日益增长的通行需求，城市交通基础设施面临着巨大的压力。城市管理部门通过与 IBM 的合作，利用互联网、云计算、地理空间分析等技术构建城市交通安全系统，能够即时了解交通数据，统筹管理交通系统的通行，确保交通安全，疏导交通阻塞。同时，还减少了碳排放量，提高了公共交通的使用率。

② 魁北克。由于邻近极地地区，受到大陆性气候影响，魁北克有着非常明显的四季划分，夏季气温能够达到 30℃以上，冬季平均气温可低至 -20℃，这让城市居民对空调的依赖程度很高，居民在能源方面的开支占据日常生活开支的相当一部分比例。为节省市民能源开销，降低能源消耗，市政府启动绿色城市项目，利用 Delta 公司的 enteli 智能能源控制系统，对住户的能源消耗进行监测和管理。同时，enteli 智能能源控制系统集成了住户的 HVAC 控制系统、智能照明系统、门禁系统等，智能化地控制日常公共部分的能源消耗，也保障了市民居住的安全性。

（3）巴西——注重城市安全和治理，重点建设智慧城市的安全预警系统。

① 里约热内卢。里约热内卢举办了 2014 年的世界杯、2016 年的奥运会，让城市聚集国际关注度。2010 年的山体滑坡等自然灾害造成大量伤亡损失，当地政府开始十分重视自然灾害的智慧预警。通过与 IBM、Oracle 等信息科技产业公司合作，成立了城市运行中心（Centre of Operations），实时收集并处理城市中的数据信息，实现自然灾害预警、交通疏导、紧急情况处理。同时，城市运行中心的数据信息对外公开，成为开放数据，媒体、市民随时可

通过网络访问获取，确保了城市运行的多方参与和监督。

② 圣保罗。在智能水利用方面采取行动，在水泵及其他供水基础设施上安装了传感器，通过24小时实时监测、即时维修、定期维护，避免水资源的浪费，使漏水量减少40%～50%。

③ 库里蒂巴。库里蒂巴建立了智慧公共交通系统，提升了城市交通系统运行的高效性和可靠性。政府当局首先推行了三级道路系统（trinary road system），如图1.2.4所示，中间路线分为两种通行模式——区域直达市中心的公共交通工具通行、区域内部通行的社会车辆，且为双车道。南北两侧的路线为区域直达市中心的社会车辆通行道路，且为单向车道。三级路线系统通过公交中转站进行衔接。中转站还是一个服务功能中心，有报刊亭、咖啡屋等服务业态。

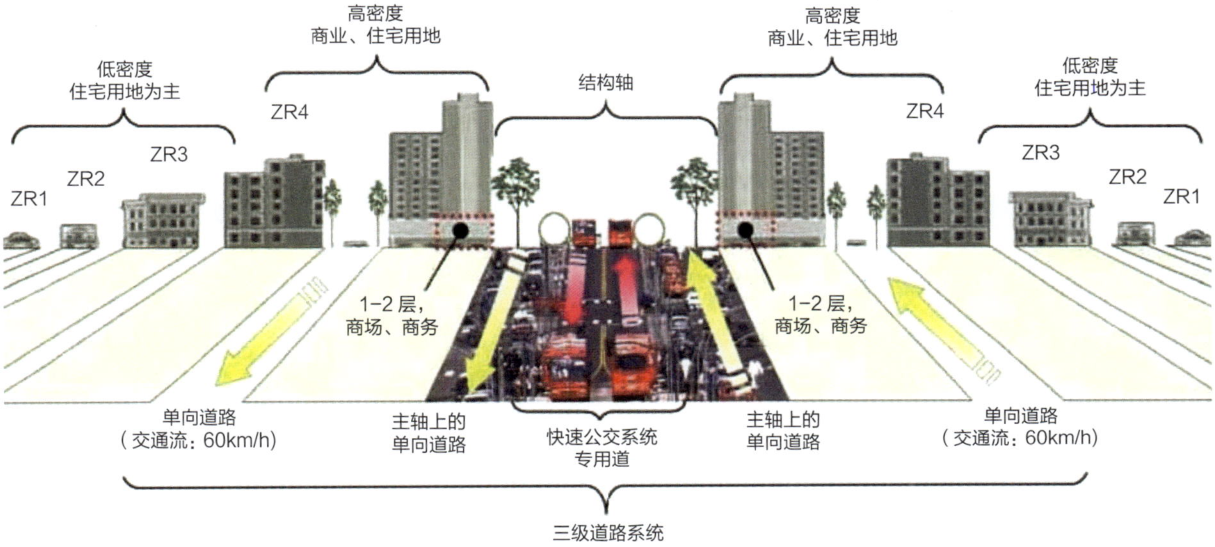

图 1.2.4　库里蒂巴三级道路系统

Figure 1.2.4 The Trinary Road System of Curitiba

1.2.2.3　亚洲地区

（1）日本——注重智慧产业在商业、旅游中的应用，提升购物便捷性。

日本是亚洲建设智慧城市较早的国家之一，其智慧城市建设既是对建设未来先进舒适城市的一种思考和探索，又是在新形势下为解决环境与能源等问题提出的一种新方法（图1.2.5）。日本先后推出“E-Japan”和“U-Japan”

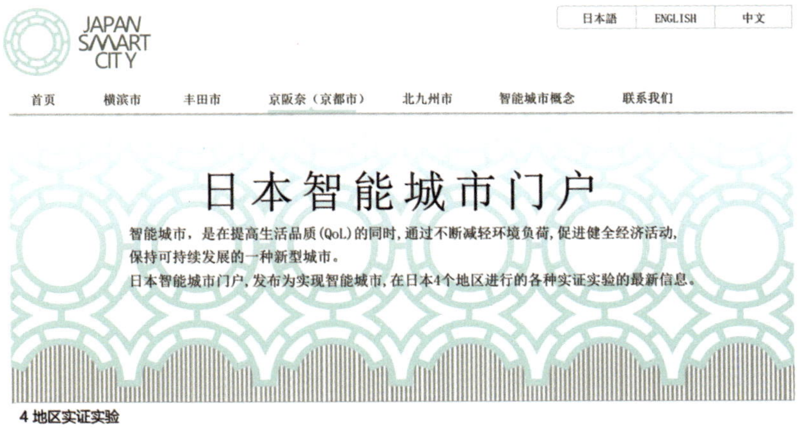

图 1.2.5　日本智慧城市门户网站

Figure 1.2.5 Japanese Smart City Portal

两大国家战略。前者激活了国家信息化基建和通信科技产业研发的活力，后者侧重于信息科技、数字科技应用到生活中的方方面面，以解决面临的人口老龄化等问题，提升国家竞争力。

基于“E-Japan”和“U-Japan”战略，日本政府于2009年补充提出了“I-Japan”战略，关注信息技术的易用性和渗透性，意在突破阻碍数字技术应用的各种壁垒，聚焦电子化政府治理、医疗健康信息服务、教育与人才培育三大公共事业领域，目标是实现以人为本的、安心且充满活力的数字化社会。

（2）韩国——注重智慧生活、医疗方面的应用。

2004年，韩国提出U-Korea战略计划，希望通过数字化、网络化、可视化、智能化促进韩国经济发展和社会变革。2006年3月，确定总体政策规划。根据规划，“U-Korea”发展期为2006—2010年，成熟期为2011—2015年。通过建设无所不在的信息感知网络为市民提供便利的生活服务，提升市民的生活便利度，也可以带动信息技术相关产业的发展，强化国家的竞争力。

2009年韩国通过了U-City综合计划，将U-City建设纳入国家预算，大力支持核心技术国产化，标志着智慧城市建设上升至国家战略层面。U-City是U-Korea的详细落实，通过建设智慧城市样板城市让市民感受到智慧技术为生活带来的便利，同时以此带动相关产业的发展，推动全国经济的前进。

（3）新加坡——智慧城市建设的先行者，以智慧政务统筹智慧城市的发展。

2006年，新加坡政府公布“智慧国2015”（IN 2015）计划，由新加坡资讯通信发展管理局（IDA）主持，政府和企业共同参与，计划在10年内将新加坡建设成全球领先的信息化国家。

2011年，新加坡政府通过“电子政府2015”总体规划，在2010年整合政府内部协同管理和服务的基础之上，加强政府对外部服务各项职能的整合，完善了政府部门的管理机制，为全民与政府渗透式合作打下了基础。

2012年，新加坡政府与达科（Dimension Data）、IBM建立战略关系，展开针对毕业生的大数据、云计算方面的知识培训。同时，还提供IT行业的云计算技术短期提升辅导课程。虽然提供这些服务投入很大，但会带来更大的收益。

1.3 新技术涌现下的城市智慧化

Urban Intellectualization under Emerging Technologies

1.3.1 通过城市航拍图像推测社会经济状况

城镇化（Urbanization）是现代社会的一大挑战，即使城市得到多方面的发展，同时也会扩大社会经济的不平衡。对于传统的数据收集方法而言，准确跟踪这一过程的展开一直是一项挑战，但遥感信息提供了一种替代方法，可以更全面地了解这些社会变化。通过神经网络模型中提供航拍图像，可以预测出与该地区相关的社会经济信息。

例如，在一项针对法国巴黎中心区的研究中采用了这种借助航拍图像预测社会经济状况（SES）的方法，并通过类激活映射（CAM）方法生成热力图，从城市结构上给予解释。这项研究表明，经过训练的模型可以忽视城市阶层和社会经济状况的关系从而直接得到预测结果。这提供了一个更具解释性的模型，有助于揭示城市结构与高分辨率社会经济地图之间的潜在相关性，以更好地追踪和理解城镇化及其后果。

为提高研究精度，这项研究采用了详细的社会经济地图及高分辨率的航拍图像数据集，以使 CNN 能够检测局部特征。整个研究过程依赖于 2013 年至 2016 年间拍摄的整个法国大都市领土（每像素 20 厘米）的高分辨率航空影像，该影像由国家地理信息研究所（IGN）发布。该正射影像数据集分布为在部门（行政划界）级别提供的一系列地理参考 5 千米 ×5 千米切片。然后，法国国家统计和经济研究所（INSEE）在 2019 年共享的社会经济数据对该集合进行了补充（图 1.3.1）。该数据集描述了整个法国领土

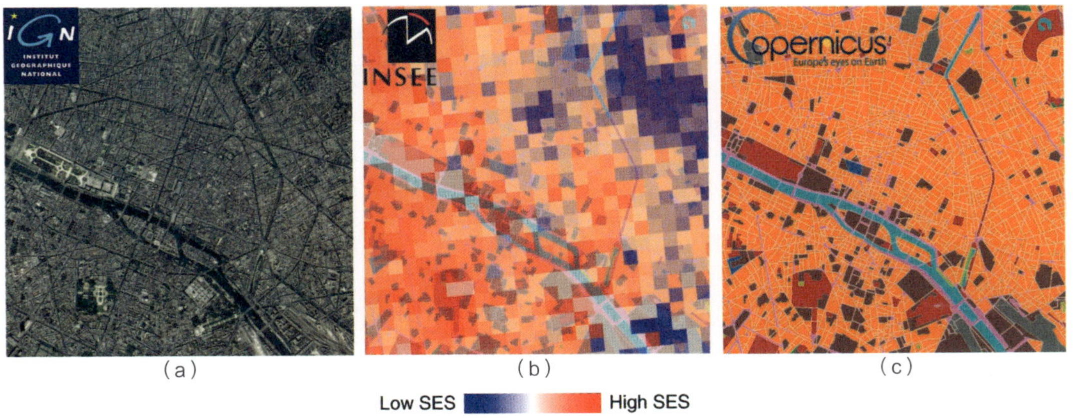

图 1.3.1　叠加数据集样本（巴黎）

Figure 1.3.1 Overlapping Data Sample (Paris)

（a）一个 5 千米 ×5 千米的航拍图块（每像素 20 厘米）。（b）收入空间分布：每个斑块对应一个 200 米 ×200 米的具有精确收入数据的区域。（c）同一区域的土地覆盖图，其中每种颜色代表不同的城市等级（为清楚起见，此处未显示）。
来源：Abitbol J L, Karsai M. Interpretable socioeconomic status inference from aerial imagery through urban patterns[J]. Nature Machine Intelligence，2020（2）：684-692.

上每4公顷（200米×200米）正方形斑块（“人口普查单元”）的经温赛化方法处理（Winsorized）的平均家庭收入。该收入来自法国2015年的纳税申报表，提供了每个数据集的主要特征的摘要。社会经济地图和航空数据的结合要求我们识别与每个200米×200米人口普查单元相对应的航拍图像（“航拍瓦片”），因此能够获得每个社会经济区块的人口普查数据及其与航拍图像空间匹配的详细信息。

1.3.2 通过图神经网络量化城市道路网络的空间同质性

城市空间结构的同质性问题同样可以借助人工智能模型来表征。例如，北京大学人工智能研究院发布的一项研究成果中，提出了一种基于图神经网络（GNN）的机器学习方法来量化网络的空间同质性。该方法应用于全球30个城市的11 790个城市道路网络，以衡量每个城市内和不同城市之间道路网络的空间同质性，试图探讨城市内空间同质性与国内生产总值和人口增长等社会经济地位指标高度相关（图1.3.2）。而且，通过在不同城市之间迁移模型获得的跨城市地区的同质性，揭示了起源于欧洲的城市网络结构之间的相似性，并传递到美国和亚洲的城市（图1.3.3）。使用该方法归纳不同城市结构的相似性，可以用来加深对城市空间特征溯源的理解。

空间同质性度量是一种综

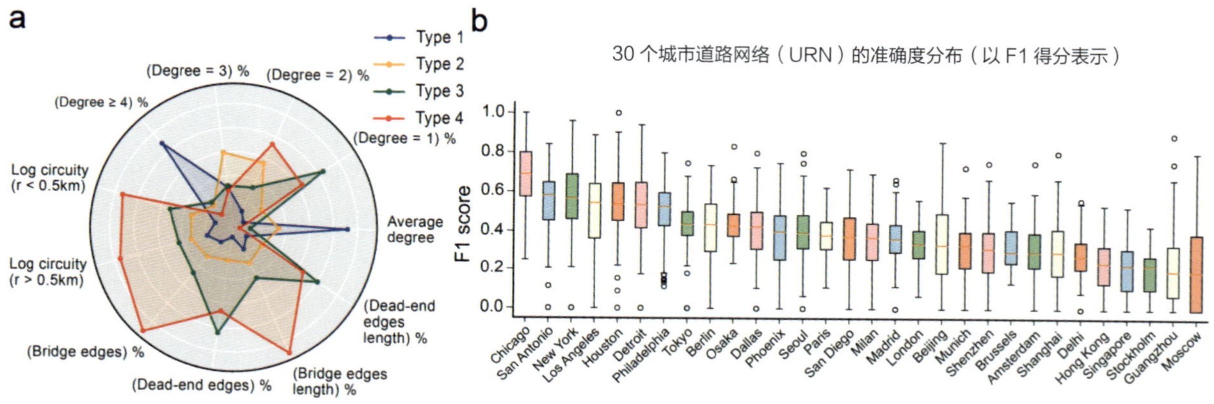

图1.3.2 通过道路网络类型解释空间同质性

Figure 1.3.2 Spatial Homogeneity Explained by Road Network Type

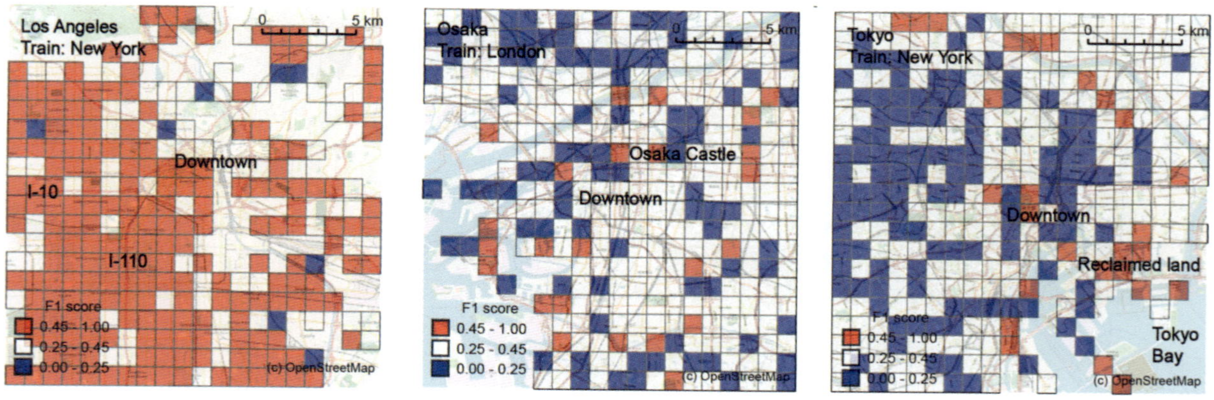

图1.3.3 使用跨城市空间同质性揭示的城市历史特性

Figure 1.3.3 Historical Urban Insights Revealed by Using Intercity Spatial Homogeneity

来源：Xue J, Jiang N, Liang S, et al. Quantifying the spatial homogeneity of urban road networks via graph neural networks[J]. Nature Machine Intelligence, 2022 (4): 246–247.

合度量，它捕获各种现有网络统计数据，包括平均度数和平均介数。在这项研究中发现，当 30 个城市均匀分布时，平均介数较低且平均度数较高的城市（如纽约、芝加哥和圣安东尼奥）具有较高的空间同质性。根据它们的平均介数和平均度数分为两组。通过 GNN 模型中的信息传递机制使道路网络节点接受更多领域知识，提高了预测效果。

1.3.3 通过深度学习算法过滤城市噪声来检测地震

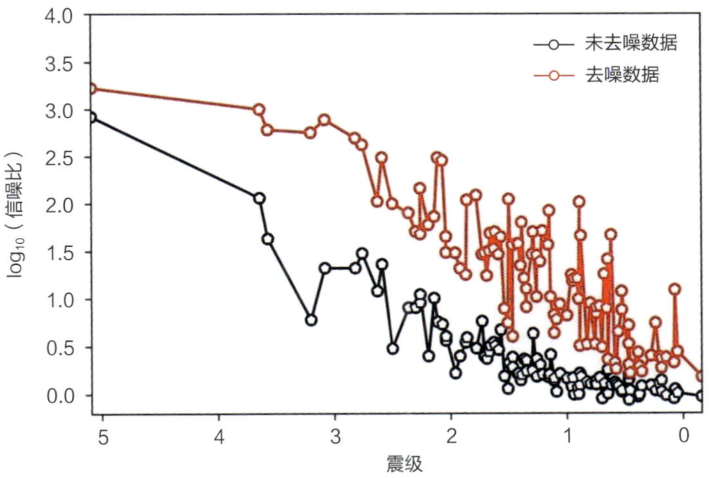

图 1.3.4 地震记录去噪前后信噪比对比图

Figure 1.3.4 Comparison of Signal-to-noise Ratio of Seismic Records Before and After Denoising

来源：Yang L, Liu X, Zhu W,et al. Toward improved urban earthquake monitoring through deep-learning-based noise suppression［J］. Science Advances, 2022, 8(15)：10.1126/sciadv.abl13564.

城市是喧闹的地方。交通、火车和机械会产生大量噪声。在检测地震时，这可能会成为一个致命的问题。斯坦福大学的研究人员找到了一种获得更清晰信号的方法。他们创建了一种算法，该算法提高了城市和其他建成区地震监测网络的检测能力。该算法通过滤除背景地震噪声，可以提高整体信号质量并恢复以前可能太弱而无法注册的信号。

斯坦福大学团队的深度学习算法称为 UrbanDenoiser，已经在包含 80 000 个城市地震噪声样本和 33 751 个指示地震活动的样本的数据集上进行了训练。在应用于从长滩地区获取的数据集时，这些算法检测到更多的地震，并且更容易确定它们是如何以及从哪里开始的。在应用于 2014 年加利福尼亚州拉哈布拉地震的数据时，该团队在“去噪”数据中观察到的地震检测数是官方记录的数字的4倍（图 1.3.4）。

随后，他们使用洛杉矶阵列中没有用作训练的信号，以及拉哈布拉的区域性地震网台的信号，对训练后的人工智能进行检验。结果显示，这套被命名为 UrbanDenoiser 的人工智能既能处理阵列的信号，也能处理区域性网台的信号。

通过它的降噪处理，人们可以发现一些过去未能发现的地震活动，从而提高对当地地震活动的了解。这将给城市，特别是像洛杉矶、东京这些人口密集的大城市的地震活动监测带来极大的帮助。

研究人员表示，尽管这一系统是针对地震活动进行开发的，但通过合适的训练，同样适用于对其他震动事件的监测。

1.3.4 iSDF：通过实时神经符号距离场实现机器人感知

iSDF 是由 Meta AI 开发的一种用于机器人导航和操作的实时地图系统。iSDF 通过持续学习在线训练神经符号距离场，能够填充部分观察到的区域并自适应地分配内存容量，以映射不同的细节级别。

iSDF 将由移动摄像机采集的一组姿态深度图像，通过训练一个随机初始化的神经网络将输入的三维坐标映射到近似符号距离。训练过程采用自监督模型，通过最小化损失来限定预测的符号距离，使用主动采样的一批查询点中最近的采样点的距离。与之前基于体素网格的工作相比，该方法能够提供自适应的细节级别，对部分观察到的区域进行合理填

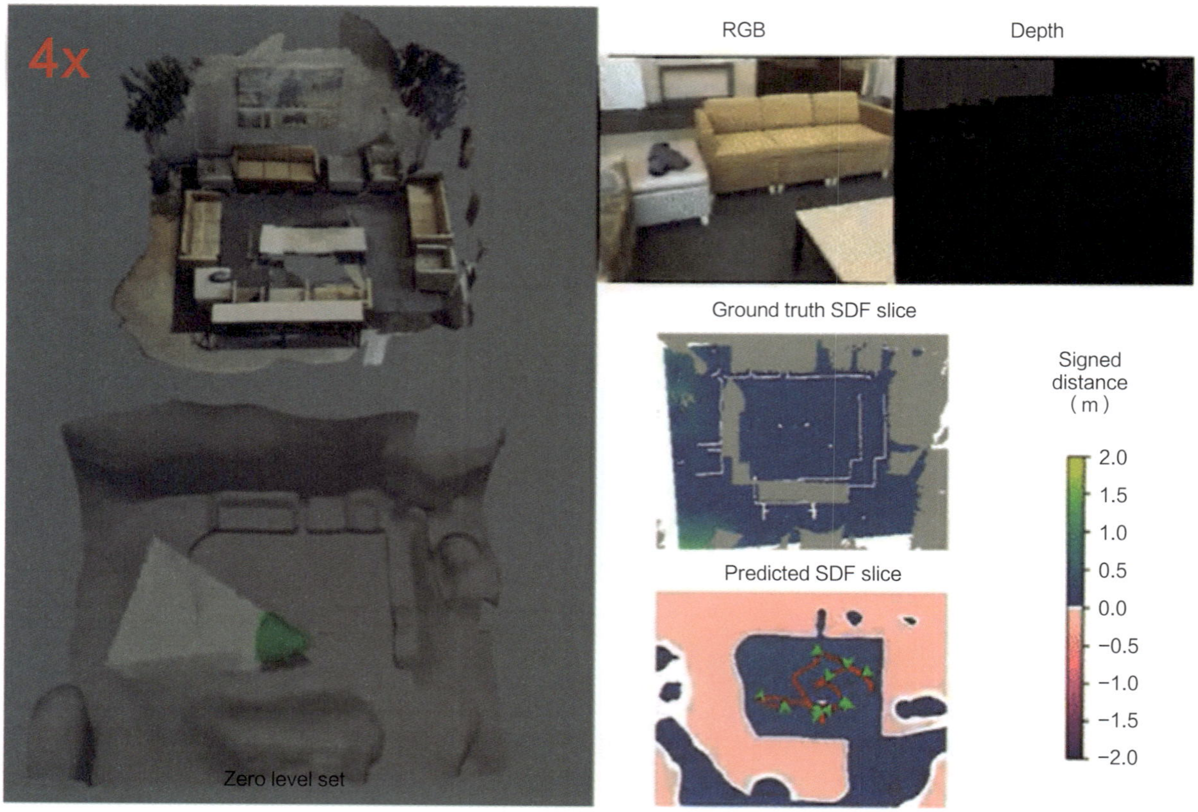

图 1.3.5 用于机器人感知的实时神经符号距离场
Figure 1.3.5 Real-Time Neural Signed Distance Fields for Robot Perception

充，并对观察结果进行去噪，同时具有更紧凑的表示。在对室内环境的真实数据集和合成数据集的替代方法进行评估时，iSDF 产生了更精确的重建，以及更好的碰撞成本和梯度近似值，适用于从导航到操作的领域中的不同应用场景，增强了机器人对城市环境的感知能力（图 1.3.5）。

参考文献

[1] Xue J, Jiang N, Liang S, et al. Quantifying the spatial homogeneity of urban road networks via graph neural networks. Nat Mach Intell 4, 246-257（2022）. https://doi.org/10.1038/s42256-022-00462-y.

[2] Jacob Levy Abitbol, Márton Karsai. Interpretable socioeconomic status inference from aerial imagery through urban patterns[J]. Nature Machine Intelligence, 2020-10-26.

[3] Jiawei Xue, Nan Jiang, Senwei Liang, et al. Quantifying the spatial homogeneity of urban road networks via graph neural networks[J]. Nature Machine Intelligence, 2022-03-23.

[4] J Ortiz, A Clegg, J Dong, et al. iSDF: Real-Time Neural Signed Distance Fields for Robot Perception. Robotics: Science and Systems (RSS) 2022 https://doi.org/10.48550/arXiv.2204.02296.

[5] Yang L, Liu X, Zhu W, et al. Toward improved urban earthquake monitoring through deep-learning-based noise suppression[J]. Science Advances, 2022, 8 (15): 10.1126/sciadv. abl13564.

[6] IBM Institute for Business Value. A Vision of Smarter Cities: How Cities can Lead the Way into a Prosperous and Sustainable Future[R]. 2010.

[7] Chourabi H, Nam T, Walker S, et al. Understanding Smart Cities: An Integrative Framework[J]. IEEE Computer Society, 2012.

[8] Andrea Caragliu，Chiara Del Bo，Peter Nijkamp. Smart Cities in Europe[J]. Journal of Urban Technology，2011，18（2）：65-82.
[9] https://www.nature.com/articles/s42256-022-00462-y#Sec2.
[10] https://www.nature.com/articles/s42256-020-00243-5.
[11] 吴志强，何睿，徐浩文，等. 论新型基础设施建设的迭代规律 [J]. 城市规划，2021，45（3）：9-14.
[12] 吴志强. 智慧城市：初心与反思 [J]. 当代建筑，2020（12）：4，5.
[13] 王广斌，张雷，刘洪磊. 国内外智慧城市理论研究与实践思考 [J]. 科技进步与对策，2013，30（19）：153-160.
[14] 吴志强，李翔，周新刚，等. 基于智能城市评价指标体系的城市诊断 [J]. 城市规划学刊，2020（2）：12-18.
[15] 汪光焘，李芬，高楠楠. 信息化对城市现代化的预期影响 [J]. 城市规划学刊，2020（3）：15-23.
[16] 巫细波，杨再高. 智慧城市理念与未来城市发展 [J]. 城市发展研究，2010，17（11）：56-60.
[17] 高文，田永鸿，王坚. 数字视网膜：智慧城市系统演进的关键环节 [J]. 中国科学：信息科学，2018，48（8）：1076-1082.
[18] 李德仁，姚远，邵振峰. 智慧城市中的大数据 [J]. 武汉大学学报（信息科学版），2014，39（6）：631-640.

第 2 章　超越智慧城市：人工智能城市已经到来

CHAPTER 2
BEYOND SMART CITY: AI CITY IS COMING

2.1 新一代人工智能技术的导入

Introduction of New Generation AI Technology

2.1.1 人工智能走向 2.0

潘云鹤

中国工程院院士，国际欧亚科学院院士

中国人工智能的基础研究、技术研究、软件研究，应该重点瞄准大数据智能、群体智能、跨媒体智能、人机混合增强智能和自主无人系统五个方向前进（图 2.1.1）。

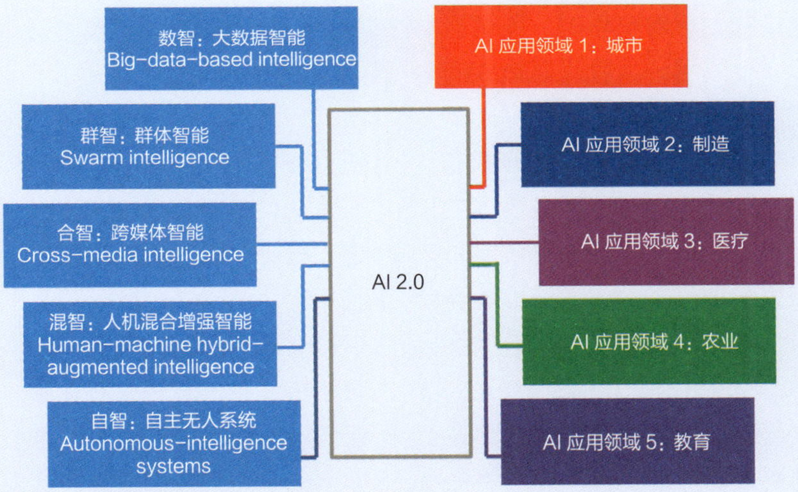

图 2.1.1　AI 2.0 技术导入城市、制造、医疗、农业、教育各个领域

Figure 2.1.1　AI 2.0 Technologies Applied in Different Aspects (City, Manufacture, Medical, Agriculture, Education)

第一个方向是大数据智能。它将用于医疗的智慧化发展方向和制造的智能化发展方向，着重解决从数据到知识到智能中间可解释性和可通用性的问题。因此需要把数据驱动的方式和知识引导的方式结合起来，形成人工智能新的更加有效的技术，从而在智能医疗、智能经济和社会治理方面有更广的应用。

第二个方向是群体智能。它将研究在互联网中，群体智能是如何进行组织的；是怎么进行连接的；用什么方法鼓励大家一起来参与的；在参与过程中，彼此之间怎么进行协同，整个群体怎么向更加正确的方向和更加正确的行为演化。

第三个方向是跨媒体智能。它将研究跨媒体、跨传感器的各种感知学习、推理，并且把它与语言、文字的语义打通。这样就可以对语言、视觉、图形、听觉和各种各样传感器所传达出来的数据进行语义相通相融，从而能够使得计算机在智能安全、创新设计方面具有更好的创新能力。

第四个方向是人机混合增强智能。人机混合形成强大的交互系统，形成增强智能。研究脑机协同的环境、交互方式、学习方式、动作控制方式，从而在脑控机器人和很多自主智能体之间协同。

第五个方向是自主无人系统。研究环境的感知、自身的感知、不同个体之间的协同、行为的规划、行为的决策和各种各样行为执行的理论模型和方法，用于无人车、无人机、服务机器人、空间机器人、海洋机器人、无人车间、智能工厂等多个领域。

人工智能的概念是 1956 年斯坦福大学的 J.McCartthy 教授等学者提出来的。这个概念的本义是，要让机器像人那样认知、思考和学习。换句话说，就是用计算机来模拟人的智能，这就是人工智能。人工智能随后发展出了七个典型的学科，一是机器定理证明，主要用计算机模拟人的逻辑能力和思维推理能力；二是机器翻译，用计算机模拟人的自然语言，理解人类；三是专家系统，主要用计算机来解决问题和表达知识；四是博弈，最初的技术是树搜索；五是模式识别，包括声音识别、图像识别、文字识别，这些都用了多媒体的认知；六是学习，神经网络学习；七是机器人。在这个发展过程中，出现了符号学派、研究学派、行动学派。不过，现在人工智能所面临的升温和前几次的环境相比，已经发生了巨变。

第一，信息环境的变化。回想二三十年以前的典型情况是若干个人围着一台计算机。后来每个人有一台，现在一个人可能有多台计算机，包里装着笔记本电脑，口袋里有一部智能手机。而且我们身边有大量的互联网应用，有移动计算、超级计算、云计算，有网上社区、搜索引擎，等等。

第二，社会需求的变化。人工智能模拟人的智能，而现在出现大量新的需求，如智能城市、智能医疗、智能交通、智能游戏、无人驾驶、智能制造等，都不是一个人的行为，而是一个系统的行为。如何用人工智能模拟一个系统的智慧，将带来很多新的命题。

第三，人工智能基础的变化。人工智能的基础是数据驱动。现在不但出现了大数据，还出现了多媒体数据、传感器数据。到目前为止，人类只能处理这些信息当中的一小部分。同时，我们还将使用大量

2016 年 12 月，潘云鹤院士在中国工程院院刊 *Engineering*（主刊）发表了题为“*Heading toward artificial intelligence 2.0*”的论文，首次明晰了人工智能 2.0 的核心理念。随后，中国工程院院刊信息与电子工程学部分刊 *Frontiers of Information Technology & Electronic Engineering*（《信息与电子工程前沿》）于 2017 年第一期和第二期出版了“Artificial Intelligence 2.0”特刊，对大数据智能、跨媒体智能、群体智能、混合增强智能和自主无人系统等 AI 2.0 重要方向进行了解读。

AI 2.0 初步定义是：基于重大变化的信息新环境和发展新目标的新一代人工智能。其中，信息新环境是指互联网与移动终端的普及、传感网的渗透、大数据的涌现和网上社区的兴起等。新目标是指智能城市、智能经济、智能制造、智能医疗、智能家居、智能驾驶等从宏观到微观的智能化新需求。

的增强现实和虚拟现实技术。所有这些都说明了人工智能的基础出现了变化，如果再用原有人工智能处理技术来处理这样的数据，显然已经力不从心。

2.1.2 数智——大数据智能

大数据是以数据为核心资源，将产生的数据通过采集、存储、处理、分析并应用和展示，最终实现数据的价值。人工智能其实就是用大量的数据作导向，让需要机器来做判别的问题最终转化为数据问题。

大数据为人工智能提供丰富的数据积累和训练资源，比如百度训练人脸识别系统需要2亿幅人脸画像。随着人工智能的快速应用及普及，大数据不断累积，深度学习及强化学习等算法不断优化，大数据技术将与人工智能技术更紧密地结合，具备对数据的理解、分析、发现和决策能力，从而能从数据中获取更准确、更深层次的知识，挖掘数据背后的价值，催生出新业态、新模式。

在计算力指数级增长及高价值数据的驱动下，大数据智能正不断延伸其技术应用广度、拓展技术突破深度，并不断加快技术落地的速度。例如，在新零售领域，大数据与人工智能技术的结合，可以提升人脸识别的准确率，商家可以更好地预测每月的销售情况；在交通领域，大数据与人工智能技术的结合，基于大量的交通数据开发的智能交通流量预测、智能交通疏导等人工智能应用可以实现对整体交通网络的智能控制；在健康领域，大数据与人工智能技术的结合，能够为医疗影像分析、辅助诊疗、医疗机器人等提供更便捷、更智能的医疗服务。同时，在技术层面，大数据技术已经基本成熟，并且推动人工智能技术以惊人的速度进步；在产业层面，智能安防、自动驾驶、医疗影像等都在加速落地。

陈纯

中国工程院院士，计算机应用专家

随着5G和物联网时代的到来，实时分析发展成为人工智能技术领域的一项关键技术。依托数理统计与概率论，时序数据的分析难点在于两点：数据量大和实时要求高。落实到技术层面，就包括：复杂算法如何实现增量计算，如何解决乱序问题，如何解决时序空间与特征空间的关联，建立分布式图像实时时序数据系统，丰富大数据的实时分析生态等议题。

2.1.3 群智——群体智能

以互联网为基础的群体智能理论及方法是新一代AI的核心研究领域之一，对于AI其他研究领域有着基础性及支撑性的作用。著名科学家钱学森曾经在20世纪90年代提出了综合集成研讨厅体系，强调专家群体以人机结合的方法进行协同讨论，一起对复杂巨系统的挑战性问题进行研究。

中国工程院院士潘云鹤曾表示："全球人工智能正在从1.0走向2.0阶段，基于互联网把计算机同人的智能有效结合，形成群体智能，是人工智能2.0时代的重要方向。"

《新一代人工智能发展规划》明确指出了群体智能的研究方向，对于推动新一代AI发展有着十分重大的意义。目前，以互联网及移动通信为组带，人类群体、物联网和大数据已经实现了广泛和深度的互联，使人类群体智能在万物互联的信息环境中日益发挥越来越重要的作用。同时深刻地改变了AI领域，如基于群体开发的开源软件、基于众筹众智的万众创新、基于众问众答的知识共享、基于群体编辑的维基百科及基于众包众享的共享经济等。

群体智能在机器人和无人机领域也有大范围的应用。佐治亚机器人与智能系统实验室（GRITS）的研究人员创造了一群简单的机器人，它们可以拼写单词和弹奏钢琴。这些机器人不能交流，但仅仅基于周围机器人的位置，它们就能够使用自己的特殊创建的算法来确定完成任务的最佳路径。2017年2月，中国的航空公司亿航制造了1 000架无人机组成的无人机群，它们不仅完成了精彩的高空飞行表演，还展示了能完全自主地随机应变和排除故障的能力。军事方面，美国国防部曾宣布一批微型无人机测试成功。这批微型无人机可以更低能耗、更有效地执行复杂任务。他们称：“微型无人机显示出了先进的群体行为，如集体决策、适应性编队飞行和自我修复。”

吴文峻
北京航空航天大学教授

群体智能是指通过特定的组织结构和大数据驱动的人工智能系统吸引、汇聚和管理大规模参与者，以竞争和合作等多种自主协同方式来共同应对挑战性任务，特别是开放环境下的复杂系统决策任务时，涌现出来的超越个体智力的智能。

AI 2.0阶段，群体智能作为新的研究方向和新范式已经逐步显现出来；要面向国家战略需求，研究群体智能的基础理论，突破群体智能的核心技术；最后依托互联网科技创新生态环境实现跨时空地汇聚群体智能、高效率地重组群体智能、更广泛而精准地释放群体智能。

2.1.4 合智——跨媒体智能

数据有结构化的数据和非结构化的数据两种。其中，非结构化的数据，如图像、视频，占比在90%以上。这些数据虽然形式上是异构的，但语义上相互关联。跨媒体智能就是要在多元异构的大数据里进行分析、识别、检索和推理。

跨媒体智能是新一代人工智能的重要组成部分，通过视听感知、机器学习和语言计算等理论和方法，构建出实体世界的统一语义表达，通过跨媒体分析和推理把数据转换为智能，从而成为各类信息系统实现智能化的“使能器”。跨媒体智能引擎研究可在现有计算平台上进行，但是它的广泛应用需要研制更为高效的智能芯片和硬件，才能像生物大脑和感知系统那样以极低功耗来高效地表达外部世界的复杂结构。

传统的人工智能1.0是基于单一媒体的分析与应用。人工智能2.0强调跨媒体源的采集、分析、检索和推理，即跨媒体智能。

跨媒体智能的一个典型综合应用是智能城市。研究城市全维度智能感知推理引擎，解决城市发展过程中存在的感知碎片化、信息孤岛化等问题，建立以“大跨度、大视角、大信息和大服务”为特征的城市全维度智能感知推理引擎，实现对人、车、物、事件等的多维度、跨时空协同感知和综合推理。

另外，跨媒体智能技术还能够推进企业智能制造转型，为经济增长注入新活力，提升中国经济的发展质量。跨媒体智能引擎还将在智能医疗等重要领域得到应用，从而对国民经济、国计民生、国家安全等产生重要影响。

高文
中国工程院院士，北京大学教授、博士生导师

科技部新一代人工智能发展规划分为4个基本板块，分别是科技引领、系统布局、市场主导、开源开放。

在我看来，我国发展人工智能的四大优势为：①我国发展人工智能的政策优势；②海量的数据资源；③丰富的应用场景；④具有潜力的青年人才快速成长聚集。

同时，我国发展人工智能也存在4个短板：①人工智能基础理论和原创算法差距较大，基础研究和算法还需要积累和沉淀；②在高端芯片、关键部件、高精度传感器等方面薄弱；③还没有形成具有国际影响力的人工智能开源开放平台；④高水平的人才不足，相比美国而言，我国高端人才只是美国的20%，还需要加强高端人才的培养。

2.1.5 混智——混合增强智能

混合增强智能是指将人的作用或人的认知模型引入人工智能系统，形成混合增强智能的形态（图2.1.2）。这种形态是人工智能可行的、重要的成长模式。我们应深刻认识到，人是智能机器的服务对象，是“价值判断”的仲裁者，人类，对机器的干预应该贯穿于人工智能发展始终。即使我们为人工智能系统提供充足的甚至无限的数据资源，也必须由人类对智能系统进行干预。

中国工程院院士、中国自动化学会理事长郑南宁表示：“把人的作用引入到智能系统的计算回路中，可以把人对模糊、不确定问题的分析与响应的高级认知机制与机器智能系统紧密耦合，使得两者相互适应，协同工作，形成双向的信息交流与控制，使人的感知、认知能力与计算机强大的运算和存储能力相结合，构成

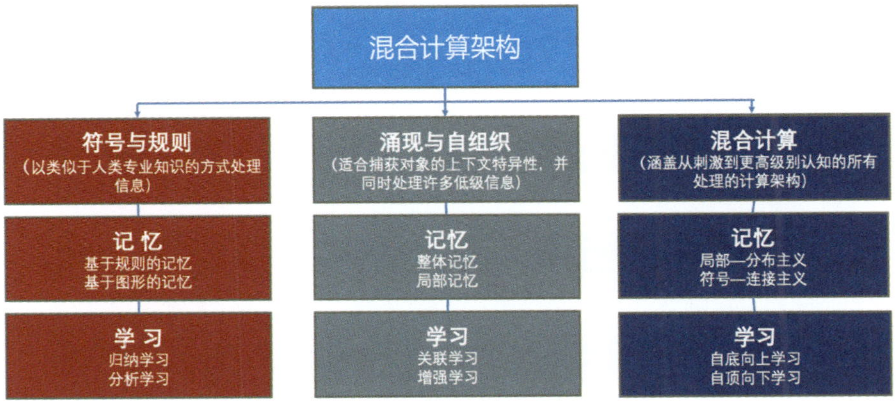

符号主义的问题：很难从低级信息形成符号实体(symbolic entities)，以及处理大量信息和不确定性；
联结主义的问题：这种方法基于数学和物理学，而人类的大脑是生物实体，联结主义无法表征人类的语言学习能力，难以实现高阶认知功能。

图 2.1.2 混合增强智能的新型计算架构
Figure 2.1.2 The Computing Structure of Hybrid Enhanced Intelligence

'1+1 > 2'的智能增强智能形态。"

例如，在产业风险管理、医疗诊断、刑事司法中应用人工智能系统时，需要引入人类监督，允许人参与验证，以最佳的方式利用人的知识和智慧，最优地平衡人的智力和计算机的计算能力。又如，自动驾驶是综合程度极高的人工智能系统，也是近年来的研究热点。随着智能交通系统的形成，以及5G通信技术和车联网技术的应用，人机共驾日趋成熟，但要实现完全的自动驾驶，依然面临艰难的挑战：通过智能人机协同技术如何协调两个"驾驶员"以实现车辆的安全和舒适行驶。解决这些问题，都需要将"混合增强智能"作为人工智能的发展趋向。

从实际情况看，混合增强智能有望在产业发展决策、在线智能学习、医疗与保健、人机共驾和云机器人等领域得到广泛应用，并可能带来颠覆性变革。

郑南宁

中国工程院院士，人工智能、计算机视觉与模式识别专家，IEEE fellow

我认为，当前人工智能与人类的"较量"中，在逻辑性、可重复性和规范性方面，计算机已经明显胜出；但是人类面对的大部分问题是开放的、动态的、复杂的，大脑在处理这类问题时所表现出的想象力和创造力，以及对复杂问题的分析和描述，是当前人工智能的方法所无法企及的。

人类思维是在记忆经验和知识的基础上进行预测、模式分类及学习的。特别要注意这个预测能力，每个人的大脑中都有预测的模型，所以从本质上来讲，大脑就是一个预测的机器。对于驾驶行为而言，预测能力非常重要。相较之下，计算机想要实现预测就非常困难。

未来的计算机需要像人一样，能够对物理世界产生直观理解。人类产生认知的过程，已经给计算机的进化指明了方向。

人脑对于非认知因素的理解更多地来自直觉，并受到经验和长期知识积累的影响。这些因素在人对物理环境理解与行为交互、非完整信息处理等问题中有着极其重要的作用。

此外，人类是通过与事物的互动来实现学习的，人类认知过程中的特征概念形成，往往是建立在语义解释的基础上的，人类依赖对事物的观察在大脑中建立不同的分析模型，并利用这些模型来推测事物的变化。

机器学习与人类产生认知的路径是完全不同的。为使机器学习人类的认知方式，需要其所学特征在一定程度上符合神经生理学的实验结果，同时要使特征具有数学和语义的解释性。此外，大脑神经网络结构的可塑性，以及人脑在非认知因素和认知功能之间的相互作用，是形式化方法难以甚至不能描述的。

2.1.6 自智——自主无人系统

自主无人系统的研制水平已经成为人工智能发展的标志性成果。自主无人系统的智能化水平提高将更能够体现人类特征，更接近人类水平，因而可以大力推进科技与经济的快速发展，进一步提高人类的生活质量。

与传统自主系统相比，无人自主系统的研究内容更加宽泛。各种类型的智能无人自主系统相继出现，将对人类生活和社会产生显著的影响。包括无人车、无人机、服务机器人、空间机器人、海洋机器人和无人车间、智能工厂，在现在或在不久的将来，都可能发展成为智能无人自主系统。

吴澄
自动控制专家，中国工程院院士，清华大学自动化系教授、博士生导师

我认为，新一代人工智能的内涵包括信息新环境、智能新形态和有望升级的新目标三大创新点。

“中国制造2025”和人工智能的交集是智能制造，既要“顶天”，也要“立地”。智能制造不只是“高、大、上”的前沿科技，在制造业及其他行业的各个层面都应有所作为，可以为企业发展提供技术手段，给企业带来效益，为企业带来可持续发展，知识性工作自动化是智能制造的重要方向。

自主无人系统的智能化水平提高将更能够体现人类特征，更接近人类水平，因而可以大力推进科技与经济的快速发展，进一步提高人类的生活质量。在未来10年到20年，自主无人系统产业将成为世界经济进步的新引擎，引领智能产业与智能经济的发展。

陈杰
中国工程院院士，自动控制专家，IEEE Fellow、IFAC Fellow

自主智能无人系统发展规划的建议：围绕自主感知与理解、决策与控制一体化、群智与协同控制3个重大的科学问题，展开九大方向研究(包含超材料感知、多尺度融合、类自然计算、自主智能学习、生机电共融、自主智能控制、优化与决策、群体与协同、类脑与仿生)，重点进行智能传感器、类脑控制器、无人终端控制系统、网络协同技术、智能芯片与系统、安全保障六大核心技术的研究，从而推动包含智能制造、智能交通、智能农业、智能医疗、智能城市、国家安全在内的产业变革。

未来人工智能发展需要把增强原创力作为重点，以关键核心技术为方向，夯实人工智能发展的基础。自主智能无人系统未来的发展，亟须各学科交叉融合及各领域专家的通力合作。

2.2 人工智能城市的定义

Definition of AI City

2016 年 4 月，中国工程院院士潘云鹤提出人工智能 2.0 的初步概念，即基于重大变化的信息新环境和发展新目标的新一代人工智能，主要特征包括大数据智能、互联网群体智能、跨媒体智能、人机混合增强智能和自主无人系统。2017 年 7 月，中国工程院成立“中国 AI 30 人”顶尖专家群落，开展国家人工智能布局规划的战略研究。7 月 8 日，国务院发布《新一代人工智能发展规划》，进一步明确新一代人工智能基础理论和关键共性技术体系，新一代人工智能正式成为国家战略（图 2.2.1）。该规划提出，“建设城市大数据平台，构建多元异构数据融合的城市运行管理体系……推进城市规划、建设、管理、运营全生命周期智能化”，明确了应用人工智能技术为城市赋能的重大战略方向。11 月，中国工程院人工智能 2.0 项目一期启动，课题由潘云鹤院士担任总负责，吴志强院士主持“人工智能 2.0 技术在智能城市的创新应用”课题，全面研究大数据智能、互联网群体智能、跨媒体智能、人机混合增强智能和自主无人系统在城市规划、建设、运营决策过程中的应用。2018 年 8 月，吴志强院士发布“人工智能城市 AI City”的原型，研判城市发展已进入人工智能时代。AI-City 的提出，为未来城市的规划建设带来思想、方法和技术的变革，也为新一代人工智能技术在城市中的应用创造了大量场景和无限可能，拉开了人工智能城市创新试验的序幕（图 2.2.2 至图 2.2.4）。

图 2.2.1　国家《新一代人工智能发展规划》（2017 年 7 月）

Figure 2.2.1 *The Planning of Next AI Generation*, 2017.7

第一步，到 2020 年，人工智能总体技术和应用与世界先进水平同步。初步建成人工智能技术标准、服务体系和产业生态链，培育若干全球领先的人工智能骨干企业，人工智能核心产业规模超过 1 500 亿元，带动相关产业规模超过 1 万亿元。

第二步，到 2025 年，人工智能基础理论实现重大突破，部分技术与应用达到世界领先水平。新一代人工智能在智能制造、智能医疗、智慧城市、智能农业、国防建设等领域得到广泛应用，人工智能核心产业规模超过 4 000 亿元，带动相关产业规模超过 5 万亿元。

第三步，到 2030 年，人工智能理论、技术与应用总体达到世界领先水平，成为世界主要人工智能创新中心，智能经济、智能社会取得明显成效，形成人工智能科技创新和人才培养基地；人工智能核心产业规模超过 1 万亿元，带动产业规模超过 10 万亿元。

图 2.2.2　传统城市建设中的普遍问题：巨大硬质广场

Figure 2.2.2　Excessive Hard Square in the Traditional Urban Construction

图 2.2.3　传统城市设计中出现的景观化的广场

Figure 2.2.3　Landscape Square in the Traditional City Planning

图 2.2.4　未来人工智能广场

Figure 2.2.4　AI Square of the Future

吴志强

中国工程院院士，德国国家科学与工程院院士，瑞典皇家工程科学院院士，同济大学教授

人工智能城市，即 AI City，是在人工智能技术大量涌现的背景下，以解决城市人民的需求而出现的以人工智能技术全面赋能城市生产、生活、生态的一种自组织、可学习、可迭代的高度智能化的城市发展形态。城市发展已经经历了数字化、信息化、智能化 3 个阶段，而智能化的超级阶段是人工智能城市。人工智能城市和智能城市的区别主要在于 4 项技术：大数据、区块链、互联网、云计算。假如说智能城市主要是基于信息处理，人工智能则是统筹协调四大技术。

第一代人工智能城市正在上海闵行区的马桥镇落地，由吴志强院士担任项目主持。马桥是世界第一个人工智能城市的试点项目，为人工智能技术的应用提供大量试验场景，人工智能广场、人工智能餐饮街、人工智能公园、人工智能定制公交、人工智能城镇中枢塔、人工智能大师湾等，将成为集应用示范、研发创新、展示培训、消费体验、产品生产于一体的人工智能未来小镇。

作为上海人工智能融合创新四大载体之一，必须站在全球视野的平台上，动态监测、监控全球人工智能在城市中的运用，每季度组织召开国际 AI 城市高峰会议，积聚世界顶级的同行共同创新。

2.3 人工智能城市对智慧城市的提升

From Smart City to AI City

相比于智慧城市，人工智能城市的目的是解决堵点、痛点、难点。“人工智能在城市（AI in the City）”比“整个城市都在人工智能（AI of the City）”更现实。回顾城市智能化的发展历程，存在“绿底板”和“灰底板”两种模式。“绿底板”是新城，过去的智能城市建设先完成技术架构，在城市还没有引入人的时候，已经投入大量资金，因此难以准确把握人这一主体的需求，在应用方向上产生偏差，造成大量社会资源的浪费。“灰底板”是在已有城市基础上建设，此时已经有人在城市中，对于任何智能化措施可以产生及时反馈，用于不断优化。相比而言，灰底板比绿底板更扎实、更见效益，可以直接切入政府、社会、市民的需求。因此，城市必须以人本需求导向建设智能化，而不是设备导向建设智能化。

人工智能城市的治理是针对目前城市中的难点与痛点。采用人工智能进行探索的关键点，是人工智能技术与城市治理需求的嫁接点，而不应当是人工智能概念的自上而下的推广。这与以往任何一次“智慧城市”的兴起与推广有根本性的不同，区别于单一由政府进行高额投入建设智慧基础设施和大而全的技术平台，人工智能城市体现在城市治理的“末梢神经”。

供给侧改革的背后仍然有看不见的手。亚当·斯密曾提出，推动市场的看不见的手是资本，而推动创新的供给的看不见的手则是需求。通俗地讲，百姓日常生活中的“不方便”，能够作为技术发展的牵引力。人工智能技术市场中，看到了根本需求的企业，其产品就能被大量应用。目前世界上的多数城市会向人工智能城市进行转型，但这种转型并不是从硬件开始，而是从解决政府、社会、市民最不能解决的具体问题点开始，逐步渗透到城市治理、发展、生活的各个方面（图 2.3.1 至图 2.3.4）。

图 2.3.1　城市建设六大参与者

Figure 2.3.1　Six Stakeholders of City Construction

人工智能城市有两个特点，其一是科学赋能决策者的判断，是人机决策的交互，减轻机器决策的负担，补充了纯粹人类智慧决策中的人为、主观、偶然的偏差。其二是在干预城市大量行为问题的过程中，可自主判别并展开学习，变得更加智慧。

图 2.3.2　AI 面向政府层面的需求
Figure 2.3.2 AI for Government Needs

政府层面，人工智能可以辅助解决城市向哪里发展、应该发展什么产业、是外向发展还是内部提升，这些原本在政府实际治理中非常困难的问题。过去依靠一个行政长官来决策所有问题必然面临巨大的压力和风险，人工智能技术因此可以嫁接在城市决策的问题上。例如，针对城市发展的方向问题，借助人工智能技术进行科学预测和精准解答，从而为政府决策提供“人机共智”的全新模式。

图 2.3.3　AI 面向社会层面的需求
Figure 2.3.3 AI for Society Needs

社会层面，人工智能技术可以有效辅助解决企业、科研机构、非政府组织等社会组织的生产、经营与创新问题。例如，赋能社会组织寻找潜在的合作伙伴，深度挖掘互利共赢的需求；赋能企业把厂房、工业、人群链接到一起，打通生产和销售全链环节，大量节约时间、资金、原材料等成本；赋能服务机构提供定制化、更优质的服务体验，创造全新的服务模式。

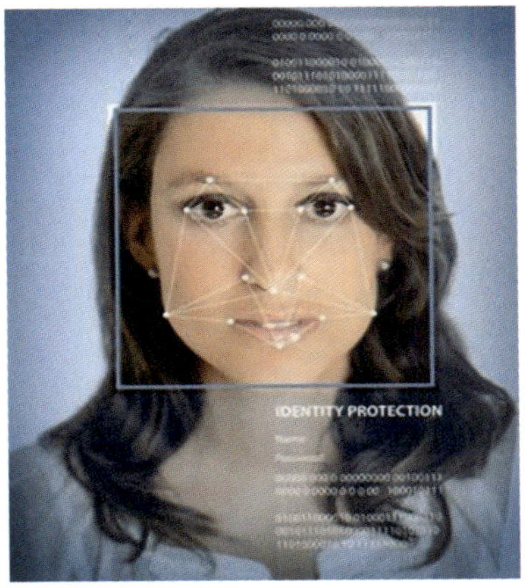

图 2.3.4　AI 面向市民层面的需求
Figure 2.3.4 AI for Citizen Needs

市民层面，人工智能技术可以有效辅助解决日常生活、个人事业上的痛点问题。例如，实现青年大学生毕业后就业的智能化匹配，疏通大学生人生事业轨迹的“堵点”。此外，人工智能技术还能在生活中最难解决的问题上发挥作用。例如，交通出行、居住点的选择、就业、全民关心的污染、青少年安全问题等，都是现代城市的难点、痛点，同时也是人工智能技术的嫁接点，而不是依靠过去“智慧城市”顶层设计自上而下的布局和实施。

2.4 人工智能城市的本质

The Essence of AI City

人工智能本质上是一种工具。人工智能的发展必须考虑伦理问题，对于城市来说，本质上是如何处理技术优缺点的问题，如人工智能技术会不会影响城市人的私密性、安全性等。由于人工智能可以自我学习，伦理问题更为凸显，但我们同时也应当清楚地认识到，人工智能是一种工具，可以通过训练使其让生活更美好，满足城市中人的需求（图 2.4.1）。工具的价值体现在如何训练和如何利用。人工智能如果不经过良好的训练，或是进行了错误的训练，就可能会变成极大的安全隐患。因此，人工智能是否能够造福人类取决于人类对其训练的结果。以解决城市人的需求为基本目标，为人的生产、生活、生态等诸多方面“寻求更方便”而发展起来的人工智能技术，将会为城市带来彻底的提升，同时也应当注意避免技术失控的局面。

人工智能城市的本质是赋能。在 AI City 的定义中，城市借助人工智能获得在城市组织、文明发展等方面的强大赋能。过去的城市智能化历程强调信息联网，推进智慧城市的全面建设。但是人工智能城市则不同，城市开始学习并且在学习后更好地赋能生活、生产、生态，通过学习过程不断提升能级。城市日常运行的数据，成为人工智能技术不同的原料，宏观到社会、经济、环境、交通，微观到个体、人群活动，在数据全部打通以后，城市的智慧将会大规模提升。这里的“智慧”不是一般的智慧城市的智慧，而是可以学习的智慧。在人工智能 2.0 时代，随着大数据智能、群体智能、自主无人系统、跨媒体智能、混合增强智能五大关键性技术的突破，人工智能城市学习的能力、处理问题的能力、赋能的能力大幅提升，可以在海量数据中寻求大量的规律。因此，城市开始迭代，城市群开始深度互动。人工智能在学习以后，可以按照合理理想愿景进行城市规则的制定。而这种制定变成推演的目标的时候，城市就可以不断自我预测、演进、修正。党的十九大明确提出，“我国社会主要矛盾已经转化为人民日益增长的美好生活需要和不平衡不充分的发展之间的矛盾”。在这样的背景下，人工智能城市可以通过其强大的自我学习、自我调节、自我推演的能力为城市赋能，助力解决我国城市发展过程中的不平衡不充分的问题。

图 2.4.1　人工智能作为工具被全球的企业开发

Figure 2.4.1 Worldwide Company Invest in AI Tools

来源：https://zhuanlan.zhihu.com/p/26570803

高文

中国工程院院士，北京大学教授、博士生导师

人工智能产业赋能的主体是企业，而为了促进企业之间的交流，为应用赋能，则需要走开源之路。目前新一代人工智能产业技术创新战略联盟主打两大开发平台：开源开放平台和开放人工智能平台。为此，新一代人工智能产业技术创新战略联盟计划以苏州为窗口打造开源生态，为中国的人工智能产业发展助力。

吴志强

中国工程院院士，德国国家科学与工程院院士，瑞典皇家工程科学院院士，同济大学教授

今天，感谢人工智能为引领的“大智移云”新技术支撑，我们可以来研发新一代的“人工智能城市（AI City）”，让城市智慧永续，让城市生活更加美好。

2.5 人工智能城市的众脑模式
Multi-brain Scheme of the AI Cities

相较于智慧城市，人工智能城市需要全新的组织模式。城市不是为了智慧而智慧，其智能化的发展过程是符合其自身生长规律的。在发展初期，单一中心的“城市大脑”模式是智慧城市的主流。在经历了大脑与小脑的横向分化，以及出现分脑、端脑的纵向分化并独立发展成熟后，人工智能城市呈现出建立多个智慧系统的“众脑”结构的趋势，城市不再是单一的智慧生命体，而是由多个生命体构成的智慧生命群落。

从构成上看，城市众脑模式包括主脑、辅脑、分脑和端脑四个方面，并由通信协议机制进行链接（图2.5.1）。其中：

（1）主脑（Primary Brain）的职能是响应城市关键问题的决策，例如为城市的发展战略、重大事件的部署等需要统筹整个系统的关键问题，只接受必要的城市信息。

（2）辅脑（Assistant Brain）的职能是分系统的决策，例如针对城市交通问题、能源问题、环境问题等需要在系统内协调解决的问题。

（3）分脑（Branch Brain）的职能是在局部空间完成自组织、自运行的决策。

（4）端脑（Terminal Brain）的职能是在末端感知中心进行

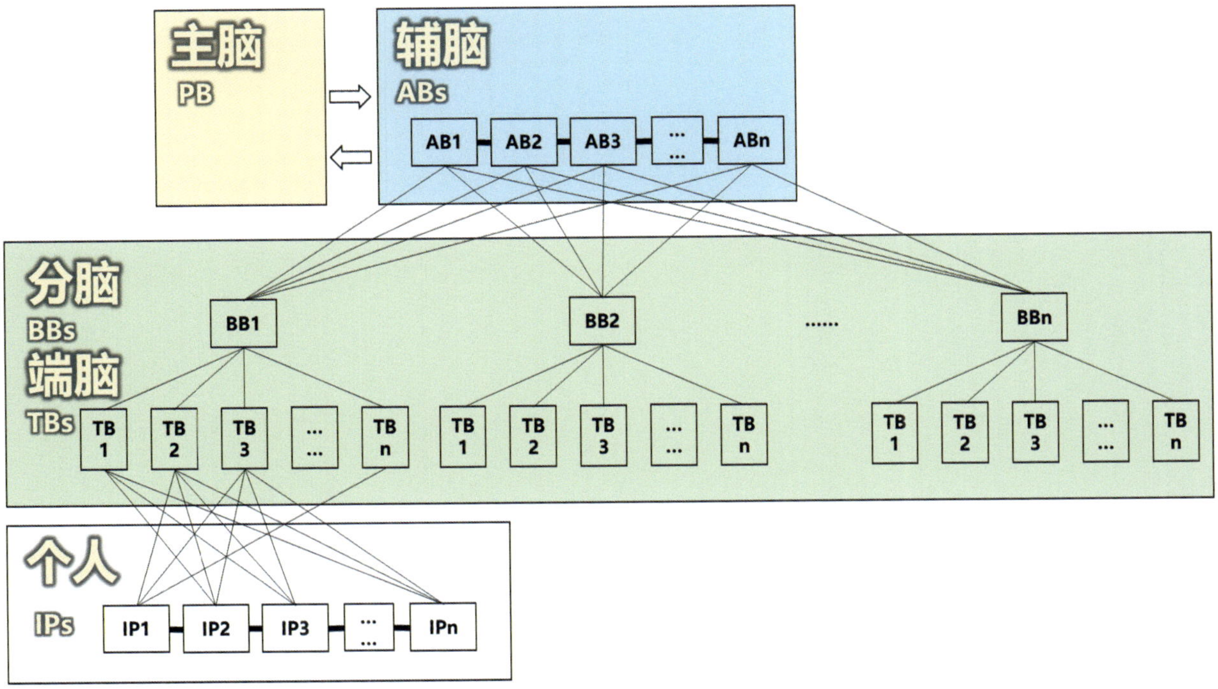

图 2.5.1　人工智能城市的众脑模式

Figure 2.5.1 Multi-brain Scheme of AI Cities

反射式的决策，例如发现数据异常时的报警等。

协议机制是保障各个脑系统之间协同关系的信息基础设施，以 5G/6G 为基础的新一代通信基础设施能够支持跨区、跨域的远程信息在不同智慧系统中高效传递，使 AI 技术在城市中的应用可以为多个来源的居民生活方式和行为模式构建模型并进行群落学习和决策响应。

吴志强

中国工程院院士，德国国家科学与工程院院士，瑞典皇家工程科学院院士，同济大学教授

国内外已有智慧城市所采取的多为中心化系统架构，通过集中的运营中心来汇聚和处理数据。这一架构对应的信息流处理模式与真实社会的层级化和多中心决策存在显著的差异，造成信息交换困难，也带来决策链条冗长和效能低下。

新一代智能城市需要建立新的众脑体系模式，让智能城市的底层模型可以向真实城市的协同运行学习，学习社会群落的组织、决策与行动方式，形成超越单一中心的多大脑群落模式。

参考文献

[1] 潘云鹤. AI2.0 时代的五个布局方向 [N]. 中国信息化周报，2017-10-09（7）.

第 3 章　人工智能城市的原型

CHAPTER 3

THE PROTOTYPE OF AI CITY

3.1 城市智化的结构演进

Structural Evolution of Urban Intelligence

根据图 3.1.1 可知，截至目前，城市智化的结构演进经历了 4 个不同时期。

英文中的文明“civilization”源于拉丁文“civis”，意思是城市的居民，其本义为人民生活于城市和社会集团中的能力。同时，拉丁文“城市”和“文明”两词源于同一词根“cit”，暗喻城市就是文明本身，城市是文明的载体。

城市是个生命体。纵观人类前 4 次文明演变——原始文明、农耕文明、工业文明、生态文明初级阶段，由于不同时期对于“城市是个生命体”的认知偏差，城市先后被认为是宗族部落、政治工具、工业机器、有机体，或起到上述事物的作用。恰恰也是因为不同文明时期对于城市生命体的认知与其真正发展状态之间存在偏差，才深深地影响了当时城市的发展和城市人的生活质量。

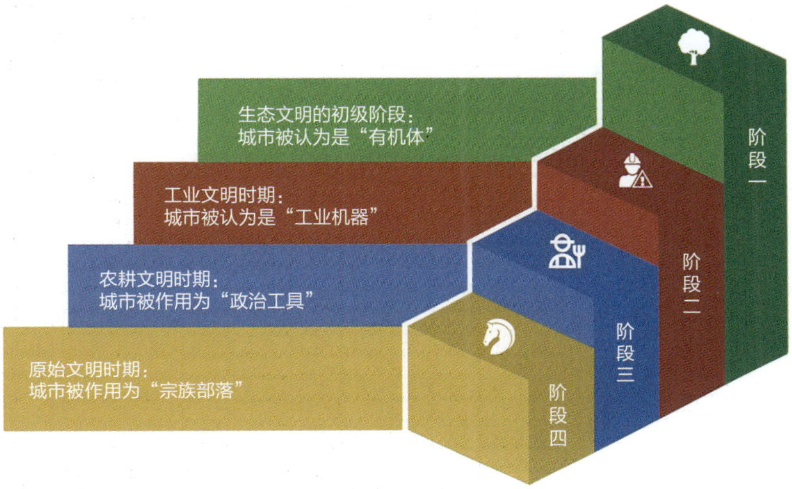

图 3.1.1　城市智化的结构演进经历了 4 个不同时期

Figure 3.1.1 The Four Stages of Structural Evolution of Urban Intelligence

第一阶段：原始文明

原始时代的生活情景是：“野居穴处，未有食室，则与禽兽同域。”“兽处群居，以力相争。”“山居则食鸟兽……近水则食鱼鳖螺蛤。”由以上记载可知，人类以部落的形式过着和禽兽“同域”“共居”的生活。

原始文明是一种原始而古老的生产方式，在人类文明的进程中发挥重要的作用。在原始时代，人类为了解决食物不足的问题，是以宗族部落聚居的形式，靠狩猎和采集野生动植物为食而求得生存的。同时，人类使用和制造各种工具，改进工作方式，在长期实践中形成适应于地理环境的生活方式，产生生产、禁忌和规范等，并不断传承下来。城市被认为是“宗族部落”。

第二阶段：农耕文明

农业文明所具有的典型特点是其结构上的静态性与文化行为上的保守性，形成了一种高度封闭、自给自足和变化缓慢的社会结构。该时期的城市规模未必小，城市集中了周边地区的消费，但缺少现代意识，缺少创新意识，追求奢华，故步自封，以历史的骄傲抵抗创新的需求，城市缺乏现代创新带动的产业。农耕文明时期的城市只具有统治、交易、精神、边卫四大功能，被认为是

“政治工具”。

例如唐长安城，就是典型农耕文明时期的城市（图 3.1.2）。唐长安城的建筑主要分为三部分：宫城、皇城和外郭城。宫城是皇室家族居住和处理朝政

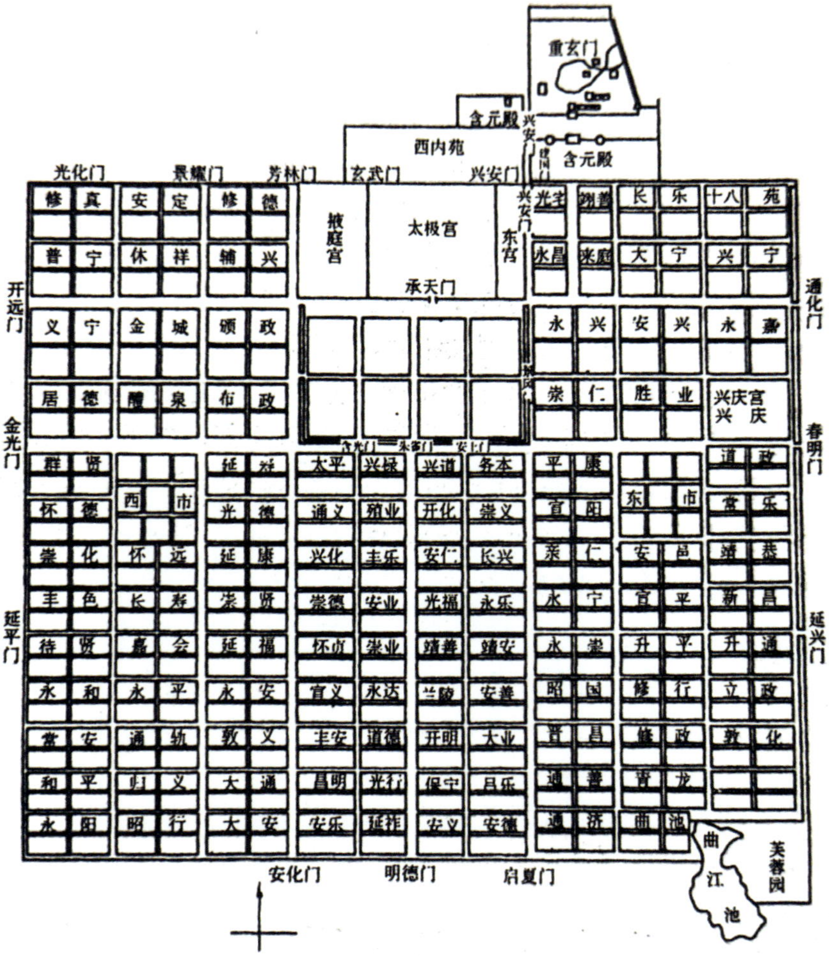

图 3.1.2　唐长安城平面图

Figure 3.1.2 Tang Chang'an City Plan

来源：《中国城市建设史》

吴志强

中国工程院院士，德国国家科学与工程院院士，瑞典皇家工程科学院院士，同济大学教授

城市是个生命体，具有其自身的生命发展规律。

城市生命发展共分为 7 个阶段：孕育期、幼儿期、少年期、青年期、壮年期、老年期、城市再生。只有掌握城市的发展规律，才能知道一个城市所在的生命阶段。按照城市所处的不同生命阶段，可以知道城市在本阶段最需要补充的生命力营养、最容易犯的生命问题。

因为不同文明时期对于城市生命体的认知与其真正发展状态之间存在偏差，才深深地影响了当时城市的发展和城市人的生活质量。

之处，皇城是中央机关所在地，外郭城分布着居民住宅、商业区和寺塔等。宫城位于长安城北部的正中央。皇城位于宫城的南部。外郭城以宫城与皇城为中心，在东、西、南三面建立。这种规划布局是皇帝居于最高统治地位的体现，同时也体现了据北而立、面南而治的传统儒家思想。

唐长安城在皇城南部设置了东、西两个市场，城中的生产交易围绕两市展开。两市相比，西市的规模更为庞大、物品更加丰富、经营范围更广。同时，西市聚集了许多外商，是当时著名的对外贸易市场。东市是长安城的手工业生产中心。西市有“金市”的美称，是长安城的主要工商业区，盛唐以后，比东市更加繁华。

唐长安城内还建设有众多佛寺。由于佛寺的形态对宫室和皇室建筑的威严带来了一定影响，所以建造者将大型佛寺建筑置于远离宫室建筑的位置，与长安城内的主要建筑群体相互配合，共同营造王权建筑作为城市主导的形象。

此外，农耕时期的城市还具有包含城门、城墙、角楼、马面、瓮城、护城河等完整的边卫防御体系。

第三阶段：工业文明

从工业文明的角度，要求形成更为精密严格的社会结构，社会生产不再以家庭为中心，社会整体围绕着严格的物质产出流程布置，研发—生产—管理—分配成为基本的社会行为。

1901 年，法国青年建筑师 Tony Garnier 提出了“工业城市”的原型。他从工业的发展需要出发，将“工业城市”各功能要素都进行了明确的功能划分（图 3.1.3）。图中央为市中心，有集会厅、博物馆、展览馆、图书馆、剧院等。城市生活居住区呈长条形。疗养及医疗中心位于北边向阳面。工业区位于居住区的东南。各区间均有绿带隔离。火车站设于工业区附近。铁路干线通过一段地下铁路深入城市内部。城市交通设有快速干道和供飞机发动的实验场地。“工业城市”住宅街坊宽 30 米，配备绿化地带，组成设有小学和各种服务设施的邻里单位。

工业城市最主要的特点是具有明确且严格的功能分区，并且工业用地（包括工业区）、交通运输用地、仓储用地等对城市的空间布局结构在一定程度上有决定性影响，具有典型的机械主义和功能主义特征，更加注重严格、精确、集约、高效。城市被认为是典型的“工业机器”。

第四阶段：生态文明初级阶段

由于工业革命之后，西方城市出现了拥挤、污染、疫病流行等问题，城市规划学界率先对传统城市规划进行反思。1898 年，霍华德于《明天：通往真正改革的平和之路》（Howard. *To-Morrow: A Peaceful Path to Real Reform*）提出了“田园城市”（garden city）思想的基本框架（图 3.1.4）。

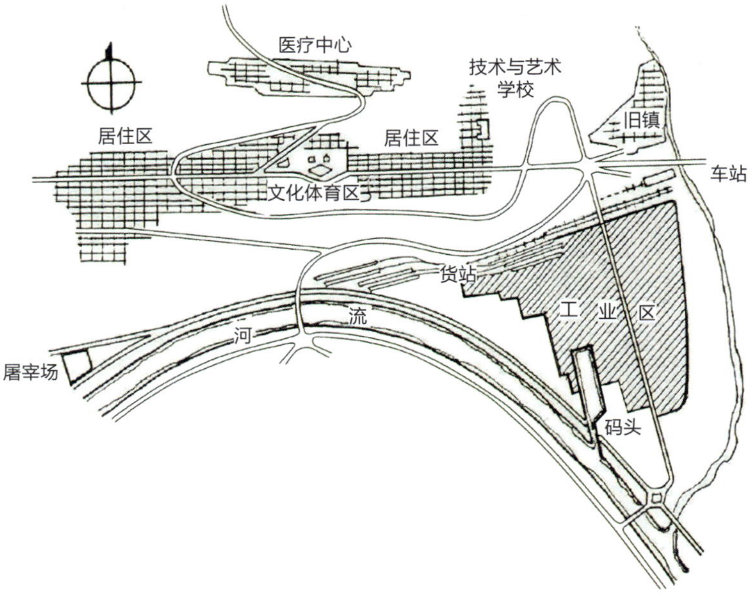

图 3.1.3 “工业城市”的原型
Figure3.1.3 “Industrial City” Prototype
来源：《外国城市建设史》

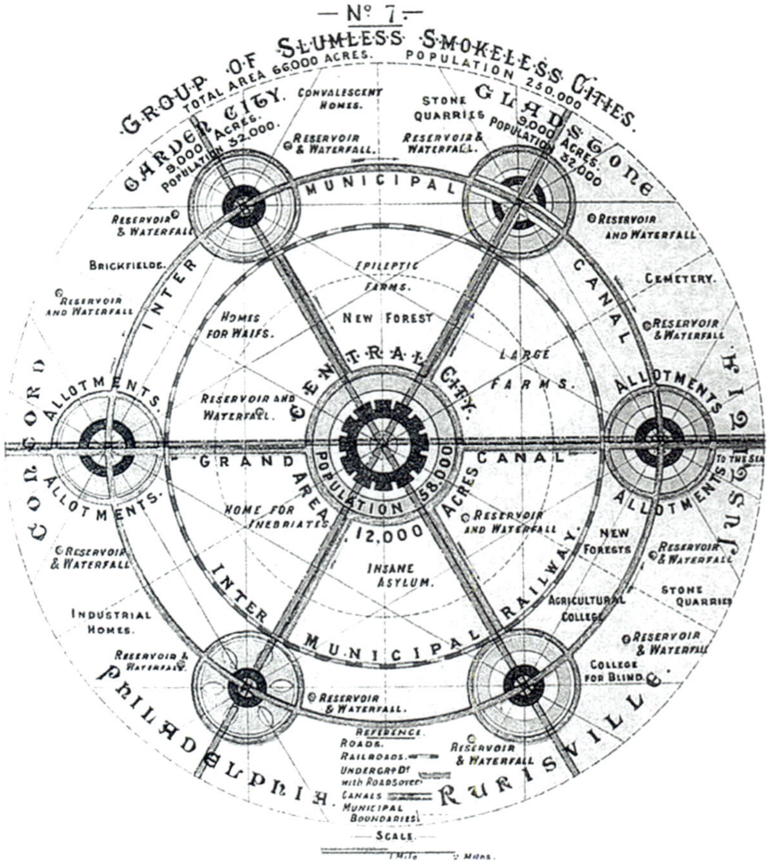

图 3.1.4　城乡结合的田园城市简图

Figure 3.1.4 Garden City Prototype

来源：《现代城市规划理论》

霍华德对他的理想城市作了具体的规划，并绘成简图。他建议田园城市占地为 6 000 英亩（1 英亩约 0.405 公顷）。城市居中，占地 1 000 英亩；四周的农业用地占 5 000 英亩，除耕地、牧场、果园、森林外，还包括农业学院、疗养院等。农业用地是保留的绿带，永远不得改作他用。在这 6 000 英亩土地上，居住 32 000 人，其中 30 000 人住在城市，2 000 人散居在乡间。城市人口超过了规定数量，则应建设另一个新的城市。田园城市的平面为圆形，半径约为 1 240 码（1 码约 0.914 4 米）。中央是一个面积约 145 英亩的公园，有 6 条主干道路从中心向外辐射，把城市分成 6 个区。城市的最外圈地区建设各类工厂、仓库、市场，一面对着最外层的环形道路，另一面是环状的铁路支线，交通运输十分方便。霍华德提出，为减少城市的烟尘污染，必须以电为动力源，城市垃圾应用于农业。

霍华德还设想了田园城市的群体组合模式：由 6 个单体田园城市围绕中心城市，构成城市组群，他称之为“无贫民窟无烟尘的城市群”。其地理分布呈现行星体系特征。中心城市的规模略大些，建议人口为 58 000 人，面积也相应增大。城市之间以快速交通和即时迅捷的通信相连。各城市经济上独立，政治上联盟，文化上密切联系。霍华德田园城市的群体组合把城市和乡村统一成一个相互渗透的区域，它兼有城、乡的有利条件，而没有两者的不利条件，是一个多中心、整体化运作的城乡系统。

霍华德针对现代社会出现的城市问题，提出带有先驱性的规划思想；针对城市规模、布局结构、人口密度、绿带等城市规划问题，提出一系列独创性的见解，形成了比较完整的城市规划思想体系。田园城市理论对现代城市规划思想起了重要的启蒙作用，对后来出现的一些城市规划理论，如“卫星城”论（Graham Romeyn Taylor，1915）、“有机疏散”论（Eliel Saarinen，1943）等颇有影响。

这是对工业文明城市的一次里程碑式改良，是为人类健康、生活及生产而设计的城市。它追求人与自然的和谐、城市内部系统的协调及城乡的永续发展，对于遏制生态退化、改善环境质量、减少环境污染、丰富城市景观等具有重要作用。生态文明的初级阶段，城市被认为是注重城市与自然融合、城市内部系统协调的有机体。

第五阶段：生态文明高级阶段

城市成为生命体的前提，是必须与外部环境健康地进行物质交融、能量交互和信息交流，形成交互生态。在生态文明的高级阶段，城市将具备感知系统、反应系统、判断系统等，能够进行物质交融、能量交互和信息交流。这是区别于生态文明初级阶段的重要特征。

当一个城市具有感知、反应和判断的能力，已经是高级生命，即智能城市。而在更高级的文明阶段，城市将具有自我学习、识别规律、推演未来、智能自组织和自我提升的能力，即人工智能城市（图 3.1.5）。

人工智能城市是在人工智能为引领的“大智移云”技术大量涌现的背景下，以解决城市人民的需求为源动力，全面赋能城市生产、生活、生态的一种自组织、可学习、可迭代的高度智能化的城市发展形态。生态文明阶段，对城市的认知应回归到“生命体”。

图 3.1.5　智能城市原型

Figure 3.1.5 Smart City Prototype

全面感知（intensive sense）：在充分的数据支撑下决策。
准确判断（accurate judgment）：能对状态和后果做出预判。
恰当反应（appropriate reaction）：能根据情景分析调动资源，实现最小能源、资源、时间、社会心理消耗。
持续学习（continuous learning）：能不断改进决策模型和流程，实现城市本体的持续进步。

3.2 七波城市技术对于城市的迭代影响

The Impact of Seven Waves of City Technology

城市技术支撑了城市生产、生活、生态所需的全部装备。根据技术的结构、要素、功能、意向及其外部环境的演化，可将城市技术分为以下 7 波（图 3.2.1）。

第1波：机械化技术，以铁、水动力、机械化生产等为主。

第 2 波：钢铁与铁路技术，以蒸汽动力、铁路、棉纺织业等为主。

第 3 波：电力、化学与汽车技术，以电力、化工、内燃机等为主。

第 4 波：电视、航空与电脑技术，以石油化工、电子、航空航天等为主。

第 5 波：生物与信息技术，以数字化、生物技术、信息技术等为主。

第 6 波：可持续发展技术，以原料效率、可再生能源、可持续产品设计、生态技术等为主。

第 7 波：人工智能技术，以大数据、人工智能、云计算、5G、互联网等为主。

第 1 波：机械化技术

这时期城市的特点是机器大工业代替了工场手工业；铁质机械代替了木制机械；蒸汽动力代替了水力；出现了以蒸

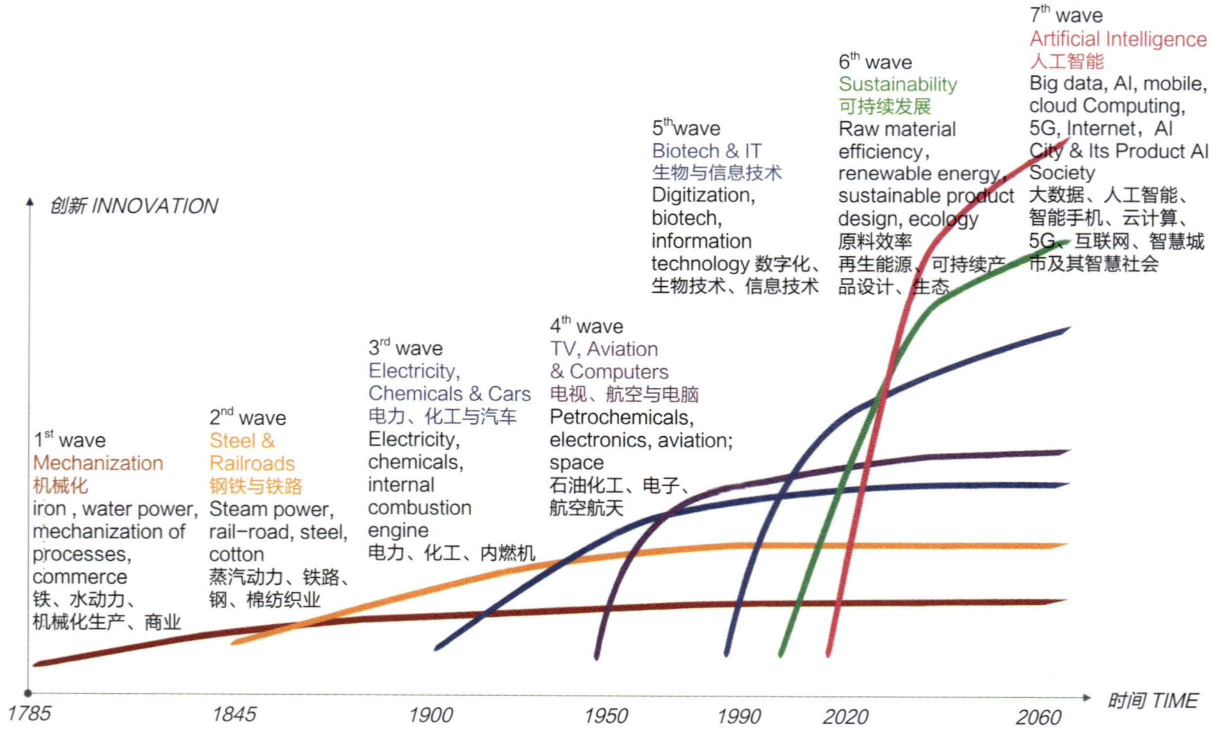

图 3.2.1　城市七波技术简图

Figure 3.2.1 Seven Waves City Technology

汽机为动力的崭新的交通工具蒸汽机车和轮船。这一革命的实质是能源和动力的革命，它使人类开始摆脱依赖风力、水力等天然能源的局限，正如John R. Laverty 在 *Urban Revolution* 一文中所言：“工业革命把农业革命的农民与牧民变成了消耗非生物能源的机械的奴隶。工业革命直接促进了城镇化进程，把世界人口越来越多地引向城市地区。”

有了人工的能源和动力，就有可能把生产集中到城市中，从而使加工工业迅速地在城市中发展起来，并随之带动商业和贸易的发展，城市人口迅速膨胀。

第 2 波：钢铁与铁路技术

这时期由于炼钢技术的改进，钢产量大幅度提高，钢铁与铁路技术随之提升。德国历史学家、文化研究学者Wolfgang Schivelbusch 在其所著的《铁道之旅：19 世纪空间与时间的工业化》一书中指出，大城市火车站的出现，可以被理解为城市空间的工业化进程。铁路对城市的影响，最直接也是最明显的区域，就是毗邻轨道和车站的区域。因为大城市的铁路车站需要配套车库，以及服务旅客的公共交通的停车站，这些都使得其占据了城市很大空间。铁路增加了城市内部特别是车站所在区域的交通量，几乎使所有城市的火车站周边交通都更加拥挤，空间中都弥漫着喧嚣的味道。为适应铁路时代，巴黎等欧洲城市在 19 世纪进行了大规模的改造——这是一个重大的转变，城市自此开始围绕流通的需要，无论是车流、客流还是货流，而不再是像过去那样首先考虑居住需求，来进行规划或改造。

第 3 波：电力、化学与汽车技术

这时期电的广泛使用改变了人类的生产和生活，人类由此进入“电气时代”。随后，电灯、电车、电话、电影放映机等如雨后春笋般地涌现，极大地改进了人类的生活方式。从此，人类历史从蒸汽时代跨入了电气时代。

同时，小汽车交通量的快速增长和机动化的广泛普及大大改变了城市地区的可达性分布，进而影响城市空间结构。小汽车代表了当代的技术水平，在其主导的交通系统中，它决定了城市的形态，引导街道的尺度，建筑物与建筑物之间的联系，大面积停车场的需求及人类赖以生存的环境节奏。

此外，汽车技术的广泛使用，促进了“土地高密度、混合开发，狭窄的街道有机组织，任何方向步行 30 分钟都可到达”的“步行主导型城市”向“土地低密度、分散开发，基于主导网络与串珠状结构离心发展”的“汽车主导型城市”。

第 4 波：电视、航空与电脑技术

这时期电视、航空与电脑等城市技术使城市发生了革命性的变化。

例如：航空技术极大地催生了航空经济的发展。航空经济是以航空枢纽为依托，以航空制造业、航空物流业等核心产业为基础，以高时效、高附加值型的现代服务新兴产业为引力，由机场附近聚集的运输、生产、信息服务、商务咨询、休闲旅游等各类经济活动组成的经济形态。在此基础上，形成了现代经济活动高度集中的空港都市区。

航空专家 M. Conway 于 20 世纪 60 年代提出“空港经济”的概念。之后，Huddleston 与 Pangotra（1990）提出了“空港城”的概念。剑桥系统研究所（Cambridge Systematics, Inc.CSI）（1993）通过对欧洲、日本和北美的多个空港周边产业展开的全面调查，划分了空港区、临空港区等四类空间。Kasarda 教授（2001）提出“空港都市区（aerotropolis）”的概念，即以机场为核心，由航空产业吸附相关的商务、休闲、娱乐、物流、制造等多种业态协同发展，从而聚集人气形成的城市新形态。

第 5 波：生物与信息技术

以生物技术与信息技术为

主的第 5 波技术，对于城市的环境改善及城市的空间形态的变化产生了巨大的影响。

随着城镇化的不断深入，工业的迅速发展，城市各类废弃物增加。生物技术由于其整体较为经济、无二次污染，逐渐成为城市废弃物转化、城市垃圾处理的主力军。

信息技术促使城市空间布局结构由集聚走向集聚与分散并重。随着现代信息技术的发展，信息网络使得城市人的工作、教育、生活、购物、就医、娱乐等打破了时空限制，人们对办公空间、教育空间、商业空间、就医空间及交通工具等的依赖性大大减弱。同时，部分工业生产降低了对资源、对高度集中的生产规模的依赖性，大大地扩宽了城市的活动空间，使得城市得以延伸其各种功能的地域分布，城市空间布局结构呈现扩散化趋向。

同时，信息技术提高了城市规划的效率与科学性，使城市的产业结构发生了巨大的变化，为解决城市交通问题提供了可能，使城市建筑智能化，使城市治理与监控手段更为发达等，全方位地影响了城市居民的生活方式。

第 6 波：可持续发展技术

1987 年，联合国环境与发展大会发表的《我们共同的未来》，全面阐述了可持续发展的理念。报告指出，可持续发展是既满足当代人需要，又不对后代人满足其需要的能力构成危害的发展，即“人类在发展过程中应合理利用自然资源，保护好生态环境，为后代维护、保留较好的资源条件，使人类社会得到公平的发展”。

1993 年，英国城乡规划协会发表了《可持续环境的规划对策》，提出将可持续发展的要领和原则引入城市规划实践的行动框架，将环境要素管理纳入各个层面的空间发展规划。从城市规划的历史发展可以看出，城市的发展是与人类文明的发展、社会的进步同步的，城市建设总是伴随着对环境的更新与改造。

这时期，生态技术与城市规划结合，成为城市规划重要的思想方法和工作方法，将生态学的原则，如多样化、独立性、分散化等，合理地用于城市规划上。同时，也将用生态的方法处理人造污染物的各个“生态装置”或“生态单元”作为城市设计的构成要素（沈清基，2000）。

第 7 波：人工智能技术

在以人工智能为领雁的“大智移云链”技术支撑下，城市将具备感知系统、反应系统、判断系统等，能够自动地进行物质交融、能量交互和信息交流。同时，在演进的更高代际，城市将具有智力，具有自我学习、规律识别、推演未来、智能自组织和自我提升的能力，即人工智能城市。在机械时代，城市是自动的（automatic），是人预设过程，逻辑是固定的；而人工智能时代，城市是自主的（autonomous），是人预设目标，城市通过不断自我学习，不断改进过程，实现自主学习。

同时，多应用场景渗透，城市生活将发生翻天覆地的变化。随着技术和产业不断升级，人工智能城市发展也从自上而下的政策驱动转变为自下而上各个城市智慧产业支撑、城市内在发展需要和经济结构调整为关键驱动。在具体应用上的体现为城市与产业之间的联动更加密切，对于城市 AI 渗透的发展步伐也从单点突破向多点开花迈进，理念更加具有前瞻性和创新性，即不再是简单地满足当下的需要，而是更多地创造新的或升级现在的应用场景，使智能化改变现有的城市形态和生活方式。人工智能离百姓的生活更近，让居民在日常生活中也能够更多地感受到“城市智慧”。

3.3 人工智能技术引发的未来城市变化

Future Urban Changes Triggered by AI Technology

3.3.1 构建人工智能城市的三级系统

回顾过去每一波技术更新换代，可以发现，颠覆性技术对城市生活和生产方式的深刻影响，也是对传统物质空间规划设计的挑战。城市作为文明的容器，其空间形式具有弹性与适应性，相比于技术迭代具有滞后性。新旧空间融合的拼贴城市在历史上的每个时刻都存在着。

人工智能、大数据与云计算、移动互联网、传感网与物联网、区块链、混合实境、智能建造、机器人与自动化系统等第七波新兴技术将进一步在不同层级作用于城市空间。技术驱动带动城市产品服务层面更迭，重构城市空间转型。以土地用途为核心的功能布局及结构向以人为本的方向演进。

以人工智能技术为代表的新技术正在融入城市生产、生活的方方面面，与人类形成劳动分工，极大地提升了城市社会的运转速度和效率，引发上至宏观城市区域及城镇群、中至城市内部家园十元功能系统、下至城市底层基础设施网络等不同城市构成层面的系列发展流变，社会关系和社会组织方式发生变革，城市巨系统更加复杂。

基于“回溯－推演”法，通过观察历史上“新”技术曾经引发的城市变化，依据历史发展惯性特质和对当下“新”技术发展趋势的合理判断，理性推测未来人工智能“新”城市各子系统的可能形式及重点（详见图 3.3.1），从而为提炼抽象的人工智能城市理论原型铺筑底版。

层级	方面	技术供给
区域	等级结构 规模 联系	高铁、航空、磁悬浮等城际交通运输技术 载人无人机
城市家园 十元功能	城市总体	增强智能、5G 移动互联网、混合现实、多感知交互、城市信息模型 CIM、智能微尘
	就业	传感器、物联网技术 人工智能、5G 移动互联网、区块链、蓝牙 5.0、光无线通信
	居住	无障碍与适老化技术、装配式建筑、钢结构住宅、绿色建材 增强智能、5G 移动互联网、蓝牙 5.0、光无线通信
	医疗	数据库、物联网、卫星导航定位技术 人工智能、5G 移动互联网、蓝牙 5.0、光无线通信、纳米材料、高性能材料、可编程材料、生物基材料
	教育	数据库、流媒体压缩与传播技术 人工智能、5G 移动互联网、蓝牙 5.0、光无线通信
	商业	数据库、物联网、卫星导航定位技术 人工智能、5G 移动互联网、区块链、蓝牙 5.0、混合现实、多感知交互
	自然	数据库、物联网、生态修复技术 人工智能、5G 移动互联网、污染消化器
	交通	传感器、物联网、卫星导航定位技术 增强智能、5G 移动互联网、自动驾驶、泡沫电池，蓝牙 5.0、光无线通信、深度地图
	治理	数据库、CIM 技术 人工智能、5G 移动互联网、深度地图
	创新	数据库、流媒体压缩与传播、物联网技术 人工智能、5G 移动互联网、混合现实、多感知交互
设施	基础设施	特高压、城市轨道交通技术 人工智能、5G 移动互联网、核聚变反应堆、透明太阳能板、光无线通信

图 3.3.1　以人工智能技术为代表的新技术供给下未来城市（空间）可能发生的变化预判

Figure 3.3.1 Prediction of Possible Changes in Future Cities (Space) with the Aid of New Technologies Represented by Artificial Intelligence Technology

2020 2025 2030 2035 2040 2045 2050

以城镇群、都市圈为主要空间组织形式，多中心、网络化发展	分工明确，趋于稳定	
发达地区城市蔓延，部分城市收缩	新极化中心	城市间非均衡状态明显且长期持续
区域交通网络化，职住分离、跨城通勤、异城办公普及化	功能联系超越地理邻近成为发展重要动力	
城市功能布局各维度混合化。不同活动场所空间边界模糊化。服务功能集聚	大量旧空间更新。用地开发精细化、弹性化，数字化、场景体验式空间剧增，线上活动与实体空间联系更紧密	城市内部形态结构簇群化、社区化
远程办公、协同办公、共享办公多模式并存，新职业产生，自由工作者增多，第三空间办公、车上办公、户外办公等新办公空间流行，传统办公衰败转型，办公设施智能交互化，分布扁平化	与人工智能协作，机器代人	
功能复合化、弹性化，数字家庭普及。开发商走向运营商，建造与运营全生命周期绿智化。信息无障碍建设	家庭人口结构高龄少子化促使住宅产品更替。家园政务服务平台、社区感知设施和家庭终端联通	
医疗实体环境居家化、人本化、功能复合化。诊疗空间分级化、模块化。电子健康档案和病历推广，应急救援设施智能化，穿戴式设备健康监测	线上线下医疗深度融合，远程医疗发展，临床人工智能诊疗应用。情绪关注与心理健康服务平台	
线上线下混合式教学，AI 辅助学习。网络学校和开放大学	泛在学习，传统师生关系转型。课堂研讨化，教育资源全球化，学位弱化。专业资格认证和技术能力强化	个性化教育。智能机器人教师
网络区位超越地理区位。商业空间内向综合体化，商业街模式复兴，传统商业空间转型	零售无人化，商品定制化，分享性、体验性精品质消费拓展至多领域，虚拟实体交互，数字人民币、智能化信用支付系统推广	
污染物排放智能监测、被污染环境生态修复，生活垃圾处理及回收利用能力提升	定制化、可学习、可交互、促社交的绿化节点和公共开放空间大量建设	
清洁能源车辆普及，道路智能管理、交通信号联动、公交优先通行控制、定制公交产品、智慧停车场推广，全龄友好的慢行环境	L3 或 L4 级自动驾驶和车路协同的出行服务，MaaS（出行即服务），换乘枢纽无缝接驳服务	智慧型综合交通运输系统，大量道路和停车用地被释放
智能模拟推演在规划中广泛应用，线上线下融合的社区生活服务与治理服务，智能化执法设施广覆盖	政务信息系统整合，基础公共信息数据安全有序开放，全方位、立体化的灾害安全网，居民广泛参与公共决策，食品药品全链条质量安全监管	
文化资源数字化、跨媒体深度融合，多终端沉浸式资源传播与开放共享，双创空间、孵化服务与平台遍地化下沉至基层社区		
雨水、供水、污水三水合一的综合水资源管理。5G 大范围覆盖，综合管沟推广。无人快递	全域感知网，全国一体化大数据中心建设，智能家园数据中台。直流微电网小区，氢能社区，超快充、大功率电动汽车充电设施	能源互联网

3.4 人工智能城市的原型
The Prototype of AI City

3.4.1 人工智能城市的特征

人工智能城市由学习能力、发现规律、推演未来、智能自组织和以需求带动技术发展五个要素构成。图 3.4.1 展示了人工智能城市的原型。

3.4.2 新一代人工智能的城市创新应用

新一代人工智能的城市创新应用见表 3.4.1。

3.4.3 人工智能城市的原型

2018 年 8 月，作者提出将城市 AI 中枢、迷走神经系统等设想置入智慧城市的架构，由此发布“人工智能城市”的概念，即 AI City。这一设想认为，城市发展正在进入人工智能时代，应通过建构 AI City 为新一代人工智能技术在城市中的应用场景创造开放的生态，推动 AI 技术在城市中的创新试验。AI 城市的根本动力是城市人的需求。因人的需求而不断产生与之匹配的技术方案，在城市发展过程中寻求用 AI 技术精准地感知、判断、反应、学习，为新一代 AI 技术研发提供方向和动力。城市因 AI 技术的赋能更具智慧，而 AI 技术因城市需求的不断涌现而持续迭代。因此，将人工智能城市定义为“在人工智能技术大量涌现的背景下，以解决城市人民的需求而出现的以人工智能技术全面赋能城市生产、生活、生态的一种自组织、可学习、可迭代的高度智能化的城市发展形态”(图 3.4.2)。

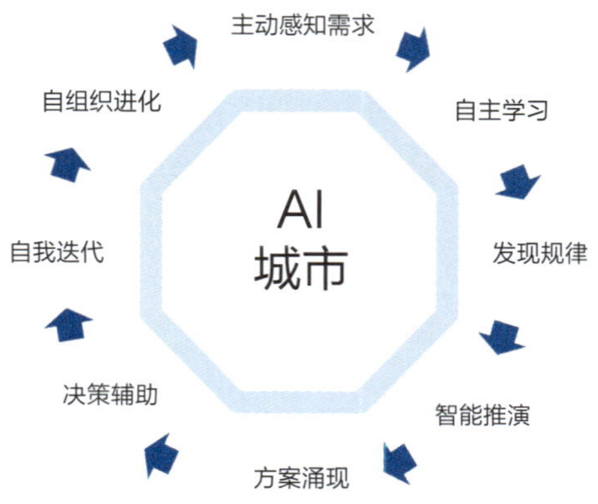

图 3.4.1　人工智能城市原型
Figure 3.4.1 Artificial Intelligent City Prototype

3.4.4 构建人工智能城市的三级系统

人工智能城市由三级系统构成的，分别为：大脑（战略决策系统）、小脑（城市指挥系统）、神经系统和迷走神经系统（图 3.4.3）。

“迷走神经”是指在颈、胸、腹均发出多个分支，支配颈部、胸腔内器官及腹腔内大部分脏器，不需经过大脑，而是直接通过传导器官和脏器的感觉冲动及控制心肌、平滑肌和腺体活动来调节循环、呼吸、消化 3 个系统。城市“迷走神经系统”构建后，海量城市信息不必经过城市“大脑”而在系统内部自我调节。

城市迷走神经系统包括两种形式，一是点对点发送指令的末端，在这一过程中，信息的传递与反馈不用经过城市的

表 3.4.1　新一代人工智能在城市创新中的应用
Tabel 3.4.1 Innovative Applications of the New Generation of Artficial Intelligence in Cities

技术类型	前沿问题	技术能力	已有应用领域
数智（大数据智能）	可泛化知识计算平台、因果推理、视觉推理	提升 AI 的数据理解、分析、发现和决策能力； 从数据中获取更准确、更深层次的知识，挖掘数据背后的价值	在新零售领域，可以提升人脸识别的准确率，预测每月的销售情况； 在交通领域，智能交通流量预测、智能交通疏导实现对整体交通网络的智能控制； 在健康领域，提供医疗影像分析、辅助诊疗、医疗机器人等更便捷、更智能的医疗服务； 在智能安防、自动驾驶、医疗影像等应用领域正在加速落地
群智（群体智能）	群体智能涌现与演化、群体智能动力学与熵度量	吸引、汇聚和管理大规模参与者； 以竞争和合作等多种自主协同方式来共同应对挑战性任务； 在复杂开放环境中的决策任务中涌现出超越个体的智能	在互联网领域，基于群体开发的开源软件、基于众筹众智的万众创新、基于众问众答的知识共享、基于群体编辑的维基百科，以及基于众包众享的共享经济等； 在机器人和无人机领域，2017 年 2 月，中国的航空公司亿航制造了 1 000 架无人机组成的无人机群，展示了完全自主地随机应变和排除故障的能力
合智（跨媒体智能）	类脑计算、云脑平台、数字视网膜	通过视听感知、机器学习和语言计算等理论和方法，构建出实体世界的统一语义表达	在城市决策辅助方面，研究城市全维度智能感知推理引擎，可以解决城市发展过程中存在的感知碎片化、信息孤岛化等问题，建立以“大跨度、大视角、大信息和大服务”为特征的城市全维度智能感知推理引擎，实现对人、车、物、事件等的多维度、跨时空协同感知和综合推理
混智（混合增强智能）	机器推理决策、机器人自主学习、安全可信的人机协作	将人的作用或人的认知模型引入人工智能系统，形成混合增强智能的形态	在产业风险管理、医疗诊断、刑事司法领域引入人类监督，允许人参与验证，以最佳的方式利用人的知识和智慧，最优地平衡人的智力和计算机的计算能力； 在自动驾驶领域，通过智能人机协同技术可以协调两个“驾驶员”以实现车辆的安全和舒适行驶； 产业发展决策、在线智能学习、医疗与保健、人机共驾和云机器人等领域正在加速落地
自智（自主无人系统）	复杂环境的自主智能感知决策、无人集群的智能协同	复杂多变环境中的感知、控制、决策和系统行动； 适用于多平台分布式和多模态交互式协同决策的机器学习	在无人载具领域，已经在包括无人车、无人机、无人船等新一代智能载具方面开展应用，通过自主智能技术，可以增强载具的性能及可靠性； 在社会生产领域，包括智能车间、智能工厂、服务机器人等应用，可以大幅提升生产效率，节约劳动成本； 在科学研究领域，通过自主智能系统研制空间机器人、海洋机器人

脑结构；二是可以在感知末端直接进行决策，计算机视觉的发展促进了城市末端感知。采用卷积神经网络进行端到端、像素对像素的训练，已经能够实现快速、高精度的图像语义分割。

城市内部复杂的信息流、市民日常生活中繁琐的需求，将不会也不必要全部流入城市职能部门的管理系统，而是在城市管理以下的层面就可以得到解决，这是人工智能技术为城市的组织模式带来的一项颠覆性突破。

城市迷走神经系统打破了智慧城市运行管理中只依靠城市政府及职能部门进行决策的局面，实现了智慧城市系统的垂直分化。

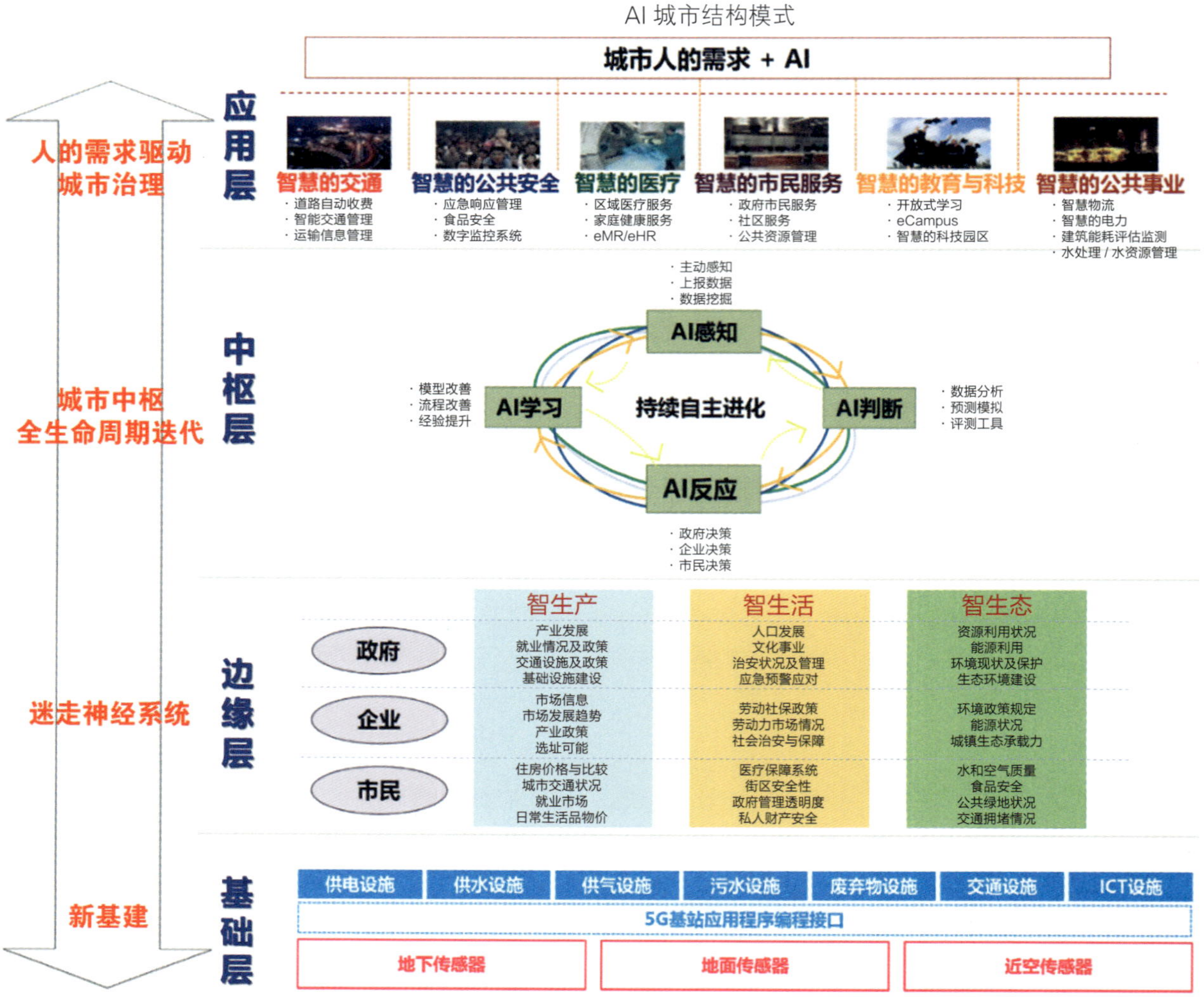

图 3.4.2　新技术支撑下的 AI 城市结构模式

Figure 3.4.2 AI City Structure Model Supported by New Technologies

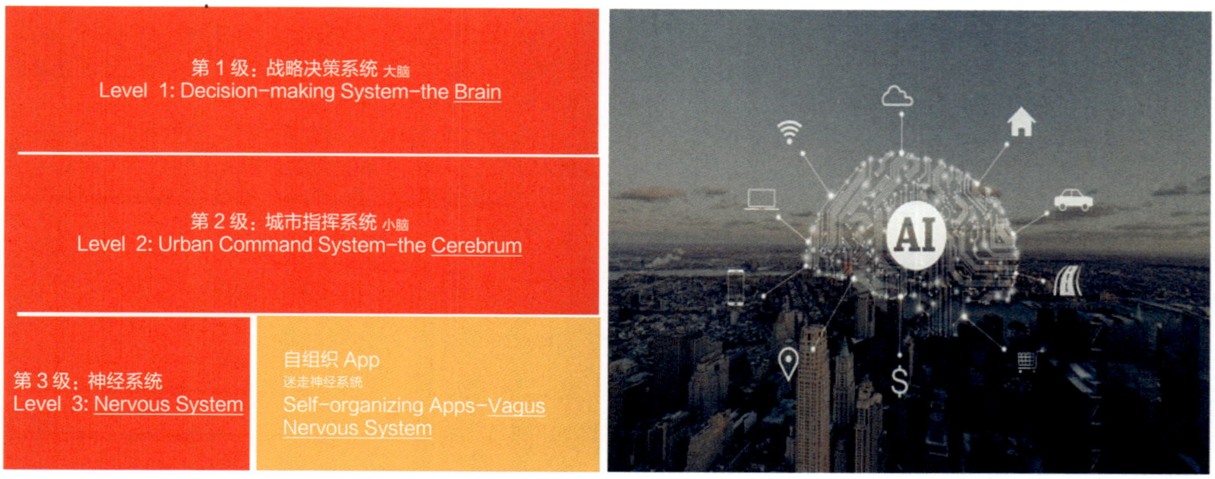

图 3.4.3　人工智能城市的三级系统

Figure 3.4.3 Three-level System of AI City

3.5 人工智能城市的规划与治理

The Planning and Governance of AI City

3.5.1 城市发展面临的问题

城市发展面临的问题是复杂而多样的。

从时间的维度出发，可将城市中存在的问题分为三类，即“昨天的问题”、“今天的问题”和“明天的问题”。

这三类问题看似孤立，实则在城市发展中互相影响。

如“昨天的问题”未能得到重视和解决，可能进一步衍生为“今天的问题”，深究“今天的问题”产生的根源，可能是从“昨天”中来。如对“今天的问题”不能进行精准的识别和解决，则又可能延续成为“明天的问题”。或对于“今天的问题”采取了不恰当的解决手段，从短期来看使问题有所缓解，而从长远角度上说则为未来的发展留下了隐患。

从问题的生命历程出发，可将城市问题分为以下三类：

（1）自愈问题。并非所有城市问题的治理都要求规划的介入。有部分城市问题是具有自愈能力的，如同身体偶感风寒，这些问题随着时间的推移将自动消失。针对此类问题，应减少外界力量的干预，去除规划的多余动作，使其自愈即可。

（2）延续问题。相对于自愈问题，也有相当一部分城市问题不具备自愈的条件和能力，如很大一部分“今天的问题”实际是“昨天的问题”的延续。对这些问题的放任会演变为城市发展中的隐患。针对此种问题，规划师应及时做出判断，提出精准的治理方案，以防止“今天的问题”延续成为“明天的问题”，或在治理原有问题的同时滋生出新的问题。

（3）新生问题。随着城市的不断发展，也会浮现出部分新生问题。城市规划中应对此类问题进行预判，尽可能避免新生问题的出现，从根源上推动城市的良性发展。

城市规划是通过问题修正将当下的城市不断向理想城市靠近的过程（图 3.5.1）。在传统城市发展与城市规划中，规划师不断发掘修正城市中存在的问题，治疗“城市病”，通过对交通、功能用地等城市要素的调整干预城市发展，让城市不断向理想状态靠近。

而在城市的实际设计中，意识到三类问题之间的联系，并作出精准判断并不如想象中容易。城市规划往往关注于当下，即“今天的问题”。这使得城市设计师在城市发展的进程中处于被动位置，亦步亦趋修改已存在的问题。若想打破

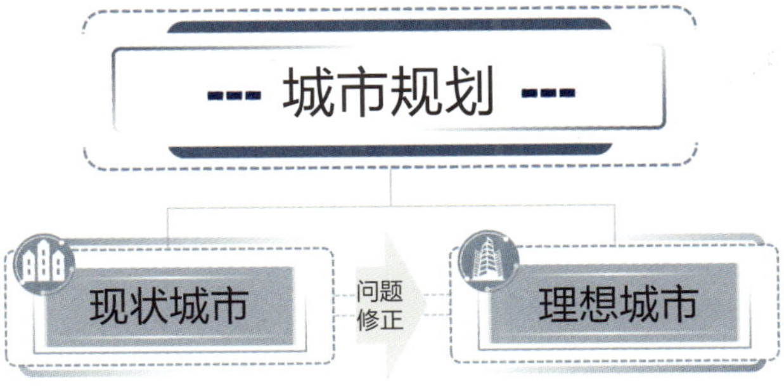

图 3.5.1　城市规划的哲学范式

Figure 3.5.1 The Philosophy of City Planning

这种滞后修正的发展模式，就需要对明天可能发生的问题进行预判，将“明天的问题”导入当下的城市治理之中，并对今天的解决方案是否将滋生“明天的问题”作出推演和预判。

人工智能技术的引入，正为这一城市治理思路提供了方法。人工智能的诊断和预测能力可以帮助规划师认识到“今天的问题”，抓住问题要害。同时，人工智能技术可辅助规划师对城市未来作出推演和预判，对城市中可能存在的隐患进行提前规避，将城市规划和治理从“治病”向“治未病”演变。

3.5.2　人工智能城市的规划

相对于传统城市发展，人工智能城市具有不同的问题解决方式。人工智能技术可通过对现状的推演预判城市未来可能的发展状况，精准看到“明天的问题”。与此同时，人工智能城市可识别自愈问题、预防新生问题、解决延续问题。图 3.5.2 概述了人工智能城市的规划原型。

3.5.3　人工智能城市的治理范式

3.5.3.1　共家园

人工智能城市应保留城市元素，传承城市原有的非物质文化资源，延续城市发展历史脉络。按照“职住学商医休”六元平衡的根本生活模式，打造满足 15 分钟步行范围生活圈的都市家园。此外，营造幸福和谐的居住环境和幸福邻里是美丽家园的最终目标（图 3.5.3 至图 3.5.5）。

3.5.3.2　智生产

人工智能城市的生产应按国际标准要求，建设国际水平的人工智能城市。人工智能城市应拥有动态智能配置能力，全领域监测分析指导城市发展演变，并依托云端应用、计算机集成制造底板等架构数字化城市模型（图 3.5.6 至图 3.5.8）。

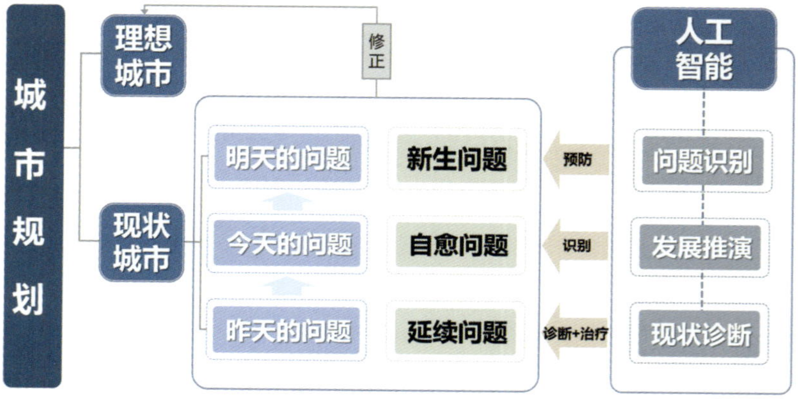

图 3.5.2　人工智能城市规划原型

Figure 3.5.2　The Prototype of AI City Planning

吴志强

中国工程院院士，德国国家科学与工程院院士，瑞典皇家工程科学院院士，同济大学教授

人工智能城市规划的核心思想在于为了“明天做历史”。

人工智能城市的出现，也对城市的规划和治理提出了新的要求和方向。通过图像识别、机器学习等人工智能技术，规划师可对城市问题进行进一步辨识，对问题提出更精准的解决方案。

基于大数据时代与计算机算力的支撑，人工智能有能力学习大量城市案例，并在此基础上挖掘、总结城市的内部发展规律，对城市中存在的问题进行归类。判断“今天的问题”“明天的问题”，明确问题中可自愈的部分及未来将出现的新生问题。城市规划作为城市生命维护的外部干预及治理手段，将有能力提供精准化的市政、空间组织和建设，以维护城市生命体的健康发展，尽可能减少不必要的，甚至是存在大量副作用和破坏性的建设和干预。

图 3.5.3　城市元素
Figure 3.5.3 City Elements

图 3.5.4　都市家园
Figure 3.5.4 Urban Home

图 3.5.5　幸福邻里
Figure 3.5.5 Happy Neighbourhood

图 3.5.6　国际标准
Figure 3.5.6 International Standard

图 3.5.7　动态智配
Figure 3.5.7 Dynamic Intelligent Allocation

图 3.5.8　云端应用
Figure 3.5.8 Application of Cloud

3.5.3.3　智生活

人工智能城市应实现生态社区的全覆盖布局——社区和谐、经济高效、生态良性循环。创造聚集场景，建设城市艺术中心，展示创新文化。活化利用特色产业，提升城市文化活力，多元织网（图 3.5.9 至图 3.5.11）。

图 3.5.9　生态社区
Figure 3.5.9 Ecological Community

图 3.5.10　集聚场景
Figure 3.5.10 Gathering Scenes

图 3.5.11　多元织网
Figure 3.5.11 Multisystem

3.5.3.4 智生态

生态也是人工智能城市治理的重要构成部分。智生态将雨水、污水、再生水、冷热源、电力、燃气、垃圾等不同的生态路径有机结合。发展低碳智慧能源，碳中和建筑，打造可持续的绿色生态建筑集群。以终端需求为导向，建设自然和人为灾害的应急预案体系和救灾空间系统，实现韧性安全网络（图 3.5.12 至图 3.5.14）。

图 3.5.12　生态感知
Figure 3.5.12 Ecological Perception

图 3.5.13　低碳集成
Figure 3.5.13 Low-carbon Integration

图 3.5.14　智能安全
Figure 3.5.14 Intelligent Safety

参考文献

[1] 陆贾 . 新语 · 道基 .
[2] 管子 . 管子 · 君臣上 .
[3] 谯周 . 古史考 .
[4] 董鉴泓. 中国城市建设史 [M]. 北京：中国建筑工业出版社，2004.
[5] 沈玉麟. 外国城市建设史 [M. 北京：中国建筑工业出版社，2007.
[6] 孙施文. 现代城市规划理论 [M]. 北京：中国建筑工业出版社，2007.
[7] 吴志强.《百年西方城市规划理论史纲》导论 [J]. 城市规划汇刊，2000（2）: 9-18.
[8] Andreas Faludi. A Reader in Planning Theory [M]. Oxford：Pergamon Press, 1973.
[9] Richard T. LeGates, Frederic Stout. The City Reader Fifth edition [M]. London：Routledge, 1996.
[10] Scoot Campbell, Susan S Fainstein. Reading in Planning Theory [M]. Oxford: Blackwell Publishers, 1996.
[11] Ebenezer Howard. Garden Cities of To-morrow [M]. London: Attic Books，1985.
[12] Graham Romeyn Taylor. Satellite Cities: A Study of Industrial Suburbs [M]. New York: D. Appleton, 1915.
[13] Eliel Saarinen. The City, Its Growth, Its Decay, Its Future [M]. New York: Reinhold Publishing Corp，1943.
[14] John Robert Laverty. The Urban Revolution [M]. Brisbane: University of Queensland Press，1978.
[15] 沃尔夫冈 · 希弗尔布施 . 铁道之旅：19 世纪空间与时间的工业化 [M]. 金毅，译. 北京：世纪文景文化传播有限责任公司，2018.
[16] World Commission on Environment and Development Our Common Future [M]. Oxford: Oxford University Press, 1987.
[17] 沈清基. 城市生态与城市环境 [M]. 上海：同济大学出版社，1998.
[18] 张蕾，陈雯，宋正娜，等. 机场运营与区域经济增长关联性——以南京禄口国际机场为例 [J]. 地理科学进展，2010，29（12）: 1570-1576.
[19] Granger causality tests among openness to international trade, human capital accumulation and economic growth in China: 1952-1999 [J]. Wong Hock Tsen. International Economic Journal, 2006 (3): 285-302.
[20] Air cargo as an economic development engine: A note on opportunities and constraints [J]. John D. Kasarda, Jonathan D. Green. Journal of Air Transport Management, 2005 (6): 459-462.
[21] Air transportation and urban-economic restructuring: competitive advantage in the US Carolinas [J]. Keith

G Debbage. Journal of Air Transport Management, 1999 (4): 211-221.
[22] LeCun Y, Bengio Y, Hinton G. Deep learning[J]. Nature, 2015 (5): 436-444.
[23] Jang JSR. ANFIS: Adaptive-Network-Based Fuzzy Inference System[J]. IEEE Transactions On Systems Man And Cybernetics, 1993 (5): 665-685.
[24] Lecun Y, Bottou L, Bengio Y, et al. Gradient-based learning applied to document recognition[J]. PROCEEDINGS OF THE IEEE, 1998 (11): 2278-2324.
[25] Christidis K. Blockchains and Smart Contracts for the Internet of Things[J]. IEEE ACCESS, 2016: 2292-2303.
[26] 潘云鹤. 人工智能走向 2.0[J]. Engineering，2016，2（4）: 51-61.
[27] 华先胜，黄建强，沈旭，等. 城市大脑：云边协同城市视觉计算 [J]. 人工智能，2019（5）: 77-91.
[28] 艾瑞咨询. 中国人工智能城市展望研究报告 2017 年 [R]. 2018（1）: 174-215.
[29] 吴志强. 人工智能辅助城市规划 [J]. 时代建筑，2018（1）: 6-11.
[30] 高文. 鹏城云脑开源生态 [J]. 软件和集成电路，2021（6）: 50-51.
[31] 高文，田永鸿，王坚. 数字视网膜：智慧城市系统演进的关键环节 [J]. 中国科学：信息科学，2018，48（8）: 1076-1082.

第 4 章　人工智能城市的要素

CHAPTER 4

THE DETERMINANTS OF AI CITY

4.1 人工智能城市要素一：具有学习能力

AI City Determinant One: Learning Ability

近年来，城市借助移动通信与技术领域的高科技快速发展，展现出逐渐智能化的趋势，让城市内部联系更加紧密，数据、信息和资源的连接更加高效。在未来，随着商用5G技术的大面积普及，将会有更多新产品与新服务凭借着高速率、低延时等特点，从需求的满足出发，走入人们的生活，更好地服务城市人民，强化城市内部及城市之间的“互联、互通性”，不断创造和提供高效便捷的服务。

在城市环境中，随着物联网、大数据、人工智能技术与实体经济深度融合，产业互联网和智能制造等数字化产业萌生了新的产业形态，万物互联的时代已经到来。但是，城市发展不能只具备互联互通的特性，未来人工智能城市与过去城市之间最大的提升就是“学习”。

一方面，城市发展的历史数据借由当前的科技与研究的手段是可表征和可展示的，从过去城市发展过渡至人工智能城市，城市需要根据自身发展进行自我学习和更新迭代。

另一方面，人工智能城市能够在智能化管理运营城市的同时，模拟城市问题，不断观察，发现漏洞，寻求解决方案，在城市之间互相借鉴，在城市发展运营的最前沿进行学习并不断更新创新。

最后，随着人工智能技术的发展，越来越多的算法可以基于城市实时数据进行模型参数的迭代和更新，从而使模型具有随着数据变化而不断进化的能力。在未来，算法能够普遍具备一定自我优化和学习的能力，进而推动部署了这些算法的人工智能城市同样具有学习能力。

4.2 人工智能城市要素二：通过学习发现规律

AI City Determinant Two: Discovering Laws through Learning

在便捷且可廉价获取数据的同时，城市通过一系列的技术应用，包括各类传感器系统、物联网监测和大数据分析等，使城市可监测控制范围内的所有数据在城市各层管理系统中充分流动，通过数据解构还原城市每一天的运营发展情况，而海量的城市数据构成了人工智能城市学习的基础。

高计算力的芯片，搭接高速、低延时的通信网络，连接各级智能平台和应用，提供了城市级数据分析计算的必备条件。所以，人工智能城市在收集和获取城市数据进行自我学习和迭代的同时，可以模拟城市环境，可视化分析城市潜藏问题，帮助归纳城市发展、运营和管理中的规律。

同时，人工智能城市在提供便捷的城市服务、推进居民生活智能化过程中，可以为城市居民生活方式和行为模式构建模型并进行学习，通过对模型输入、输出，以及模型可解释性的可视化和相关研究，揭示数据中存在的规律，进而帮助规划师加深对相关模型、数据和城市有关问题的科学认知和理解。规划师根据在大量数据和模型中学到的规律来设计新的技术方案，从而更好地满足城市中各类需求。

相比传统城市数据无法解决的“不见民心，不见流动，不见动态，不见理性，不见关系，不见文脉”的技术理性缺憾，人工智能城市通过信息化技术可以实现城市发展动态的大数据汇集感知、城市发展状态的云计算分析诊断、城市发展过程的人工智能规律识别，提供移动互联的公共参与规划和建设决策，从而快速实现“见民心，见流动，见动态，见理性，见关系，见文脉”的城市研究效果，支撑城市更加合理发展。

4.3 人工智能城市要素三：推演城市未来

AI City Determinant Three: Predicting the Future

城市规划的决策设计需要大量的数据进行支撑，通过学习城市中各个子系统的空间规律、时间规律，可以更加快速准确地理解城市现象，诊断城市问题，优化规划方案。同时，人工智能还可以获取大量时间维度及空间维度之间相互交叉的细节来整体感知城市，描绘城市发展变化的过程。

通过人工智能技术挖掘城市规律，不仅能看到城市“今天的问题”，还能预判“明天的问题”，规划师从而可以最小的干预来制定规划。在总结规律的基础上，进而利用人工智能技术模拟推演未来城市不同层面的生活场景，科学合理预判或者干预城市发展过程中将遇到的问题。

如，通过人工智能推演城市未来，实现 15 分钟生活圈的家园配置，实现公共设施智能布局选址，优化城市空间结构和基础设施布局，降低城市资源能源的消耗，提升城市运行效率和可持续发展水平。

通过人工智能支持的城市建设模拟评估，包括建立城市发展规划的区域协同模型、实现城市区域发展的多中心决策场景推演、进行城乡区域建设的即时动态评价优化，实现跨区域地区交通基础设施建设、区域水系安全预警、水资源联合检测和灾难预警等城乡区域发展问题。

例如，同济大学的“CityGo”城市推演平台（图 4.3.1）就是利用大数据、深度学习、群体智能、人机混合等人工智能技术，从城市发展内生规律的角度，模拟仿真城市规划决策中的博弈过程，生成不同的规划策略，可以帮助规划师更好地探索城市规律，同时帮助城市管理者更好地进行规划决策。

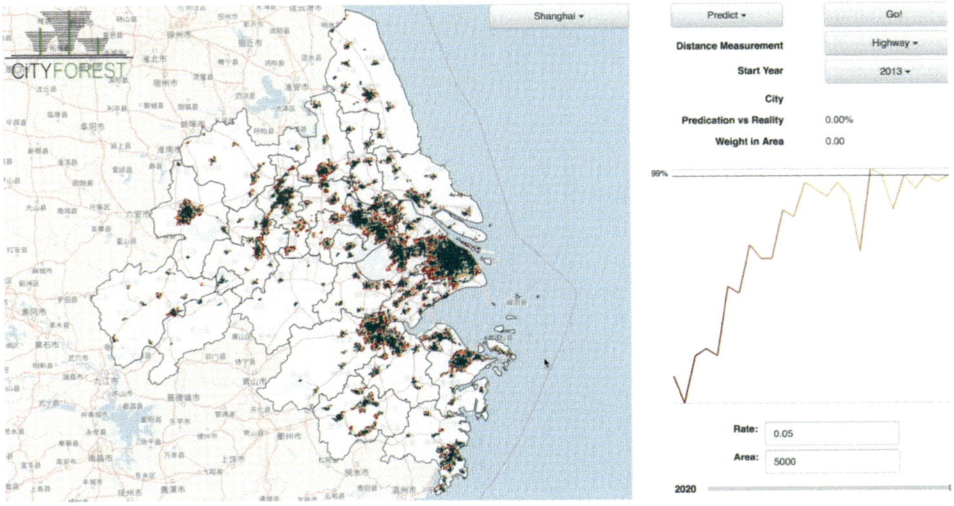

图 4.3.1 “CityGo”城市推演平台

Figure 4.3.1 CityGo Urban Prediction Platform

4.4 人工智能城市要素四：智能自组织

AI City Determinant Four: Intelligent Self-Organization APPs

人工智能城市的管理，将不再是自上而下的单一系统，而是借助人工智能技术兴起一批自组织、自决策、自运行的系统，进而建立起分级决策的全新机制。这种机制反映在社会生活中，如社交网络和虚拟社群、大量出现的用户点对点的手机APP智能应用，以及针对大量用户数据可以精准推送的智能服务等。

利用社交网络、移动手机、公交卡等系列数据对城市居民行为进行研究，可赋能城市的空间管理、交通管治、社会服务等方面。同时，相比于GPS和网络日志等需要固定研究对象的数据采集手段，此类方法具有样本量大和成本低等优势。随着Twitter、微博等社交网络的功能逐渐完善，用户快速增长，从社交网络中获取行为信息将愈发展现出其优势，愈能反映居民活动和出行的信息。

以人类行为记录为素材的城市空间感知对城市规划、社区服务、公共资源配置等方面具有重大意义。近些年来，全球城市化进程发展迅速，管理低效、资源短缺、环境恶化、交通拥堵等城市问题日益凸显。人是城市的主体，解决城市问题的关键在于理解人类行为，根据人类行为感知城市的空间特性，理解公共资源消耗的特征，最终提出优化城市管理运营的方案。利用信息通信技术手段感知、分析城市运行的各项关键信息，并在此基础上实现城市的智能化管理和运行。

城市内部复杂的信息流、市民日常生活中繁琐的需求，将不会也不必要全部流入城市职能部门的管理系统，而是在城市管理以下的层面就可以得到解决，这是人工智能技术为城市的组织模式带来的一项颠覆性突破。因此而构建起城市“迷走神经系统”，不必经过城市“大脑”而在系统内部自我调节，这是人工智能城市的一个要素。

4.5 人工智能城市要素五：以需求带动技术发展

AI City Determinant Five: Demand Driven Tech-development

人的需求是城市发展的原动力，人工智能城市的原动力模式就是用人工智能技术解决城市发展过程中的人的需求问题，以需求带动技术的发展是其重要特征。城市中，人的需求的产生包括解决城市问题、满足本能需求和实现人类梦想。它们体现了当今城市中最为迫切的需求，是人工智能城市发展的拔力、推力和内生动力，共同构成了推动技术发展的三大原动力。

第一原动力是解决城市问题。城市问题归根结底可以概括为："不合、不和、不续"（图 4.5.1 ~ 图 4.5.3）。不合指的是人类生存环境对自然生态不和谐，概括为供需平衡性不足；不和则关注人类生存环境内部不协调，概括为系统协调性欠缺；不续主要体现在人类文明发展的永续性断裂，概括为代际不永续。

人工智能城市需要借助人工智能技术，创造性地解决城市中的老龄化、交通拥堵和能源环境等"不合、不和、不续"问题，解决城市问题对技术发展提出了迫在眉睫的要求。

第二原动力是满足本能需求。 人的本能需求对于 AI 技术的发展起到了重要的推动作用。在城市中，人们对社交交往、居住环境、社会安全和情感寄托等方面有着迫切需求。

图 4.5.1　城市与自然不合

Figure 4.5.1 City–Nature Disharmony

来源：https://unsplash.com/photos/T-eDxGcn-Ok

图 4.5.2　城市多元系统不和

Figure 4.5.2 Lack of Coordination among Urban Systems

来源：https://unsplash.com/photos/q88ZVP2f2fg

图 4.5.3　城市历史传承与创新不续

Figure 4.5.3 Non–Sustainability among History and Innovation

来源：https://unsplash.com/photos/p9w-dg4RSdY

近年来涌现的智能社交网络、聊天机器人、智能感知和数据分析、智能家居、创新工具和平台、智能安防系统以及情感计算等应用，为解决人的本能问题打开全新视角。对于本能需求的满足是人类迈向更好明天的基石。

第三原动力是实现人类梦想。城市作为人类的主要聚集地，它承载了人类的梦想与希望。在本能需求满足的基础上，城市的形态和功能在不断迭代。从田园城市、光辉城市到永续城市、智慧城市，甚至海底城市、天空城市，人们对城市的探索和向往从未停止，对未来城市的梦想与向往也驱动新技术的发展，以实现梦景到实景的转换。

以三大原动力为驱动，以城市为应用场景，建立和完善新技术的研究发育机制，实现以需求带动技术发展，将不断地推动人工智能城市向前发展。

吴志强

中国工程院院士，德国国家科学与工程院院士，瑞典皇家工程科学院院士，同济大学教授

数字城市、信息城市、智能城市相较于人工智能城市，都属于过去探索的步骤。人工智能城市是对过去阶段的综合利用与重组，过去更多投入在技术的应用上，而没有在问题的解决上做到跨时空的突破。人工智能城市发展的系统动力需涵盖以下三点基础要素：

(1) 技术的可能性。以上阶段并没有解决城市本质问题，人工智能技术发展带来了更多的可能性。

(2) 城市之间的竞争。人工智能在迭代过程中对新兴技术的导入会使部分城市对另外的城市形成智能位势，会增强竞争力，打破集群、同类城市、不同规模城市的竞争格局。尤其当百姓的感知决定百姓的流动，有人工智能的城市对群体的情绪把握更强，导致人群集聚，会有更多青年人，具有创新创意的人会推动城市更优秀地发展。

(3) 企业有利可图。地产、幼儿服务、居委、老人等的需求场景由公司承担，最终反映到合同利润上，商业推动会成为重要动力。

参考文献

[1] 中国人工智能 2.0 发展战略研究项目组. 中国人工智能 2.0 发展战略研究 [M]. 杭州：浙江大学出版社，2019.

[2] 郑南宁. “混合增强智能”是人工智能的发展趋向 [N]. 人民日报，2017-11-13.

[3] 潘云鹤. AI 2.0 时代的五个布局方向 [N]. 中国信息化周报，2017-10-09 (7) .

[4] 廖湘科. 人工智能与超算技术牵领下的人机协同，跨媒体感知与生活服务赋能 [J]. 未来传播，2019，130 (4): 6-11，114.

[5] 吴志强，李欣. 城市规划设计的永续理性 [J]. 南方建筑，2016 (5): 6.

[6] 赵春林. 领航人工智能：颠覆人类全部想象力的智能革命 [M]. 北京：现代出版社，2018.

[7] 吴志，甘惟，臧伟，等. 城市智能模型 (CIM) 的概念及发展 [J]. 城市规划，2021，45 (4): 9.

[8] 蒋星雨. 论人工智能的现状与发展趋势 [J]. 中国科技投资，2018 (1): 291.

[9] 甘惟. 城市生命视角下的人工智能规划理论与模型 [J]. 规划师，2018，34 (11): 7.

[10] 中国互联网协会，中国互联网络信息中心. 中国互联网发展报告：2018 [M]. 北京：电子工业出版社，2018.

[11] 陈杰. 人工智能发展中的若干科学问题及颠覆性技术 [R]. 长沙：中南大学 - 深兰科技人工智能联合研究院，2018.

[12] 杨容平，李镆. 大数据在智慧城市建设中的作用与深度应用 [J]. 中国安防，2019 (8): 5.

[13] 孟宪伟，许桂秋. 大数据导论 [M]. 北京：人民邮电出版社，2020.

第 5 章　人工智能城市的核心目标

CHAPTER 5
THE MAIN GOAL OF AI CITY

5.1 需求的产生
The Generation of Human Needs

人的需求的产生包括满足人类本能的需求、解决城市问题的需求和实现梦想的需求（图 5.1.1 ~ 图 5.1.3）。它们体现了当今城市中最为迫切的需求。

图 5.1.1　人类本能的需求

Figure 5.1.1 Instinctual Needs

(1) 人类本能的需求

人类作为一种群居动物，有着与其他人类进行社会交往的本能需求。社会交流是人类建立情感纽带、组建社会关系的重要基础，也是促进创意创新、增进社会经济发展的重要手段。在城市的建设与发展中，促进人与群体之间的交流与互动是至关重要的命题。人工智能技术的出现可以缩短城市居民之间的物理和心理距离，将社会交往从物质空间向数字世界扩展。在构建人工智能城市时，必须充分认识到人类的社会属性，并利用技术进步来优化城市居民与其他地区居民、城市和社会之间的关系。人们对满足本能需求的渴望也推动着技术发展的进步。

图 5.1.2　解决城市问题的需求

Figure 5.1.2 Needs to Solve Urban Problems

(2) 解决城市问题的需求

随着全球城市化的快速推进，越来越多的人生活在城市里，随之也滋生了各种各样的城市问题。城市人口老龄化问题制约城市发展，智能养老服务可以从系统角度出发，向有需求的老人提供个性化点对点陪护。城市交通拥堵问题拖慢城市节奏，提高运行成本，智能交通系统将疏导引流让城市提速，为人们日常交通提供智能解决方案，高效解决市民出行需求。城市能源环境问题造成资源浪费和环境恶化，智能能源体系将动态调整城市能源供应结构，降低城市能耗，改善生态环境。人工智能城市需要借助人工智能技术，创造性地解决城市中的老龄化、交通拥堵和能源环境等问题，解决城市问题对技术发展提出了迫在眉睫的要求。

图 5.1.3　实现梦想的需求

Figure 5.1.3 Needs to Realize Dreams

(3) 实现梦想的需求

城市是人类文明的结晶，同时也是人类的主要聚集地，它承载了人类的梦想与希望。城市的发展进程体现了人类文明的发展脚步，人类从农耕文明到工业文明一路走来，城市的面貌、作用和功能属性都发生了巨大改变。将人类梦想在城市中变成现实，需要技术不断发展来提供有力支撑。人工智能城市包含人类对未来城市形态的美好畅想——海底城市、空中城市，甚至太空城市。实现人类梦想对技术发展提出了前所未有的挑战。

5.2 城市人的需求具有多样性

The Diversity of Human Needs

除了人类当今社会最迫切的三类需求外，随着现代化建设持续深入推进，我国经济结构和社会结构深刻变革，人民群众新需求不断涌现且日趋多样化（图 5.2.1）。

一是因社会结构变革而产生的新需求，如人口结构变化带来的养老需要和生育服务需要，快速城镇化带来的基础设施、公共服务和就业需要等。

二是因技术进步而产生的新需求，如促进技术分享、提高技术利用的便捷性、加强信息技术基础设施建设、改进网络服务质量等。

三是因规避各种意外风险而产生的新需求，如建设社会保障体系、完善社会治理和社会服务体系、健全公共安全体系等。这些多样化的需求的产生表明，在人工智能时代，人民群众越来越注重生活质量，越来越关注社会认同和个人价值实现等非物质层面的需要。

人工智能技术在交通出行、健康医疗、市政管理、城乡环境、农村生活、减灾救灾、社会救助、养老服务、劳动就业、文化教育、质量安全、消费维权、社区服务等中的应用，实现智能城市各领域的智能化，构建完善的智能城市。在这些场景中，人工智能通过更强的感知能力，使用更优的算法排列任务优先次序并分配资源，能够带来一系列突破性的变化。这些应用大多与城市发展进程有着密切的联系，既改变着城市的组织和运行方式，进一步提升城市运行效率和生活质量，又能对城市的物质形态和社会形态产生重要的影响。

图 5.2.1　多样化的市民需求

Figure 5.2.1 Diverse Citizen Needs

潘云鹤
中国工程院院士，国际欧亚科学院院士

第一，社会需求不一样了。过去人工智能研究的是用计算机模拟一个人的智能行为，人工智能前面60年是这么做的，但现在社会出现了新的需求，我们要解决的是智能城市、智能医疗、智能交通、智能游戏、智能制造等问题。这些问题中的大部分不是模拟一个人的智能，而是要模拟一群人的智能，要研究的是复杂巨系统的智能化运行的问题。所以，人的智能很重要，但系统的智能更重要。例如交通系统，以前智能交通用无人驾驶能解决问题，最近发现不行了，到最后要解决的问题是车路协同系统。

第二，信息环境发生了巨变。60年前的人工智能瞄准的是一台计算机的智能模拟，而现在我们面对的信息环境是互联网、移动计算、超级计算、穿戴设备、物联网、云计算、网上社区、万维网、搜索引擎，这些工具构成一个复杂信息巨系统。如果人工智能不充分利用这样的新的信息环境，它必定是个较弱的人工智能。因此，必须要研究建立在计算机、计算机联成的网、计算机产生的大数据、各种穿戴设备、移动设备构成的一个巨系统的人工智能。

第三，人工智能的基础和目标发生了巨变。60年前的人工智能是希望计算机能够像人那样聪明。60年以后我们明白，计算机在某些方面可以比人更聪明，它可以记得比人更多，它可以算得比人更快，甚至我们发现它居然下棋都可以比人下得更好。这说明计算机在某些领域一定会比人做得更好，就像汽车在公路上一定走得比人更快，但人的两条腿有汽车不可替代的作用。因此，人的某些智能，计算机是很难描述的。不能描述，就无法编程。不能编程，就无法用计算机来实现。现在越来越多的人工智能科学家意识到，机器的智能和人的智能是两种有区别的智能，一种是硅片的智能，一种是人脑的智能，这两者一定是各有所长，最好的办法是将它们联成一体，自如运用，使它们构成一个比人和机器更聪明的智能体来为人服务，这应该是人工智能发展的新目标。

基于以上的这些认识，我认为人工智能必定走向新一代。

5.3 满足人的需求是城市智化的本质

Meeting Human Needs is the Essence of Urban Intelligence

人的需求是城市发展的原动力，人工智能城市的原动力模式就是用人工智能技术解决城市发展过程中的人的需求问题，以需求带动城市的发展是其重要特征。

研究智能城市建设所需的技术支撑服务，应从市民的需求为出发，以总体设计为指引，以效率提升为目标，围绕智能城市建设各环节进行全流程、闭环的服务设计。

在人工智能城市规划和设计中，要根据人民对美好生活需要的日趋丰富多元化，因地制宜加强规划引领，提高人居环境质量。充分考虑市民对城市空间的需求，包括职业空间、居住空间、教育空间、医疗空间、商业空间、游憩空间、路网空间、河网空间、绿网空间、文化遗产空间的需求。

在人工智能城市建设中，充分考虑市民的基本生活需求，把出行、餐饮、游憩、购物、娱乐等活动看作城市活力的体现，把年轻人的即兴文化、交往活动看作城市创新能力的象征。

在人工智能城市运行与管理中，做到以人为本，针对不同人群的需求，提供相应的服务。从单一管理到多元智理，“自上而下”与“自下而上”相结合，为市民提供智能化、个性化的服务，建立一个能够凝聚各方共识的规范性平台，实现城市管理统一化、规范化、流程化。特别突出城市管理在保障和改善民生方面的作用，要让每个居民，特别是外来者感受到城市的温度，增强对城市的认同感和归属感。

坚持以人为本的人工智能城市，在解决城市问题的同时，应当以贯彻“以人为本”为基石。了解不同人群的共性需求，以人的需求、感受和全面发展来规划好生产、生活、生态及共享空间，创新人工智能城市发展的方法。既要从宏观层面推动产业发展、基础设施、公共服务等资源的均衡、高效配置，也要从微观层面积极回应人民群众关心的教育、医疗、住房、养老、绿色开放空间、社区生活圈、城市安全等诉求，真正把以人民为中心的理念通过人工智能 2.0 技术落实到城市的各个角落，从而最大限度地实现空间布局的安全便利，使人民享受到高质量的智能服务和个性化生活，提高城市宜居性（图 5.3.1）。

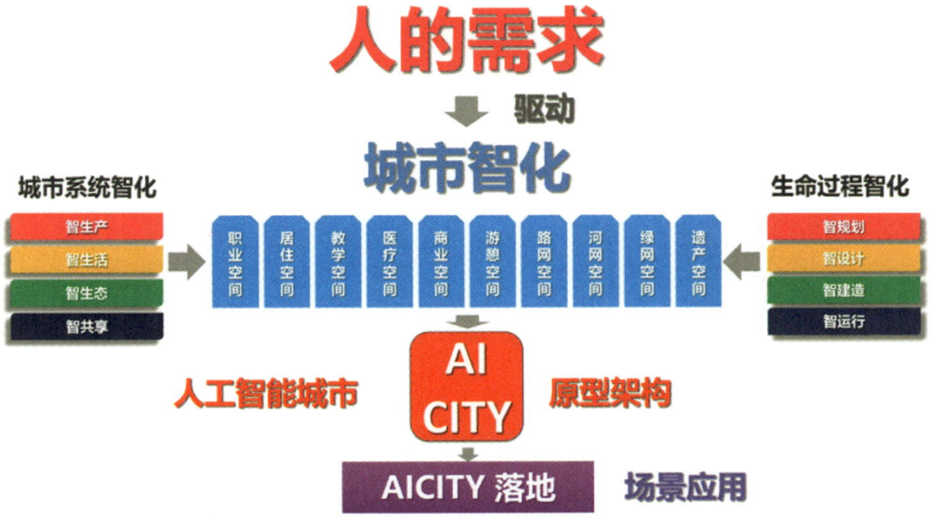

图 5.3.1 满足人的需求是城市智化的本质

Figure 5.3.1 Meeting People's Needs is the Essence of Urban Intelligence

颜水成

新加坡国立大学副教授，360 集团副总裁，人工智能研究院院长，第十三批国家“千人计划”专家，依图科技首席技术官，IEEE、IAPR Fellow

一个 AI 创业公司和大厂 AI 实验室的核心使命是实现 AI 的真正落地，这就需要解决两个方面的问题：

第一是算法，一方面是要保证算法“可以用”，即精度足够高，能够真正解锁一个场景；另一方面是算法要“足够用”，因为现在很多场景仅凭单模态的算法已经无法提供用户满意的解决方案。

第二是算力，一方面是要让用户“买得起”，比如用于支撑计算的 AI 芯片，它的并发性能要足够高；另一方面是要让用户“用得起”，即这种算力要保证功耗足够低，不然即使用户买回家，也可能因为数据中心的电费过高而无法使用。

随着人工智能在越来越多的场景中得到使用，技术上已经达到可以用的阶段，现在除了对算力和算法的要求越来越高，也更多地从“Affordable”的角度去考量。所以，要真正让 AI 在一个场景落地，最关键的两个引擎是：

(1) 高效能的 AI 模型，这是算法的维度。要想获得一个高效能的 AI 模型，有两种做法：一种是基于不同 Motivation 的模式，另一种是基于 NAS（神经网络架构搜索）的模式。针对这一点，主要是希望能够解决研究和应用中的“Affordable”问题。

(2) 高效能的 AI 芯片，这是算力的维度。针对这一点，芯片厂商首先要遵循算法和芯片原则，确保芯片在足够大的使用场景中达到很高的效能；其次要预测领域中最前沿的算法发展趋势，确保接下来几年时间这款芯片能“发挥所长”；最后要让用户的建设成本足够低并用得起。

AI 在越来越多的场景得到应用，并且追求的精度和目标越来越高，这就对算法和算力提出了越来越高的要求。而这时，AI 的“Affordable”问题就会变得越来越重要。并且，如果要把 AI 转换成“Affordable Intelligence”，高性能的 AI 模型和高性能的 AI 芯片就是推动这一转换的双引擎。只有这样，才能让我们最终的用户能够“买得起”和“用得起”。

参考文献

[1] https://www.istockphoto.com/photo/group-of-friends-jumping-on-the-beach-gm488159427-39475844.
[2] https://unsplash.com/photos/oWU2w0JuHnE.
[3] https://www.nipic.com/show/12066416.html.
[4] https://depositphotos.com/25958687/stock-illustration-vector-illustration-of-pedestrians-crossing.html.

第 6 章　新一代人工智能技术与城市需求的匹配

CHAPTER 6 MATCHING BETWEEN NEW GENERATION ARTIFICIAL INTELLIGENCE TECHNOLOGY AND URBAN DEMANDS

6.1 “AI 技术—City 需求”的矩阵

Matrix of AI Technologies and City Needs

对城市中人的各种需求进行解读和反应，是 AI City 的重要目标，而这一目标的实现依赖于人工智能技术，尤其是新一代人工智能技术——AI 2.0 的持续发展和实践应用。将 AI 2.0 主要技术方向和关键技术与城市的十大功能，包括自然、治理、居住、出行、商业、医疗、教育、产业、设施和创新，进行拆解匹配，构建新一代人工智能技术与城市需求的矩阵模型（图 6.1.1），并在技术与需求对应矩阵的基础上，进行一系列人工智能城市个体产品的研发，是实现 AI City 技术与需求互馈机制的重要工作框架。

与 30 年前人工智能的概念相比，现阶段的人工智能已经进入了一个崭新的发展阶段，即人工智能 2.0。从 AI 1.0 到 AI 2.0 的主要技术变化包括：由只进行知识工程到以大数据为驱动的学习结合知识工程，由研究个体智能到以互联网为基础建立群体智能服务，由利用单一的结构化数据到整合多种非结构化数据，由以机器为中心到重视人机和脑机的互动，由优化单个的机器人到构建整体的自主无人智能系统等。

当前，AI 2.0 的五大技术方向包括大数据智能、群体智能、跨媒体智能、混合增强智能和智能无人系统。

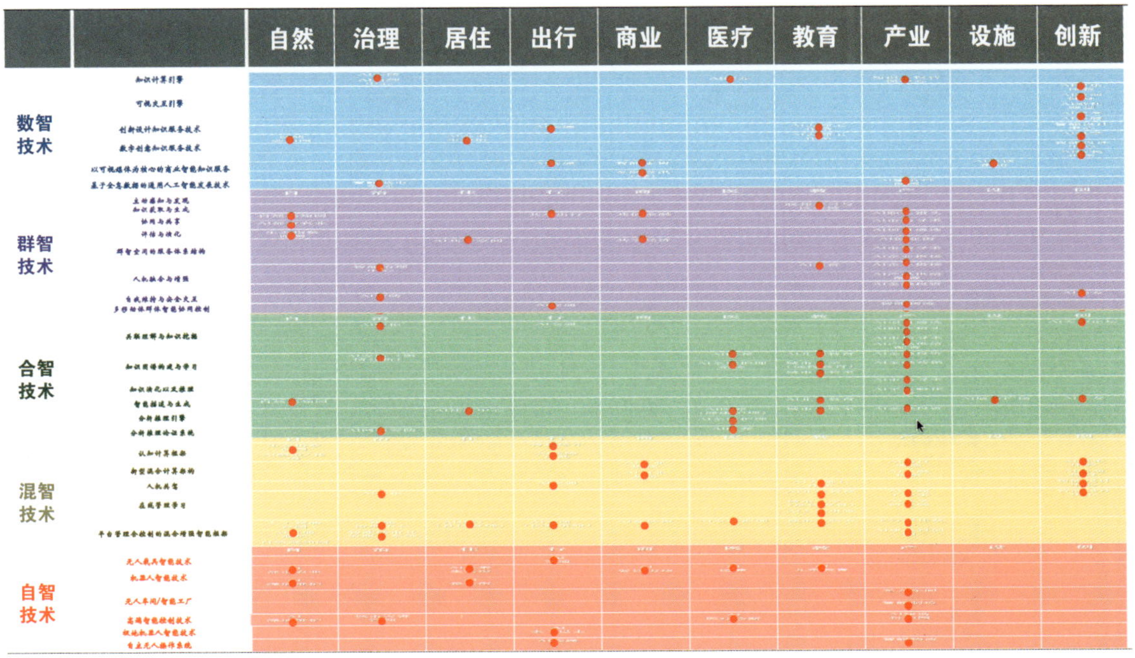

图 6.1.1　AI 技术与城市需求矩阵

Figure 6.1.1 Matrix of AI Technologies and City Needs

6.2 大数据智能技术的城市应用

The City Applications of Big Data Intelligence

大数据智能技术，即数智，聚焦对大数据的深入分析和挖掘，实现具有综合推理能力的知识学习，其关键技术包括知识计算引擎、可视交互引擎、创新设计知识服务技术、数字创意知识服务技术、以可视媒体为核心的商业智能知识服务技术和基于全息数据的通用人工智能发展技术等。数智技术的最新进展如，谷歌和 DeepMind 基于天气预报和涡轮机的海量历史数据训练神经网络，实现 36 小时内的发电预测，从而提升美国中部 700 兆瓦容量风能发电厂利用价值。

数智技术的城市产品涉及城市十大功能的方方面面，在智慧感知、智慧安防、智慧生活、智慧交通、智慧零售、智慧医疗、智慧创作、智慧建造、智慧餐饮、智慧娱乐、智慧运动、智慧婚礼、智慧交友和智慧展览等领域有着广泛的应用前景（图 6.2.1）。

数智技术与城市需求结合的实例有借助 AI 大数据智能实现城市能源和水资源的科学配置与合理利用。如在青岛中德生态园的设计中，通过收集和积累城市发电厂和居民组团的发用电数据，对一天中不同时段居民组团的用电总量进行预测，从而对发电厂向城市不同组团的供电总量进行调节，并利用水库高差产生的势能进行发电作为有效补充，对城市电能和水资源进行充分配置和使用（图 6.2.2）。

		自然	治理	居住	出行	商业	医疗	教育	产业	设施	创新
大数据智能	知识计算引擎		AI安防								
			智能治理中心				AI医养		知识产权智保中心		
	可视交互引擎										AI娱乐体验
											AI运动健身
											AI婚礼殿堂
											AI交友
											AI年展
	创新设计知识服务技术				AI交通			AI大师工作室			智能设计中心
	数字创意知识服务技术	自然感知园		AI未来生活街				AI大师工作室			AI景亭
											智能设计中心
											AI校长论坛
	以可视媒体为核心的商业智能知识服务				AI交通	智能零售				AI餐饮街坊	
						金融资讯（等）					
	基于全息数据的通用人工智能发展技术		智能城市系统						AI建造科创园		

图 6.2.1　大数据智能技术的城市应用矩阵

Figure 6.2.1 Matrix of Big Data Intelligence and City Applications

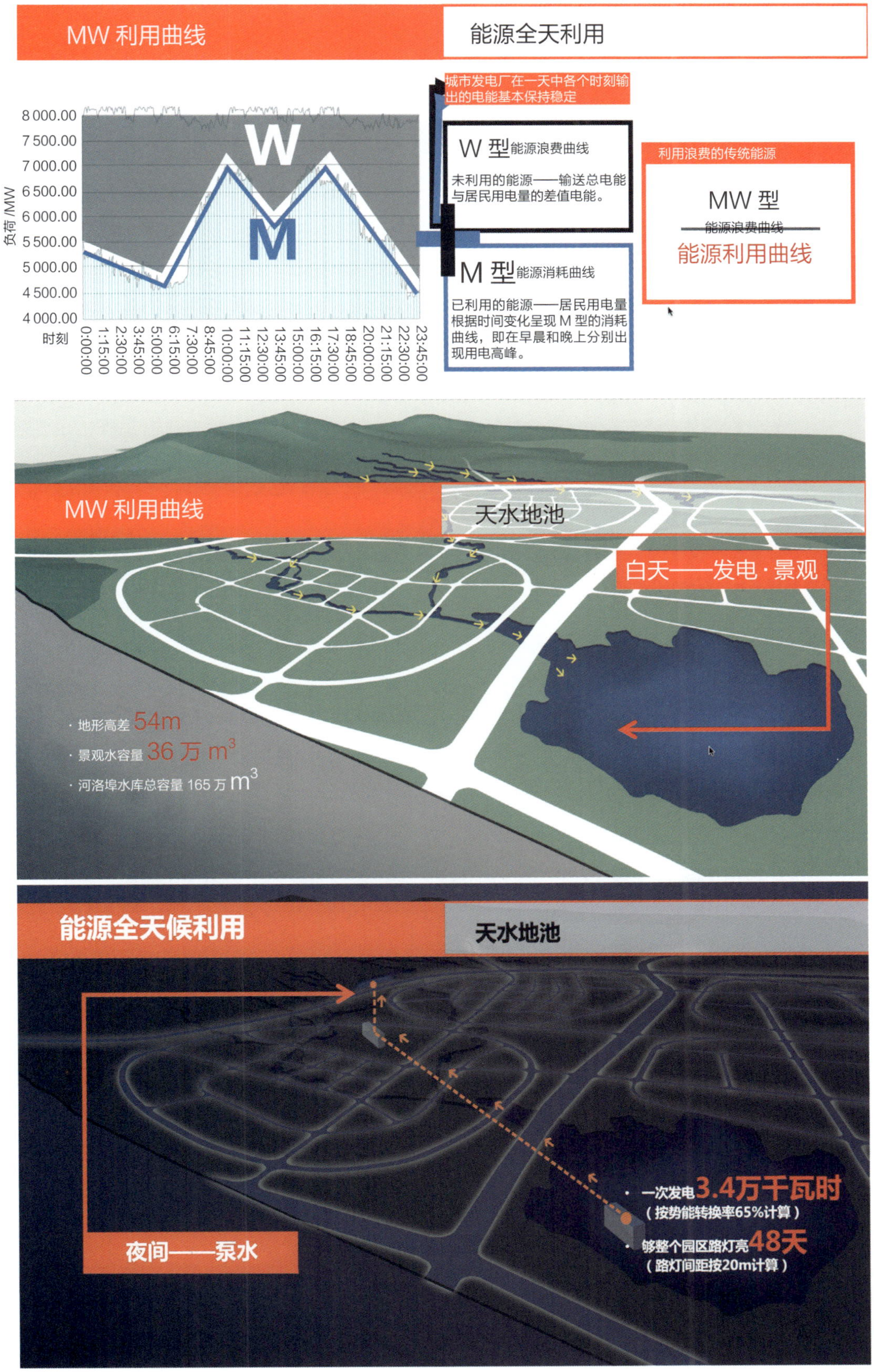

图 6.2.2　大数据智能城市应用实例——中德生态园

Figure 6.2.2 Big Data Intelligence Applications in Sino-German Eco Park

6.3 群体智能技术的城市应用

The City Applications of Swarm Intelligence

群体智能技术，即群智，强调在互联网络条件下大规模自主参与者形成的超越个体智力的智能，其关键技术包括群体智能主动感知与发现、群体智能知识获取与生成、群体智能协同与共享、群体智能评估与演化、群智空间的服务体系结构、群体智能的人机融合与增强、群体智能的自我维持与安全交互和多移动体群体智能协同控制等。群智技术的最新进展有：OpenAI Five 借助 Rapid 系统利用 2 000 个表征游戏状态的数据模拟训练具有人类基本能力的智能体，并在一场 Dota2 5v5 中连赢两场，首次在电子竞技游戏中击败人类世界冠军。

群智技术的城市产品涉及城市的自然、治理、居住、出行、商业、教育、产业和创新功能，在智慧农业、智慧监测、智慧安防、智慧共享、智慧出行、智慧金融、智慧教育、智慧招聘、智慧投资、智慧物流和智慧交友等领域有着广泛的应用前景（图 6.3.1）。

		自然	治理	居住	出行	商业	医疗	教育	产业	设施	创新
群体智能	主动感知与发现										
	知识获取与生成							联邦学习与区块链			
	协同与共享	自然感知园			共享出行	共信金融			AI职业猎头		
		AI都市农业							AI市场寻求		
	评估与演化	生态指数监测							AI项目遴选		
	群智空间的服务体系结构			AI共享空间		共享经济			AI创业街		
									AI市场寻求		
									AI企业搭接		
	人机融合与增强		智能治理中心					AI教育	AI企业搭接		
									AI产品供给配置		
									AI金融投资		
	自我维持与安全交互		AI安防								AI交友
	多移动体群体智能协同控制				AI交通				智能物流		

图 6.3.1　群体智能技术的城市应用矩阵

Figure 6.3.1　Matrix of Swarm Intelligence and City Applications

群智技术与城市需求结合的实例有，借助 AI 群体智能实现区域中城市群落的协同发展和要素配置。如浙中城市群区域规划提出绿、治、住、行、商、医、教、产、基和创共计十元配置要素，在 15 分钟步行生活圈的“家园规划”规则下，通过政府、市民、资本和规划的四方博弈，建立和完善配置要素和博弈主体的决策模型，将各个要素在城市群中进行群体智能下的配比和规划（图 6.3.2）。

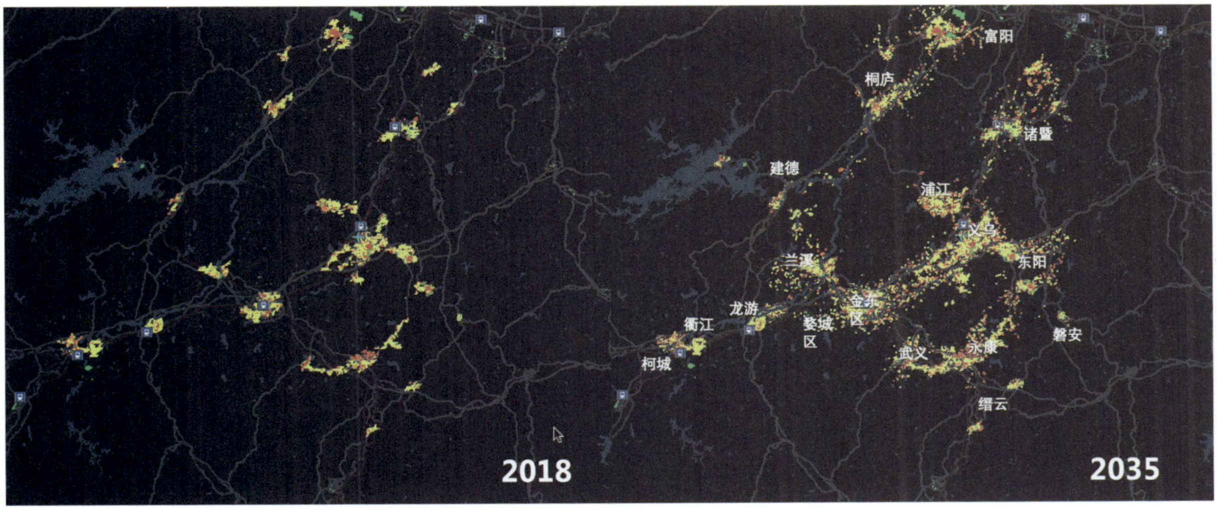

城市发展走向

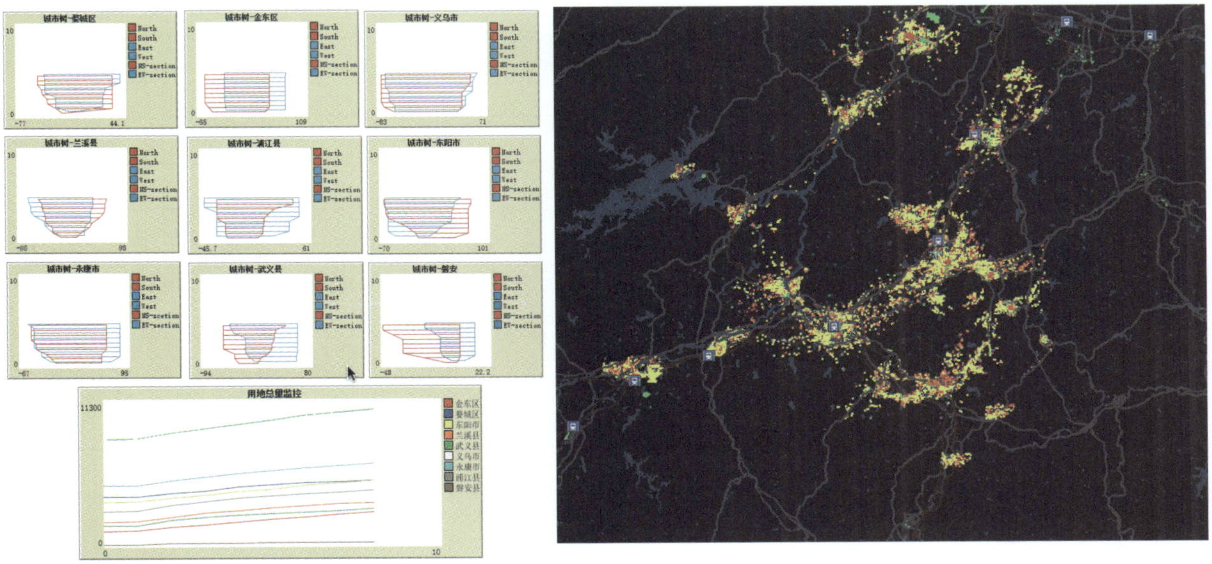

图 6.3.2　群体智能城市应用实例——浙中城市群推演
Figure 6.3.2 Swarm Intelligence Application in Middle Zhejiang Agglomeration Deduction

6.4 跨媒体智能技术的城市应用

The City Applications of Cross-media Intelligence

跨媒体智能技术，即合智，追求对视觉和听觉等各种感知的综合认知、学习和推理，其关键技术包括跨媒体关联理解与知识挖掘、跨媒体知识图谱构建与学习、跨媒体知识演化及推理、跨媒体智能描述与生成、跨媒体分析推理引擎和跨媒体分析推理验证系统等。合智技术的最新进展如，卡内基梅隆大学研究人员通过建立一个多任务学习框架，采用多层 LSTM 模型实现标签预测和段落写作，并对图像的异常区域实现标注，从而自动生成医学影像报告以辅助医生进行诊断和治疗等。

合智技术的城市产品涉及城市的自然、治理、居住、出行、医疗、教育、产业、设施和创新功能，在智慧网络安全、智慧社区、智慧交通、智慧护理、智慧教育、智慧营销、智慧招聘、智慧制造、智慧广场和智慧论坛等领域有着广泛的应用前景（图 6.4.1）。

合智技术与城市需求结合

		自然	治理	居住	出行	商业	医疗	教育	产业	设施	创新
跨媒体智能	关联理解与知识挖掘		AI中枢		AI交通				AI项目遴选		AI大师论坛
									AI职业猎头		
									AI市场寻求		
									AI产品供给配置		
	知识图谱构建与学习		AI安防（舆情分析）				AI医养	AI儿童教育	AI金融投资		
							AI全域护理系统	城市大学（远程教育）	AI金融营销		
								城市实验室			
	知识演化及推理								AI市场寻求		
									AI平行孵化器		
	智能描述与生成	自然感知园						AI儿童教育		AI城市广场	AI交友
	分析推理引擎			AI社区中心			AI医养（健康护理）	城市实验室	AI金融投资		
							AI全镇护理				
	分析推理验证系统		AI网络安防				AI医养				

图 6.4.1　跨媒体智能技术的城市应用矩阵

Figure 6.4.1 Matrix of Cross-media Intelligence and City Applications

的实例有借助 AI 跨媒体智能实现基于多源海量数据的全球城市智能评价。如联合国教科文组织国际工程科技知识中心智能城市知识服务系统的城市 IQ 诊断服务，每周自动采集 10 万条以上来自全球主要城市的文本、图片和视频信息，并将各来源的数据整合提取为城市的经济产业、管理服务、环境建设、硬件设施和居民素养 5 个维度进行诊断，对全球城市进行实时的城市智能水平衡量和评价（图6.4.2、图 6.4.3）。

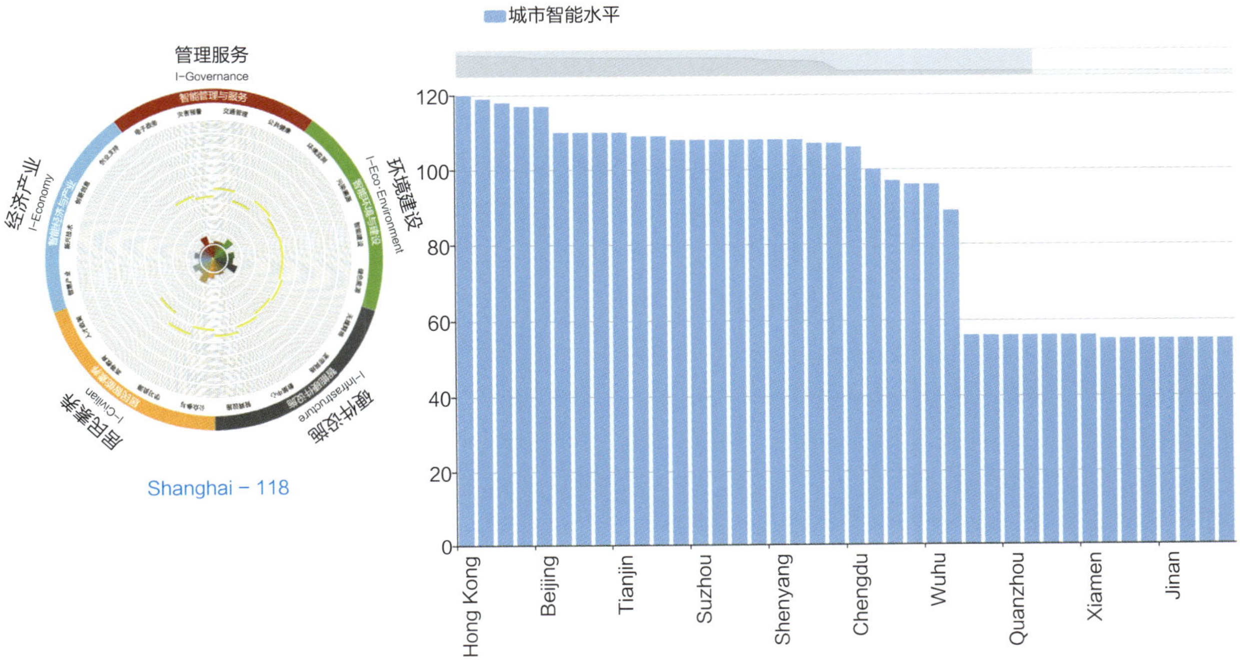

图 6.4.2　跨媒体智能城市应用实例——上海 2019.10.8 CITY IQ

Figure 6.4.2 Cross-media Intelligence Application in CITY IQ of Shanghai in 08/10/2019

Profile indicators 指标	Value 数值	Unit 单位	Year 年	Value 数值	Unit 单位	Year 年
Total city population 城市总人口	24 183 300	Person 人	2017	21 707 000	Person	2017
City area 城市面积	6 340	km^2	2017	16 411	km^2	2017
Population Density 人口密度	3 814	人 /km^2 Person/km^2	2017	1 324	Person/km^2	2017
Urban Population 城镇人口	2 120 875	Person 人	2017	1 879 600	Person	2016
Gross Domestic Product (GDP) 国内生产总值	3 013 386	百万 Million CNY	2017	2 566 913	Million CNY	2017
GDP per capita 人均国内生产总值	124 600.0	CNY	2017	118 198.0	CNY	2017

图 6.4.3　跨媒体智能城市应用实例——城市间的 CITY IQ 比较

Figure 6.4.3 Cross-media Intelligence Application in CITY IQ Comparison Between Cities

6.5 混合增强智能技术的城市应用

The City Applications of Hybrid Enhanced Intelligence

混合增强智能技术，即混智，着力在人工智能系统中发挥人的作用或者借鉴人的认知模型，其关键技术包括认知计算框架、新型混合计算架构、人机共驾、在线智能学习和平行管理与控制的混合增强智能框架等。混智技术的最新进展包括如，Neuralink 在加利福尼亚州科学院的发布会上宣布找到了实现高效脑机接口的方式，正在寻求美国食品药品监督管理局的批准以进行人体试验，试验用直径 4 ~ 6 微米的线材与大脑进行连接，并研发每分钟可以植入 6 根线材的专用安装缝合机器，采用定制的芯片来读取、清理和放大来自大脑的信号等。

混智技术的城市产品涉及城市的自然、治理、居住、出行、商业、医疗、教育、产业和创新功能，在智慧跑道、智慧公园、智慧绿地、智慧服务、智慧停车、智慧创业、智慧护理、智慧教育、智慧建造和智慧设计等领域有着广泛的应用前景（图 6.5.1）。

		自然	治理	居住	出行	商业	医疗	教育	产业	设施	创新
混合增强智能	认知计算框架	生态指数监测			智慧停车						
		AI跑道/花道			AI故障诊断						
	新型混合计算架构					AI企业搭接			AI项目遴选		
						AI创业基金			AI金融投资		
	人机共驾				AI交通						
	在线智能学习		AI中枢					AI儿童教育	AI大师工作室		智能设计中心
								城市大学（远程教育）	AI共享研究院		
								AI大师讲堂			
	平行管理与控制的混合增强智能框架	人工智能公园	智能治理中心	AI社区（社区管理）	AI交通（控制策略）	AI餐饮街	AI全域护理	城市实验室	平行孵化器		
		AI绿地维护	智能城市开放服务系统						AI建造科创园		
		自然感知园									

图 6.5.1　混合增强智能技术的城市应用矩阵

Figure 6.5.1 Matrix of Hybrid Enhanced Intelligence and City Applications

混智技术与城市需求结合的实例有，借助 AI 混合增强智能实现面对城市各种问题的人机协同决策。如在青岛中德未来城智能城市中枢，交通、用电、供水、降雨等城市实时数据直接导入系统，通过数据面板和三维模型等方式进行可视化展示，并提供可供人互动操作的控制面板对各项设施和资源进行即时查看和调节，在应对城市问题时进行混合增强智能下的人机配合和决策（图 6.5.2）。

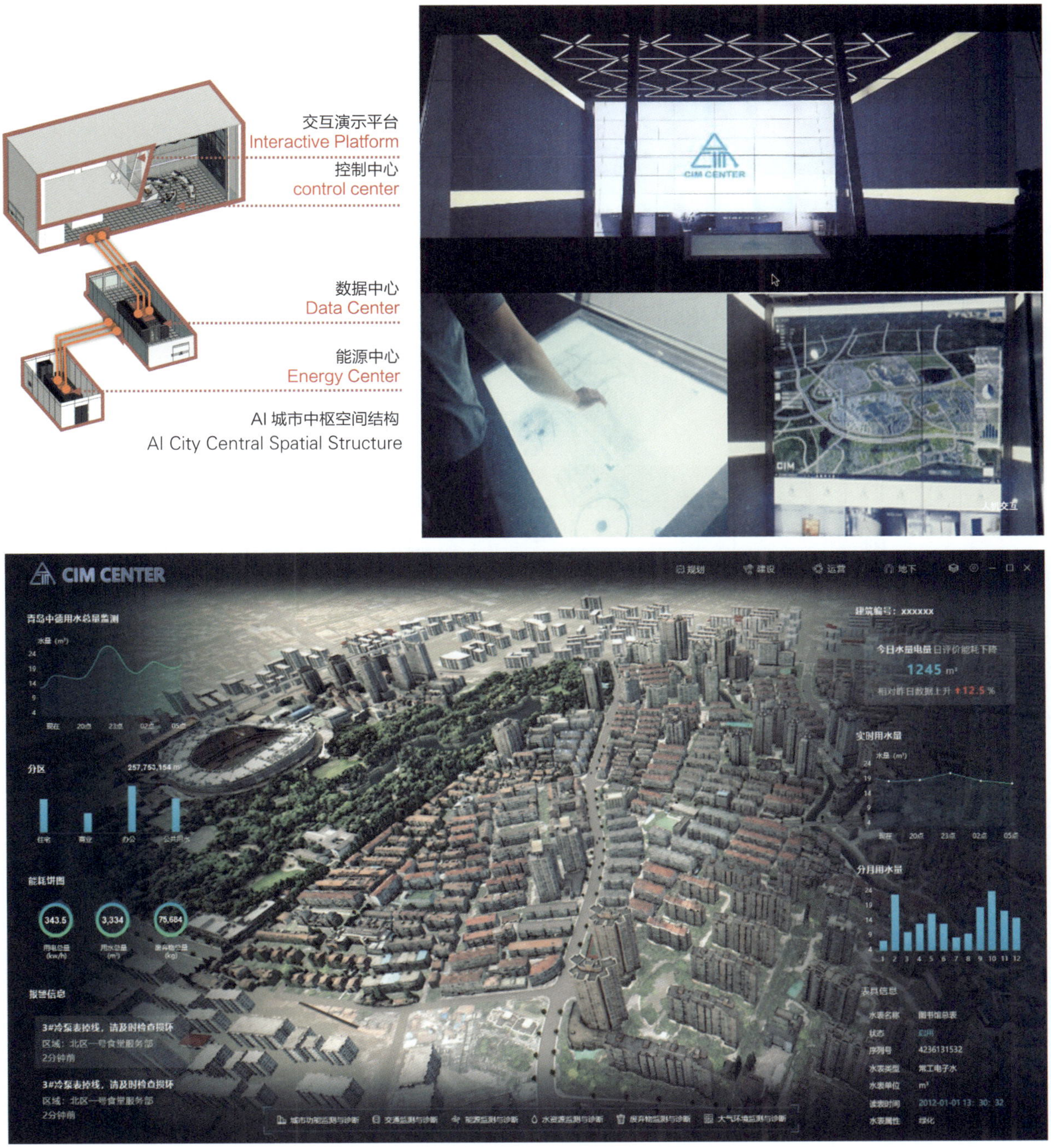

图 6.5.2　混合增强智能城市应用实例——青岛中德 CIM 系统
Figure 6.5.2 Hybrid Enhanced Intelligence Application in CIM System of QINGDAO Sino-German Future Park

6.6 智能无人系统技术的城市应用

The City Applications of Intelligent Unmanned Systems

智能无人系统技术，即自智，重点实现无人干预的集智能与行动于一体的自主操作和管理，其关键技术包括无人载具智能技术（无人机、无人车和轨道交通等）、机器人智能技术（服务机器人、空间机器人、海洋 / 极地机器人等）、无人车间 / 智能工厂智能技术（离散制造业和流程工业等）、高端智能控制技术和自主无人操作系统。自智技术的最新进展如，DeepMind 可每 5 分钟采集数据中心冷却系统数据，计算安全设置下将能源消耗最小化的一系列操作，并通过控制系统实现安全自动的数据中心冷却和工业控制。

自智技术的城市产品涉及城市的自然、治理、居住、出行、商业、医疗、教育和产业功能，在智慧农业、智慧防灾、智慧餐饮、智慧医疗、智慧教育、智慧制造、智慧教育、智慧建造和智慧物流等领域有着广泛的应用前景（图 6.6.1）。

		自然	治理	居住	出行	商业	医疗	教育	产业	设施	创新
自主无人系统	无人载具智能技术				AI交通						
	机器人智能技术	AI都市农业		AI未来生活街		AI餐饮街坊	AI医养	AI儿童教育			
		AI绿地维护		AI餐饮街							
	无人车间/智能工厂								无人车间		
									智能制造		
	高端智能控制技术	AI绿地维护	城市灾害管理				AI医疗诊断		AI建造科创园		
	极地机器人智能技术				AI水下巴士						
	自主无人操作系统				AI交通				智能物流		

图 6.6.1　智能无人系统技术的城市应用矩阵

Figure 6.6.1 Matrix of Intelligent Unmanned Systems and City Applications

自智技术与城市需求结合的实例有借助 AI 自主无人智能实现城市交通出行中的无人公交系统。如，上海马桥人工智能小镇的规划设计通过对不同组团居民出行时间和方式的行为记录及分析，结合城市交通的实时运行情况，利用轨道交通自动无人驾驶技术，以白天定线不定站、夜间自由行驶靠站的模式推广无人化轨道公交，逐步建立服务城市居民公共出行的智能无人交通系统（图 6.6.2）。

图 6.6.2　智能无人系统应用实例——上海马桥人工智能小镇的无人轨道交通系统规划设计

Figure 6.6.2 Intelligent Unmanned Systems Application in Unmanned City Transportation System Design in Maqiao, Shanghai

参考文献

[1] 沈东方，慕振东. 2020. 著名计算机应用专家潘云鹤院士：勇闯无人区. 2022-08-06. https://baijiahao.baidu.com/s?id=1671419210833383735&wfr=spider&for=pc.

[2] 丛末. 2019 年末，10 位院士对 AI 的深度把脉（下）. 2022-08-06. https://cloud. tencent. com/developer/article/1558887.

[3] Deepmind. 2019. Machine learning can boost the value of wind energy. 2022-08-06.

[4] OpenAI. 2019. OpenAI Five Defeats Dota 2 World Champions. 2022-08-06.

[5] Baoyu Jing, Pengtao Xie, Eric P. Xing. 2018. On the Automatic Generation of Medical Imaging Reports [R]. 2022-08-06. https://arxiv.org/pdf/1711.08195.pdf.

[6] Tanya Lewis, Gary Stix. 2019. Elon Musk' s Secretive Brain Tech Company Debuts a Sophisticated Neural Implant. 2022-08-06. https://www.scientificamerican.com/article/elon-musks-secretive-brain-tech-company-debuts-a-sophisticated-neural-implant1/.

[7] Deepmind. 2018. Safety-first AI for autonomous data centre cooling and industrial control. 2022-08-06. https://www.deepmind.com/blog/safety-first-ai-for-autonomous-data-centre-cooling-and-industrial-control.

第 7 章　新一代人工智能技术的前沿应用

CHAPTER 7

FRONTIER APPLICATION OF NEW GENERATION ARTIFICIAL INTELLIGENCE TECHNOLOGY

7.1 智能制造

Intelligent Fabrication

制造业是国民经济的基石。从第一次工业革命至今，工业生产的模式从最开始的集中式机械化生产，到流水线式生产、系统化生产；在工业 4.0 时代，生产模式再次向定制化、智能化、小型化演进（图 7.1.1）。长久以来，国家高度重视制造业发展，自 2015 年发布《中国制造2025》以来，密集发布文件推动制造业高质量发展，重点推动先进制造、智能制造、共享制造等领域的发展（图 7.1.2）。

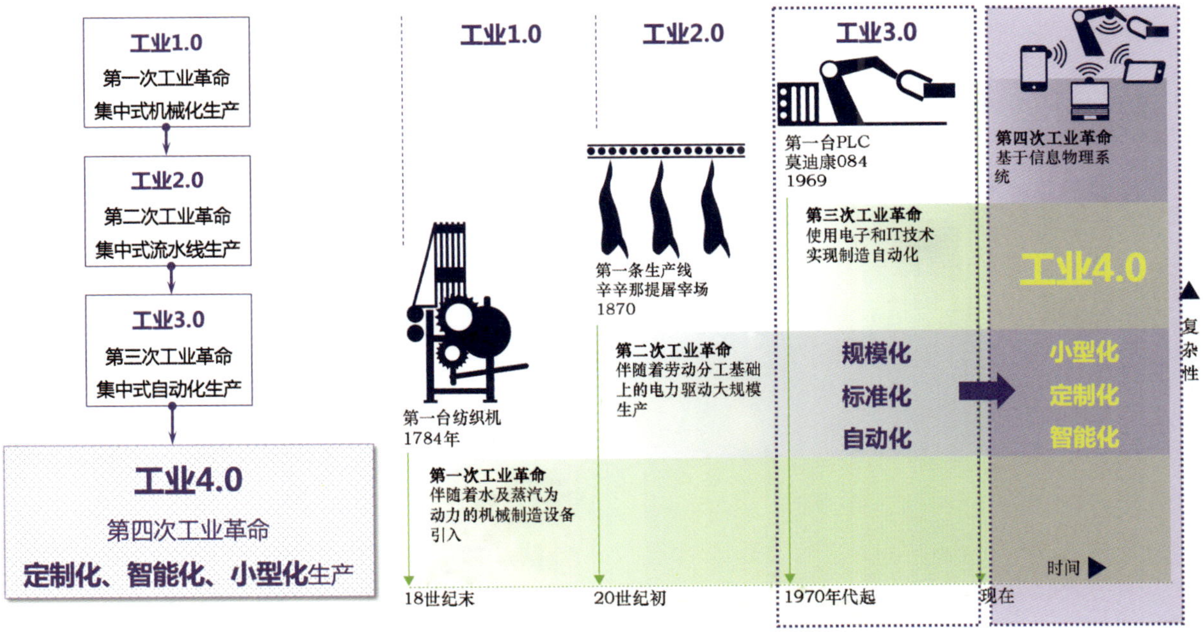

图 7.1.1　世界四次工业革命的演进
Figure 7.1.1 History of Industrial Revolutions

2015
《中国制造 2025》
《关于积极推进“互联网 +”行动的指导意见》
《2015 年智能制造试点示范专项行动实施方案》

2016
《关于深化制造业与互联网融合发展的指导意见》
《装备制造业标准化和质量提升规划》
《智能制造发展规划（2016—2020 年）》

2017
《“十三五”先进制造技术领域科技创新专项规划》
《高端智能再制造行动（2018—2020 年）》
《关于深化“互联网 + 先进制造业”发展工业互联网指导意见》

2018
《国家智能制造标准体系建设指南（2018 年版）》
《新一代人工智能产业创新重点任务揭榜工作方案》

2019
《关于推进先进制造业与现代服务业深度融合发展的实施意见》
《加快培育共享制造新模式新业态　促进制造业高质量发展的指导意见》

2020
《关于推进先进制造业与现代服务业深度融合发展的实施意见》
《推动工业互联网加快发展的通知》

2021
《“十四五”智能制造发展规划》
《浙江省全球先进制造业基地建设“十四五”规划》

图 7.1.2　智能制造相关政策
Figure 7.1.2 Policies about Intelligent Fabrication

7.1.1　智能制造与工业 4.0 城市的概念框架

智能制造的核心是以用户需求为导向的数字化生产创新。

工业 4.0 城市的概念基于工业 4.0 概念，从生产扩展到通过整个城市支撑产业的数字化创新。

工业 4.0 的概念分为生产、产业、城市 3 个层次（图 7.1.3）。

第一层次为工业 4.0 生产，实现生产的数字化创新，聚焦智能产品、智能生产、智能物流。

第二层次为工业 4.0 产业，实现产业的数字化创新，聚焦协作生产与产业生态的塑造。

第三层次为工业 4.0 城市，实现城市的数字化创新，聚焦城市创新驱动、智慧空间、永续发展与现代治理，通过城市的创新支撑产业和生产的明天。

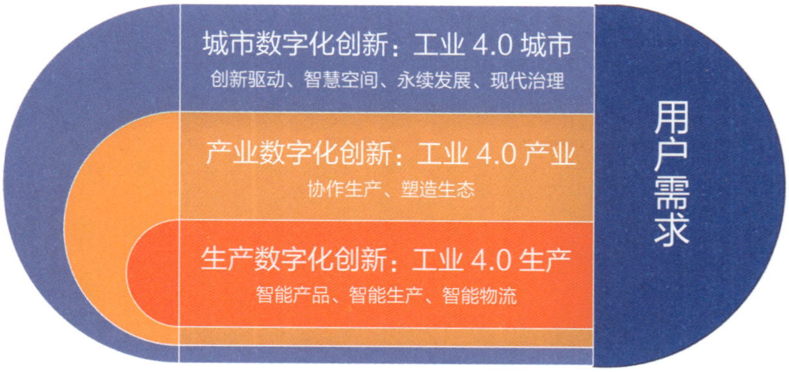

图 7.1.3　工业 4.0 的概念框架
Figure 7.1.3 The Framework of Industrial 4.0

7.1.2　智能制造的五大特点

城市智能制造的第一大特点是利用人工智能完成城市生产的区域空间连接，形成超越工厂的生产模式，实现从单工厂生产安排到跨工厂生产组织的突破（图 7.1.4）。

城市内部的企业不再是一个企业生产一种产品，一件产品的生产可能来源于多个不同加工商的通力合作。通过算法调配，精准获得城市内一系列相关企业最适配的加工能力、加工设备，生产出超越单一企业生产质量的产品。

城市智能制造的第二大特点是需求导向。工业 4.0 时代的智能制造对生产的原点进行了重构（图 7.1.5）。在过去，生产的原点是产品，所有的生产组织服从制造标准化的产品。在工业 4.0 时代，生产的原点是用户的需求，所有的生产组织围绕用户关于产品外观、功能、生产时间和总配地点的订单需求。再进一步，未来的生产将以用户最原始的需求和本能的愿望为原点，设计师和企业通过剖析用户本质欲望，提供满足用户需求的灵活解决方案。

现存的工业生产以批量化为主。从制造、生产到投入市场过程中的一系列判断基于投资方和生产方对未来客户的需求猜测制造，是基于过去经验、通过自己对于潜在用户的理解进行生产，而产品是否是消费者真正需要的仍存在很大的不确定性，这一过程造成了大量能源、资源的浪费。而未来城市的智能制造是基于人的需求，以订单形式的生产，大大避免了盲目投入，避免了对地球资源的浪费，这是城市定制化生产的趋势。

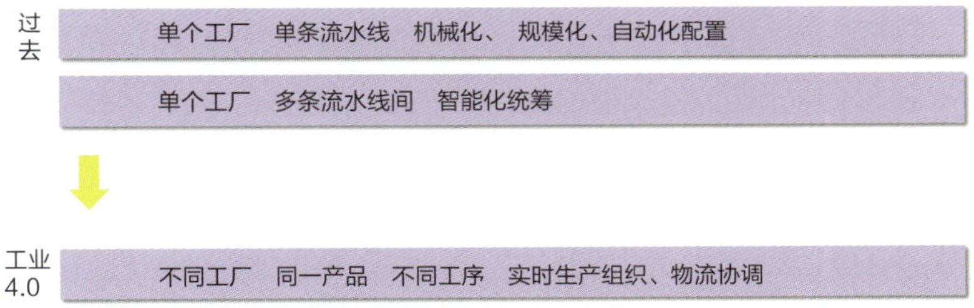

图 7.1.4　从单工厂生产安排到跨工厂生产组织的突破

Figure 7.1.4 Breakthrough from Single Factory Production Arrangement to Cross Factory Production Organization

图 7.1.5　工业 4.0 生产原点重构

Figure 7.1.5 Industrial 4.0 Production Origin Reconstruction

智能制造的第三大特点是实现从大规模批量生产到生产时间弹性的突破，即“just in time”模式（图 7.1.6）。过去的生产从原料进入、生产、存储的每一个停顿，都需要大量的库房空间。未来随着产品需要时间的明确，库存时间将大量压缩，根据目标时间推到生产时间节点，不需要大量存储空间，加工完后直接进入到客户使用端，中间的等待过程大规模减少。这个趋势可称为“智能物流”。

智能制造的第四大特点是低能耗。生产地、消费地的零散分布加大了地球碳排，通过智能学习、智能配置使产品的制造不再是大规模的全球化，这使碳排大规模减少，此趋势可称为“原料生产就近化”。

智能制造的第五大特点是全生命周期的学习与智能化。智能城市工业生产的趋势中最重要的是对产品的需求、生产、销售终端全生命周期的数字化检测监督，发现整个流通过程中的时间浪费、原料浪费、劳动力浪费等对社会、自然资源产生耗费的问题，使得人类在未来的生产过程中有强大的辅助工具，帮助人们形成更有效地使用有限能源的生产模式。这种学习过程是人工智能赋能城市生产的划时代标志。

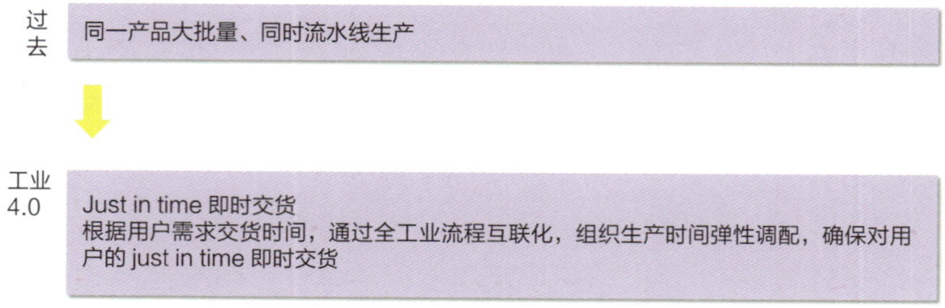

图 7.1.6　从大规模批量生产到生产时间弹性的突破
Figure 7.1.6 Breakthrough from Mass Production to “Just in Time”

Otthein Herzog
德国工程科学院院士，
中国工程院外籍院士，
同济大学名誉教授

工业 4.0 精准化智能物流是一套集动态传感器（IoT）、通信（互联网、移动）、计算（云）的协作技术，通过与供应链合作伙伴共享数据、知识和信息，将关键物流流程转变为以用户为中心并启用事件实时同步的决策。

7.2 智能农业
Intelligent Agriculture

7.2.1 发展形势

“十三五”以来，在新一轮科技革命浪潮中，美国、英国、加拿大、日本等发达国家纷纷部署农业物联网、农业大数据、农业人工智能、农业机器人、区块链等方面的发展战略和科技研发计划，以农业大数据、农业人工智能和农业机器人深入应用为代表的智能农业正在成为世界农业科技发展的新方向和新趋势。2018 年，美国科学院、美国工程院、美国医学科学院联合发布《面向 2030 年的食品和农业科学突破》报告，重点突出了传感器、数据科学、人工智能、区块链等技术发展方向。2017 年，欧洲农机工业学会提出了“农业 4.0（Farming4.0）”计划，强调智慧农业是未来欧洲农业发展的方向。2015 年，加拿大联邦政府预测与策划组织发布了《MetaScan3: 新兴技术与相关信息图》，指出土壤与作物感应器（传感器）、家畜生物识别技术、农业机器人在未来 5 ~ 10 年将颠覆传统农业生产方式。2015 年，日本启动了“基于智能机械 + 智能 IT 的下一代农林水产业创造技术”项目。根据国际咨询机构“Research and Market”预测，到 2025 年，全球智能农业市值将达到 683.89 亿美元，发展最快的是亚太地区尤其是中国、印度，年复合增长率（compound annual growth rate，CAGR）将达到 14.12%。

2018 年 9 月 25 日，习近平在建三江国家农业科技园区考察时指出：“中国现代化离不开农业现代化，农业现代化关键在科技、在人才。要把发展农业科技放在更加突出的位置，大力推进农业机械化、智能化，给农业现代化插上科技的翅膀。”《乡村振兴战略规划（2018—2022 年）》《数字乡村发展战略纲要》《新一代人工智能发展规划》等，均对发展智能农业技术做出了重要部署。我国城镇化率已达到 58.5%，土地流转面积已超过家庭承包经营耕地总面积的 1/3，农村主要劳动力平均年龄已超过 60 岁，实施乡村振兴战略、全面实现农业农村现代化对智能农业技术提出了更加迫切的需求。

7.2.2 智能都市农业

人工智能城市中的农业是指智能都市农业，并不是指一般概念上的智能农业。这里的根本区别是，智能都市农业是以消费为主体的农业生产，一般概念上的智能农业是以生产为主体的农业生产。

都市农业是指地处都市及其延伸地带，紧密依托并服务于都市的农业。都市农业依托城市的科技、人才、资金、市场优势，进行集约化农业生产，为城市居民提供更好的生态环境与农副产品，并具有休闲娱乐、旅游观光、教育和创新等复合功能。

智能都市农业的一大特点是空间的碎片化。农业种植利用城市的零碎土地展开，如阳台、屋顶、立体绿地等。智能都市农业更加接近人的个性化需求，并不是物品好生产就生产，而是基于人的爱好，如对食品的喜欢、对农产品生产过程的喜欢等。

智能都市农业的另一特征

是销售渠道的简短，从阳台直接进入厨房，保证了都市农业产品的新鲜、有机、无毒害。自产自销、友邻分享是都市农业产品的主要去向。通过人工智能的导入与信用系列的建立，都市农业产品走上更长远、覆盖面更广的未来，这对都市农业本身的可持续发展是重要的智能化保障。

中国都市农业的智能化有以下几大抓手：

（1）都市农业的培植需要从城市政府、街道办事处到居民委员会、物业委员会共同的思想转型。中国现代城市城防和中国古代封建城市一样，是高密度的城市形态，都市农业在其中没有根基，大部分人把都市农业等同于城市中的“不务正业”。这种观念随着工业化、后工业化的到来逐渐发生变革，城市管理者与建设者逐渐关注城市阳台、城市屋顶的碎片区域，鼓励都市农业的政策逐渐涌现，鼓励整个自上而下的观念改变。

在此过程中，大数据精准感知可支持释放城市都市空间中有潜力成为农业生产的空间，许多习以为常的城市空间都有潜力成为都市农业的场地，可以转型成未来都市农业的战场。

（2）都市农业产品的智能化知识图谱与配置。通过知识图谱、智能问答系统的建立，让有意愿的家庭在屋顶、阳台、房前屋后的基地得到更加科学的、智能的配置方案，让市民快速了解所在地气候、种植季节适宜的农作物，动态获取植物的健康状况与养护知识。

依托农业知识图谱，每家每户可以对自己培育农产品的营养、质量进行识别和上传，获得科学的反馈与指导，这将成为未来都市农业质量、精致度的保障。

中国都市农业是一块几乎未开垦的处女地。人工智能的导入会让中国的都市农业有历史性的发展，尤其是各大城市对大规模疫情的防控措施促进了市民对食品重要性与安全性的认识，为未来中国的都市农业及其智能化的发展做好了社会认知上的准备，这可能是巨大的产业发展和社会变革的契机。

7.2.3　应用场景：元宇宙赋能的都市元农庄

随着中国城市化水平的不断提高，大部分城市儿童没有体验过农村、农业生产。通过“元农庄”虚拟现实体验交互系统，可以从时间维度和空间维度拓展城市儿童认识、感知农业的途径。

基于 VR/AR 技术，推动真实世界与虚拟世界的交互融合，实现真实感知、虚拟反馈的场景体验。通过种植者信息录入、元农场形象生成、感知数据共享、拟人化输出、科普互动、情绪体验全流程交互，建立元农庄与真实世界的互动机制（图 7.2.1）。打造寓教于乐的儿童农业知识教育，形成良性的持续到访机制，增加用户黏性，让孩子愿意接触农业生产。

图 7.2.1　元宇宙赋能都市智能农业

Figure 7.2.1 Metaverse Empowered Urban Intelligent Agriculture

7.3 智能医疗

Intelligent Healthcare

7.3.1 发展形式

人工智能技术应用于医疗健康一直被认为是人工智能发展的重要方向和应用领域，人们希望人工智能能够提供便捷的医疗服务、降低医疗费用并提高诊疗精准性。

目前，大多数国家已发布了人工智能发展战略，其中美国、英国、日本、印度等国家针对人工智能在医疗健康领域的应用进行了重点布局，正从国家战略层面进行整体推进。中国在智能医疗相关的基础研究、关键技术及重点应用等方面进行了科学布局，已经初步建立了医疗健康产业科技创新体系。

随着处理性能的提高和机器学习算法的优化，人工智能有望达到技术突破的临界点，成为医疗转型发展的新动能。全球各大企业已将云计算、大数据、3D 打印、机器人、云工程与云服务等技术布局于医疗领域应用，并在视觉识别、语音识别、基于大数据的深度学习、大数据智能驱动的创新设计、脑机接口与交互、虚拟现实 / 增强现实等研究方面取得优异成果，对智能医疗发展形成强大的支撑作用。目前，智能医疗的主要应用实例包括临床检验检查辅助诊断、治疗决策支持、健康风险评估、患者监测、安全用药监测、人群传染性疾病监测评估等。

产业层面，自 2009 年以来，全球新增人工智能医疗企业 1153 家，业务范围普遍集中在药物研发、医学影像及应用、虚拟助手、健康管理等领域。

7.3.2 智能医疗发展趋势

（1）智能诊断与现代医学的发展紧密结合。通过运用群体智能和认知计算能力，从各种结构化和非结构化信息中自动抽取疾病特征和逻辑关系，融会循证医学判别标准和多学科医学专家先验知识，自动构建疾病的知识图谱、知识推理引擎，并与高性能计算框架相结合，实现在海量的医学文献和电子病历中快速学习知识和完成疾病诊断推理。运用人工智能领域的最新进展，深度融合计算机视觉技术、医学图像模式识别技术，自动精准识别和判断影像学病灶，提高影像诊断精度。通过发展有效分析日常移动健康监测数据的人工智能技术，帮助实现疾病早期诊断，充分利用基因组、蛋白质组、代谢组等组学数据，结合传统数据，实现从表型到基因型，“表里如一”的智能疾病诊断系统。

（2）智能治疗与病人医疗行为全过程紧密结合。一方面，基于临床大数据，以临床疾病诊疗指南为导向，研究智能化治疗方案决策支持、智能化治疗手段，以感知与跨媒体智能、混合智能等为基础，实现外科治疗方面的可具有柔性的人机交互手术机器人系统，实现人体运动生理补偿；基于医学影像、增强现实技术，利用术前模拟及术中导航，对手术过程精确引导、实时反馈，实现手术的高精度、小创伤，可以根据患者信息，建议手术体位、手术入路，根据术中视野情况，制定手术操作步骤，实现人机的实时互动、智能交流的手术过程。另一方面，基于药品数据库和海量患者电子病历数据，使用无监督聚类算法、监督式分类方法及关联规则等人工智能的方法，分析药物与药物、药物与食物之间的相互作用，完成药物不良反应个性化预测、低频药物不良反应预测及单一药物不良反应关联关系的分析，实现药物不良反应的有效监督与预测，降低由药物不良反应引起的相关疾病的发病率和死亡率，以及经济损失（图 7.3.1）。

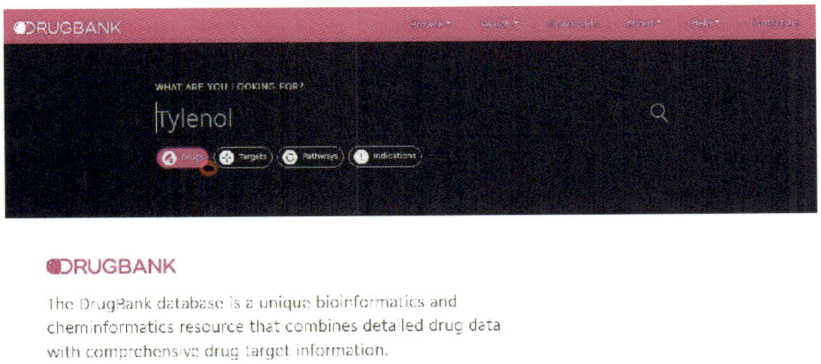

图 7.3.1　DRUGBANK 药品数据库

Figure 7.3.1 DRUGBANK Datebase

来源：https://go.drugbank.com/

7.3.3　应用案例：智能医疗赋能居家养老

根据第七次全国人口普查（2020 年）数据，我国 60 岁及以上人口为 26 402 万人，占总人口 18.70%；其中，65 岁及以上人口为 19 064 万人，占总人口 13.50%。据估计，到 2030 年，老年人口将近 3 亿，“空巢”老人的比例可能达到 90%。在此形势下，养老问题更受到人们的关注与重视。对于老人，随着年龄的不断增长与身体机能的下降，曾经熟悉的生活环境逐渐形成安全隐患。空巢、独居老人忘记关闭家中水电煤、意外摔倒无人发现、误服各种药物等情况时有发生。基于物联网与传感器的智能家居系统能有效杜绝日常生活中的隐患，为老人的居家安全保驾护航。

根据可穿戴设备、智能家居的感知数据建立起老年人医疗档案，综合老年人病史与健康状况，依托大数据、云计算、人工智能技术分析预测老年疾病，及时发现潜在恶性疾病，尽早提供健康干预。借助智能家居反应系统，为老年人提供居家康复、居家养生的建议与支持（图 7.3.2）。

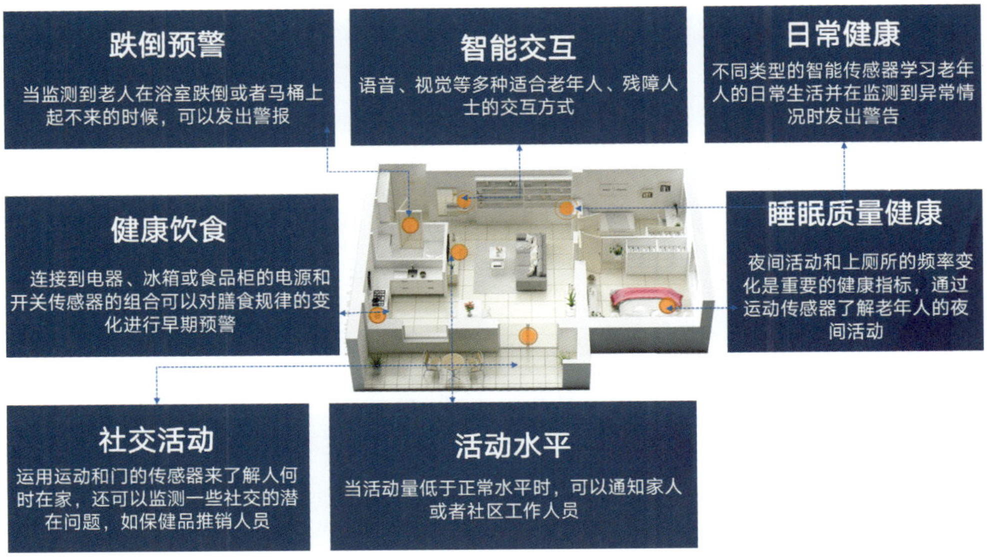

图 7.3.2　智能医疗赋能居家养老

Figure 7.3.2 Intelligent Healthcare Empowered “Aging in Place”

7.4 智能教育

Intelligent Education

7.4.1　智能教育的新机遇

（1）人工智能解决多人标准化教学与单人个性化辅导之间的矛盾。

自适应的课堂场景，即经过云计算后的分析，将自动匹配对应的场景变量，改变教学活动，从而更好地辅助老师。

例如，如果课堂上学员都在闲聊，语音技术可捕捉到这个变量，教室的背景会自动变暗或者变亮，或者教师的图标会自动放大到屏幕中央，提示学员要集中注意力。

若教师整节课都忘记提问了某一个学员，那么该学员的图标将会发光提示教师对他提问。

若学员在回答问题时经常提到某个兴趣点，系统可捕捉到该兴趣点来并且通过数据库匹配对应级别、兴趣的绘本或者短文练习。

若语言类课程的学员在回答问题时经常读错某几个词，系统通过大数据分析诊断出他缺乏哪方面的自然拼读练习、词汇练习。在结束课程的时候，自动为每个学员生成个性化的推荐阅读书单和作业。

（2）人工智能帮助教师优化教学方式。

高度智能的课堂能够通过语音识别、动作捕捉、习题等搜集学习效果的数据，也可以通过关键词抓取教师语言输出的数据，从而还可以更好地告诉我们哪些教师、哪些教学方法更有效。可以捕捉到的教学场景变量包括：①一节课里教师提问次数；②教师提问的类型的比例，开放式还是判断、提示型提问还是直接提问、问题关注某个知识点还是关注前后文脉；③教师给学员反馈的类型的比例，如诱导式反馈还是只告知最终答案（图7.4.1）。

7.4.2　国际案例体现的教育改革共性方向

（1）以受教育者为中心。

受教育者从掌握知识到塑造能力，以顺应当代社会知识高速创造和迭代的状况，以及人类与人工智能相处的环境变化。尤其在社会上各种职业面临机器劳动的根本性挑战的前提下，与其他人类交往的能力、感知和操作能力、面对未知挑战创造性地应用知识解决问题的能力将成为未来教育的核心。

图 7.4.1　以教育对象为核心的教育
Figure 7.4.1 Student-centred Education

创意和创新是人类区别于机器的核心能力。因此，一切教育模式都要为创意和创新的培养而改变和让步。具体的知识点很可能有固定的定义，而知识之间的链接网络没有定式，产生链接的起因没有固定规则。

社会不是一成不变的，长周期的人类个体发展不应当被早期的教育一次性固化。个体的发展必然伴随时代变化、各种机遇和挑战而发生变化，教育应当为每个人类个体提供不断发展的能力储备，创造一个具有适应性的开放的未来。

教育不应当用一套模具去工业化地生产人才，也不应当用一把尺子来评价人才，而是应当根据每个人的兴趣、特长、背景来量身定制独有的能力成长方案。

（2）让教育过程没有壁垒。

1877 年，约翰 · 霍普金斯大学首次使用了“major”一词来表述专业。产生于 19 世纪的知识分工不应当成为 21 世纪的桎梏，但事实上已经造成了知识的部落割据状态，人们也往往不得不花费数倍的精力从多个知识部落中捞取有价值的内容以支撑特定目标的实现。今天越来越多的创新来自不同专业之间的碰撞火花，未来的教育应当对教育的知识体系进行全面重组，让链接而不是节点成为主宰。

知识只有在场景中被应用才变得有意义，能力也唯有在场景中尝试才能被真实地掌握。所谓 PBL 教育、有使命的教育、与真实世界的连接，这些都无非将教育融入特定的场景。

无论是探索未知还是创新，未来的社会越来越依赖于不同角色和伙伴之间的协同。旧的基于个体的教育方式应当在很大程度上让位于支持多个受教育者协同的方式，同时还应当帮助每个人更加便利地找到最佳合作伙伴。

数字技术是教育的一项重要内容，而目前教育本身对数字的使用却极为有限。随着各类感知设备接入、教育过程的数字化、大数据分析和人工智能技术在教育领域的推广，难以想象的潜力将被挖掘并支撑教育的转变（图 7.4.2）。

图 7.4.2　智能教育的 4 个方向

Figure 7.4.2 Four aspects of Intelligent Education

7.4.3　智能教育面对加速变化的世界

世界正在发生前所未有的变化。

2013 年有分析认为，美国就业市场 47% 的岗位面临被计算机替代的危机（图 7.4.3）。工厂越来越多地使用机器人，各类无人概念不断渗透我们的生活。人类教育亟待应对的挑战有：

（1）知识的加速迭代，教材更新很难跟上时代变化。

（2）标准化教育体系不能适应每个学生的知识背景、个性特点、发展需求。

（3）单一的评价体系，突出知识的学习而不是能力的发展，让大量有潜力成才者被埋没。

（4）竞争非协同结构，竞争中胜出被当作教育的直接目标，忽视了协同合作是未来社会的基石。

（5）教育与职业分离，无法持续地为人的发展提供支持。

（6）能力中心已转移，创造力、人际交往能力、感知和动手能力比知识重要得多，只有这些能力是人工智能无法取代的。

面对新时代，三个维度的培育对个体发展至关重要：社交智能（social intelli-gence）、创意能力（creativity）、感知操作（perception and manipula-tion）（图 7.4.4）。

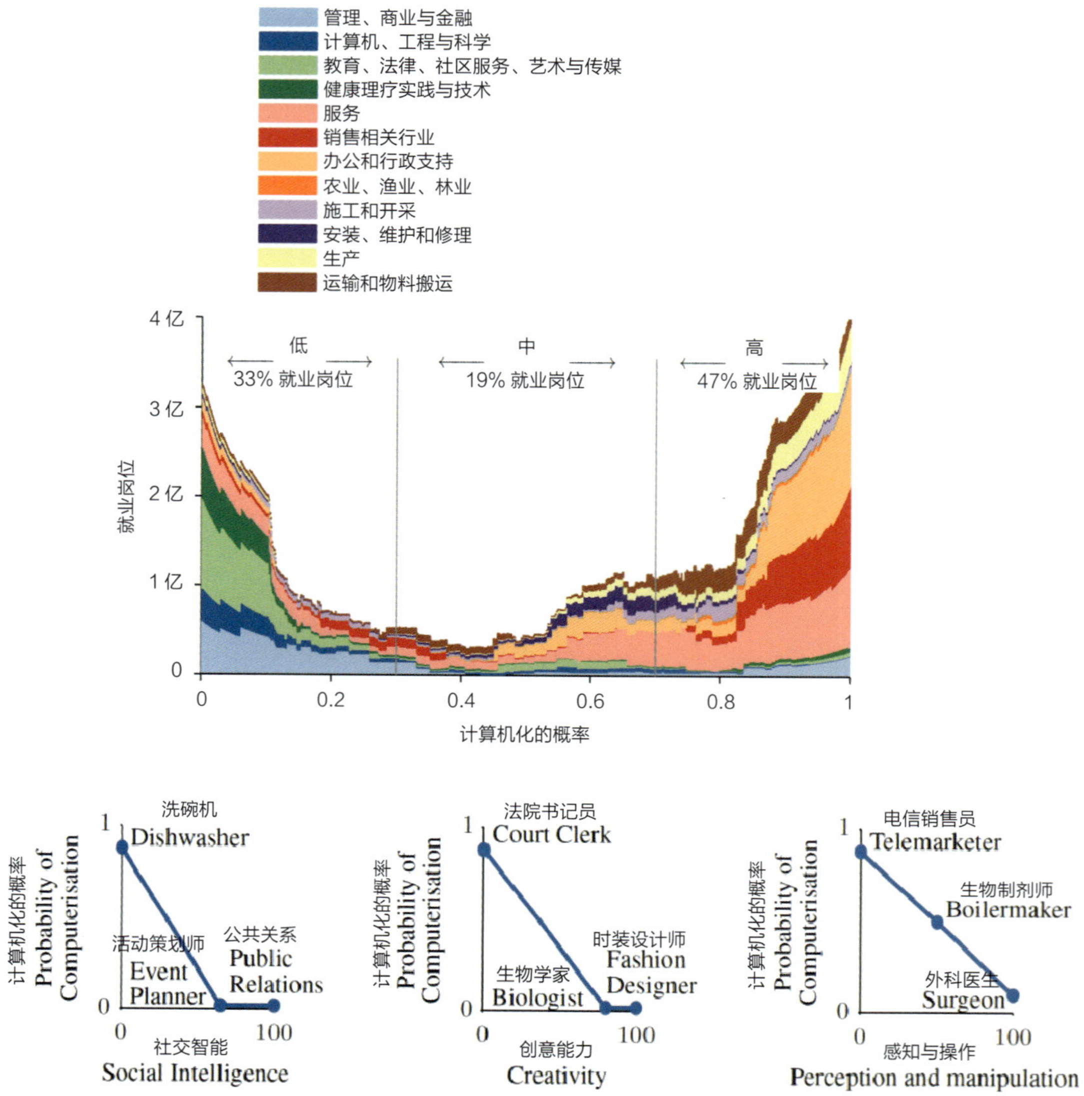

图 7.4.3 计算机化的概率

Figure 7.4.3 Probability of Computerisation

■ **社交智能** *Social Intelligence*

■ **创意能力** *Creativity*

■ **感知操作** *Perception and manipulation*

图 7.4.4 面对新时代，三个维度对个体发展至关重要

Figure 7.4.4 Three key Dimensions for Individual Development

萨尔曼 · 可汗
可汗学院创始人

学生不能只学会被时代迅速更新的书本知识，更应该花更多的时间去开展个人或团队的创新项目，如诗歌创作、编写代码程序、拍摄电影、制造机器人、绘画或开展与物理或数学有关的实验——需要谨记的是，最初的数学、科学和工程学从本质上讲与艺术无异，只是名称不同而已。

参考文献

[1] 赵春江．智慧农业的发展现状与未来展望 [J]．华南农业大学学报，2021，42 (6)：1-7.
[2] 刘亭．浙江亟需加快发展人工智能 [J]．决策咨询，2018 (1)：44-46.
[3] 李家洋．为农业插上科技的翅膀 [J]．湖南农业，2015 (5)：9.
[4] 陶永，孙立宁，刘文勇，等．面向民生科技的智能健康系统发展策略 [J]．科技导报，2016，34 (9)：78-85.
[5] 王海波．新型医疗服务模式下电子病历管理的研究 [D]．山东：山东师范大学，2010.
[6] 刘学文，张智优，向绪友，等．关于湖南智慧农业发展的思考 [J]．湖南农业科学，2020 (12)：79-82，95.

第 8 章　人工智能城市的技术架构

CHAPTER 8

THE TECHNICAL FRAMEWORK OF AI CITIES

8.1 数据感知底板

Data Sensing and Database

8.1.1 CiMA 数据底板与展示平台

数字化城市图谱联盟（City Intelligent Mapping Aliance，CiMA）于 2021 年 5 月正式成立，旨在推进城市科学家数字城市基础数据的共建共享。

（1）CiMA 的数据库架构。CiMA 根据数据内容分为不同的版本（图 8.1.1）。CiMA 1.0 主要涉及城市形态的五大基本要素，包括建筑、道路、水系、绿地、地形。基于这五类要素，可以实现城市基础形态模型的快速搭建，并指导城市设计工作。CiMA 2.0 在 CiMA 1.0 的基础上，涉及城市规划的七大领域，包括生态环境、经济产业、创新动力、社会文化、空间功能、交通市政、安全健康。

（2）CiMA 的数据底板。CiMA 数据覆盖了全国所有地区，数据量极其庞大，仅建筑数据就有 1 200 万条。从庞大的数据中提取目标地区数据，将所有数据存储至 postgres 数据库中，并基于数据库的高效查询技术，完成了基于全国数据库快速建立地方数据库的技术突破，为后续地方数据平台搭建提供了良好的基础（图 8.1.2）。

（3）CiMA 的平台展示。使用 python 调用数据库并搭建后台程序，以实现“postgres 数据库—python 后台—html 前端”的数据流动过程。html 界面将 CiMA 2.0 的各领域空间数据全部集成在一个平台上。

以济南为例（图 8.1.3），将城市不同来源的各类数据（如统计数据、遥感影像、三维模型、实时监测数据等）集中展示在一个平台上，并且可以实现数据交互功能。用户可以从宏观层面总体把握城市发展总体概况，包括，产业、交通、空间、生态等，也可以在微观层面细致考察某一地块的现状情况，如，土地绩效、功能布局、交通态势等。基于这个平台，城市规划师可以掌握城市运行动态，并计算各类相关指标以指导规划设计工作。

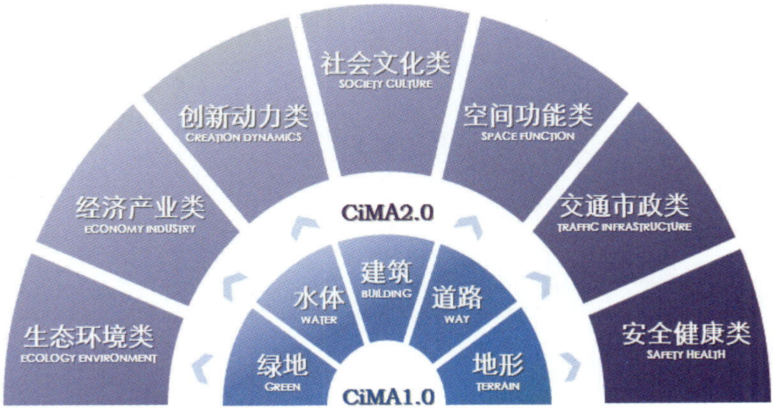

图 8.1.1　CiMA 1.0 和 CiMA 2.0 架构
Figure 8.1.1 The Framework of CiMA 1.0 and 2.0

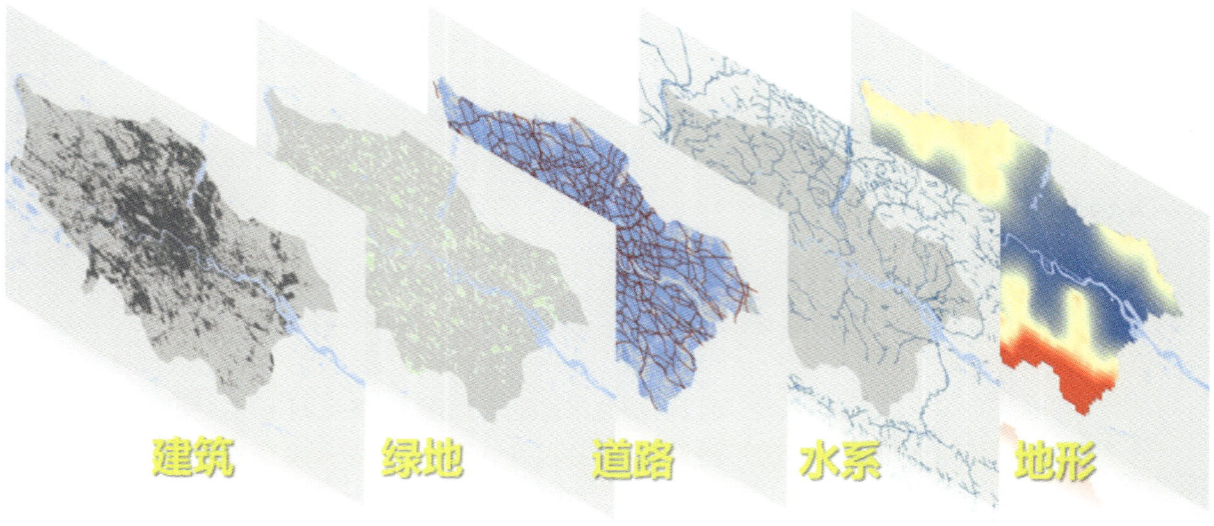

图 8.1.2　CiMA 五要素
Figure 8.1.2 Five Elements of CiMA

图 8.1.3　济南 CiMA 2.0 平台
Figure 8.1.3 CiMA 2.0 Platform for Jinan

8.1.2 园区数据感知

园区是城市空间的重要组成部分。通过对园区人流（人流量、人的交往关系）、园区不同尺度空间与园区活动的关系进行研究，可建立起对园区空间的客观认识。通过高清摄像头、边缘计算机、传感器等物联网设施的布设，可达到对园区相关人流数据进行感知的目的。通过对感知数据的可视化及分析，对园区监控视频的实时人流识别与数据记录、对应三维空间的可视化及社交媒体舆情数据等多元数据的挖掘与感知，建立园区运营数据库，为挖掘园区空间、园区创新、人群聚集、人群活力等要素之间的关系建立起数据基础（图 8.1.4）。

- 视频人流识别与分析

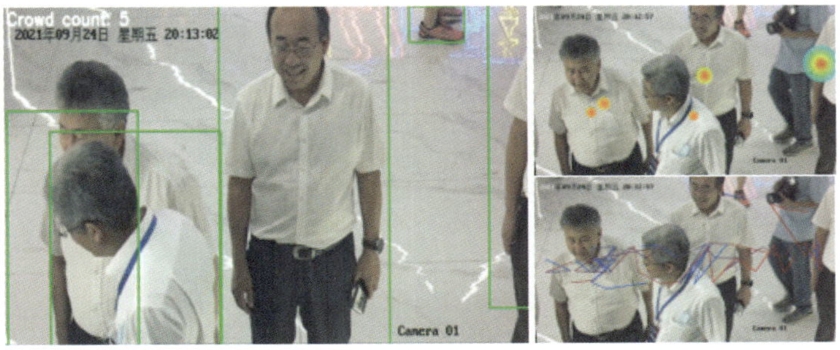

- 网络评价

- 远程取视频流与识别、数据记录

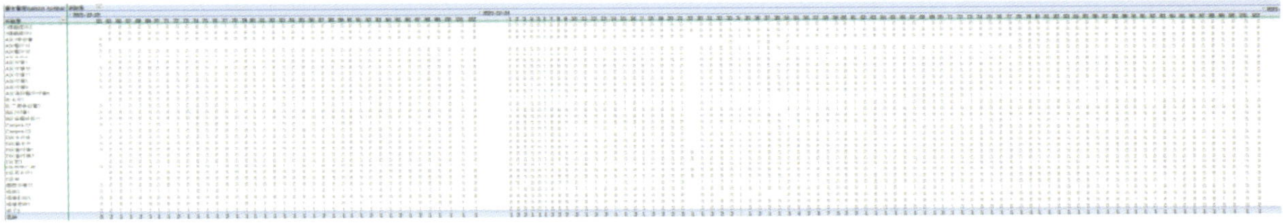

- 人流信息与立体可视化

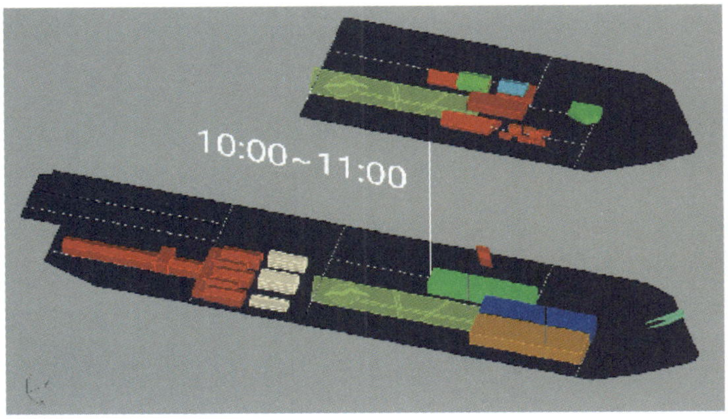

- 园区VR查看

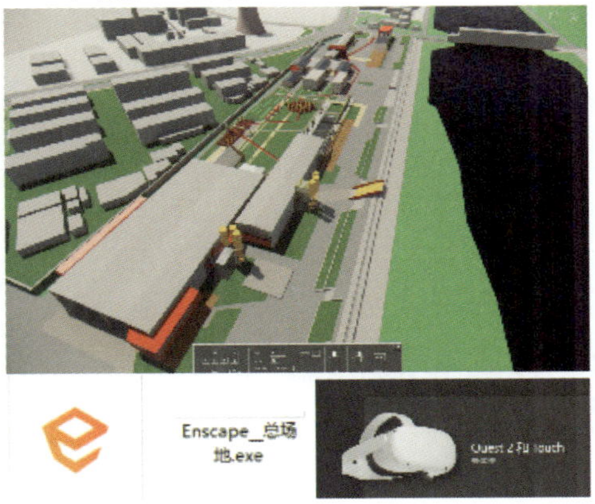

图 8.1.4　台州梦创园智能感知应用

Figure 8.1.4 Data Sensing at Taizhou Innovation Park

8.2 智能反馈技术
Intelligent Feedback

8.2.1 AI 城市智能反馈的单元模块

机械时代的城市已经大量应用了自动控制系统（automatic），而在 AI 时代，这种控制系统不再根据固定逻辑运行，而是实现了自主（autonomous），即可以根据共性目标，不断自我学习、改进。城市的每一个脑结构都是一个信息处理的微观单元，具有对下层输入数据、对上层反馈信息的过滤功能（图 8.2.1）。在自组织模式中，信息传递的过程可以通过反应器直接向下发送指令，进而避免了信息的单向流动，形成回路。这种微型回路构建了城市响应大量个体在日常生活中繁琐需求的精密的网络，作为 AI 技术研发的牵引力逐步扩展到城市治理、生产、生活的各个方面。

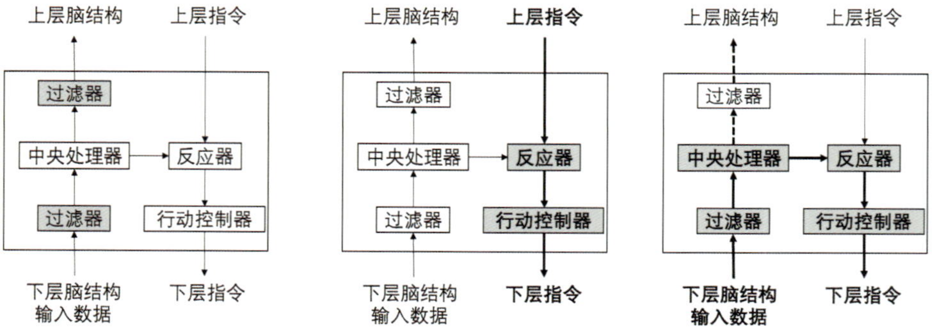

图 8.2.1　AI 城市智能反馈单元
Figure 8.2.1 Intelligent Feedback Unit of AI City

8.2.2 设计反馈：城市复合功能的智能动态配置

采用多智能体博弈和群智协同算法，在深度学习 $1km^2$ 尺度城市街区业态演变规律的基础上，自主计算城市功能之间的相融、相依、相避、相斥、相离 5 种关系，推演 10 种城市功能在空间中的精细组合，智能配置城市功能设施，实现城市功能决策的智能技术集成。配置精度达到 5m × 5m × 3m 的空间单元，大幅提升了城市科学决策的效率。该技术的场景应用在学习强度、模型要素、三维空间配置能力及配置精度方面，超越了由加州大学伯克利分校研制的城市模拟系统 UrbanSim，展现出优秀的性能。可以实现更精细的城市功能配置，接近真实城市中的功能单元尺度，并且可以动态模拟 10 类城市功能要素的时空演变过程（图 8.2.2、图 8.2.3）。

关键技术

进行关键技术的研究和相关应用

机器学习

主要以深度学习、增强学习等算法研究为主，赋予机器自主学习并提高性能的能力

计算机视觉

包括静态图像识别与处理等，对目标进行识别、测量及计算，有广泛的应用场景

语言及自然语言处理

包括语音识别和自然语言处理，基于数据化和框架化，研究语言的收集、识别理解、处理等内容，涉及计算机、语言学、逻辑学等学科

基础支撑

提供数据
计算能力支撑

传感器

主要对环境、动作、图像等内容进行智能感知，是人工智能的重要输入和人机交互硬件

芯片

包括 GPU、FPGA 等加速硬件与神经网络芯片，为深度学习提供计算硬件，是重点底层硬件

行业数据

主要来源于交通、医疗、通信等行业、学术数据库等，为人工智能提供丰富的数据资源

数据服务

包括数据挖掘、监测、交易等，为人工智能产业提供数据的收集、处理、交易等服务

生物识别

包括指纹、人脸、虹膜、静脉等人体特征识别硬件及软件服务，是人机交互的重要部件

云计算

主要为人工智能开发提供云端计算资源和服务，以分布式网络为基础，提高计算效率

图 8.2.2　AI 赋能新型基础设施

Figure 8.2.2 AI Empowered Infrastructure

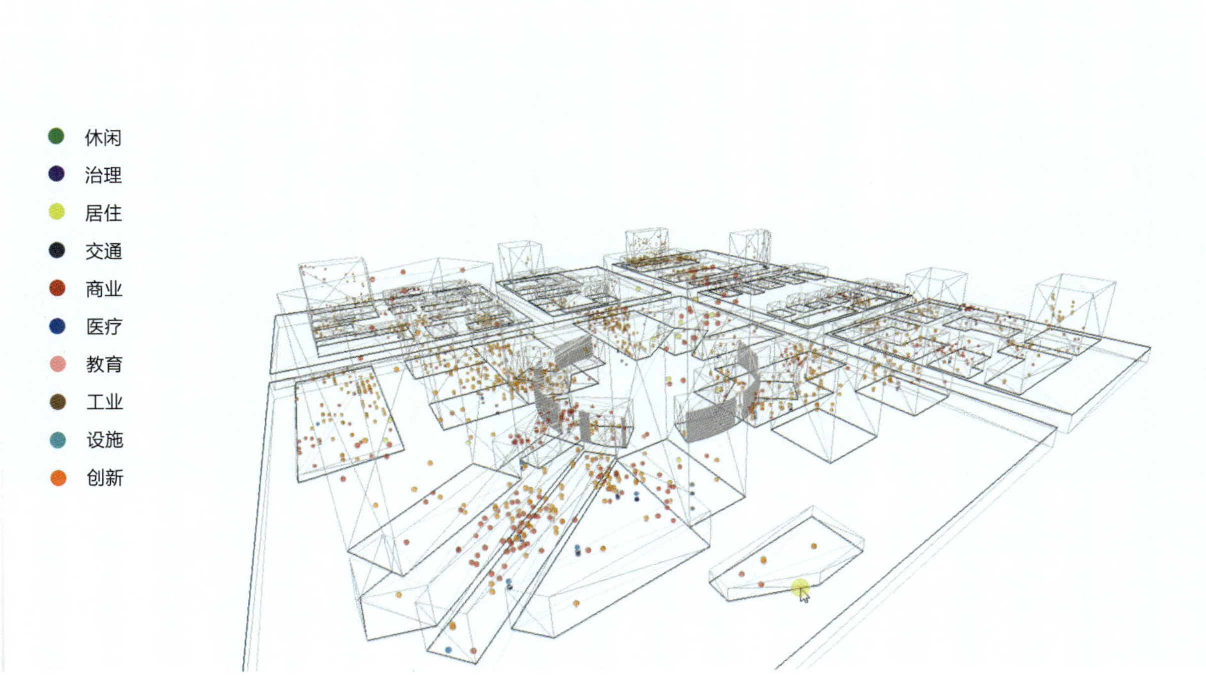

图 8.2.3　城市功能动态智能配置

Figure 8.2.3 Intelligent Allocation of Urban POI

8.2.3 场景反馈：虚拟赋能的元宇宙社区

通过 AR 增强现实技术实现虚拟信息与真实世界的巧妙融合，将虚拟信息内容在真实世界中叠加，满足不同场景中人的不同需求，实现对场景的赋能。

通过 AR 技术建立的社区元农场，用户可以在城市场景中感受大自然和种植的乐趣（图 8.2.4）。

泛在教育是一种新的寓教于乐的学习方式，通过虚拟现实将枯燥的知识与真实场景结合，增强学习的情景感和乐趣。元博物馆通过 AR 技术实现时空对话，可以呈现街区历史和文化，增强人与空间的互动。

图 8.2.4　虚实相生的城市场景
Figure 8.2.4 Reality and Augmented Reality (RAR) Urban Scene

8.3 决策技术

Decision-making Technology

8.3.1 云反射弧决策链

城市云反射弧的决策链是人工智能城市众脑模式的核心技术之一（图 8.3.1）。

模仿生物体神经传导机制，建立城市神经元（智能体）之间的信息传递和决策传递机制，依照事件复杂程度以最短链路完成决策响应，形成从城市事件到城市决策之间的城市云反射弧。反射弧应具有开放性、包容性和鲁棒性，既支持具有复杂信息链的网络协同决策，也能支持独立场景的简单决策。

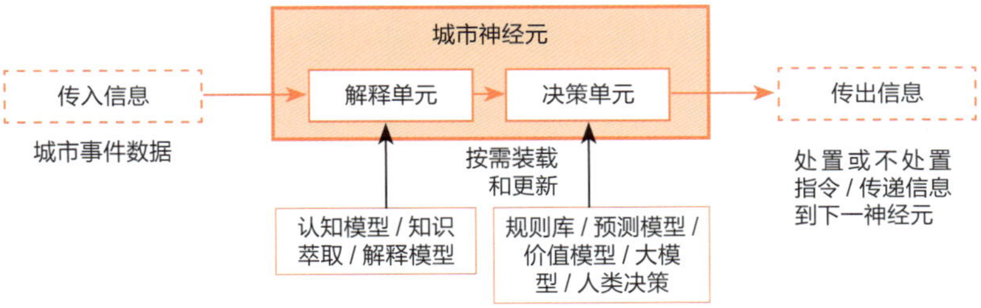

图 8.3.1 云反射弧决策链

Figure 8.3.1 Cloud Decision-making Chain

8.3.2 城市复合功能的智能配置决策

采用多智能体博弈和群智协同算法，在深度学习 $1km^2$ 尺度城市街区业态演变规律的基础上，自主计算城市功能之间的相融、相依、相避、相斥、相离五种关系，推演十种城市功能在空间中的精细组合，智能配置城市功能设施，实现城市功能决策的智能技术集成。配置精度达到 5m × 5m × 3m 的空间单元，大幅提升了城市科学决策的效率。该场景应用在学习强度、模型要素、三维空间配置能力以及配置精度方面，超越了比国际上由 UC Berkerley 大学研制的城市模拟系统 UrbanSim，展现出优秀的性能。可以实现 $1km^2$ 格网尺度的城市样本学习，并对 10 类城市功能要素进行动态配置，配置精度达到 5m × 5m × 3m 的空间单元，接近真实城市中的功能单元尺度（图 8.3.2）。

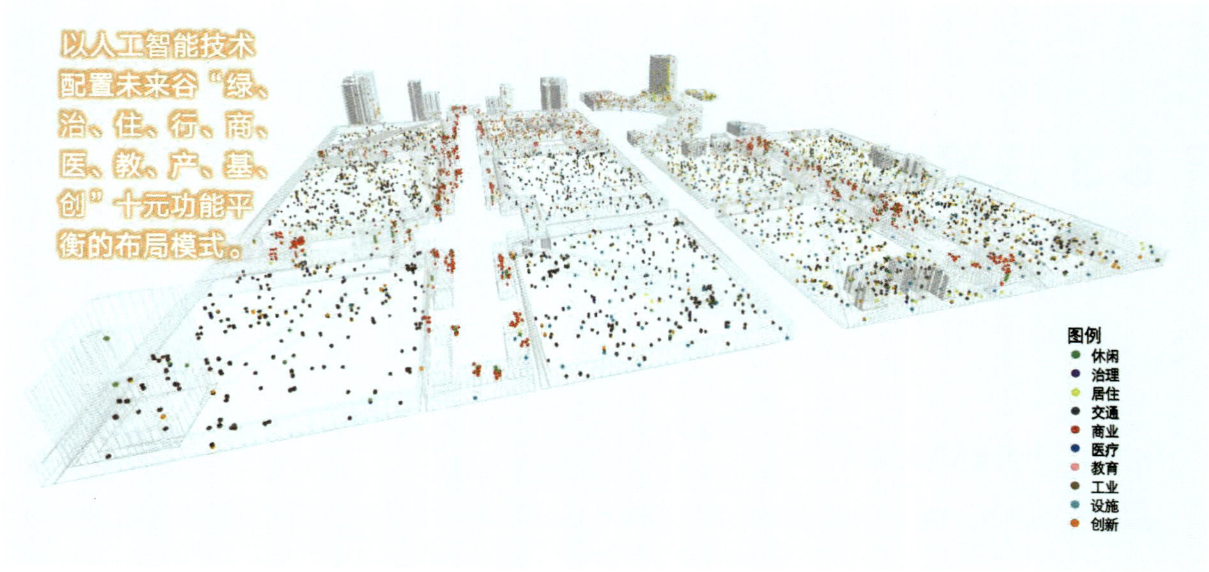

图 8.3.2　奉贤未来谷城市街区尺度十元 POI 推演
Figure 8.3.2

8.4 应用场景系统

The System of Application Scenarios

8.4.1 城市家园幸福指数（City Happiness Quotient，City HQ）评价

基于“有·幸·福”理论模型（图 8.4.1），依托非政府来源、独立可靠、可治理干预的多源异构数据，采用多媒体智能与大数据智能相关算法，从经济发展、社会支持、期望寿命、自由选择、正向情绪等维度，识别 $1km^2$ 尺度城市家园中影响城市家园幸福的关键要素及其精准阈值，发掘幸福度规律实现提升人民福祉的智能治理技术集成，科学提升城市治理能力。

以深圳为例（图 8.4.2），为其进行城市家园幸福指数（City Happiness Quotient，City HQ）的研制，具有以下 4 个创新点：

（1）精准识别城市幸福指数影响关键要素。研究通过构建机器学习模型，计算不同指标对 City HQ 的影响力，得到对深圳 City HQ 影响程度最大的 8 个指标：人均 GDP、租房价收入比、行 -POI 密度、基 -POI 密度、住 -POI 密度、就业率、住 -POI 质量和高新技术企业密度（图 8.4.3）。

（2）精准识别关键要素阈值范围，可进行空间干预。例如，构建机器学习模型，得到公园绿地品质对城市幸福指数正负影响的阈值，发现公园绿地品质高于 4.06 时，对幸福指数产生正向贡献。通过百度地图提供的公园绿地 POI 评分数据（评价依据海量用户对 POI 点实际体验后的真实评价反馈）对绿地进行栅格化处理，计算公园绿地品质。龙岗区公园绿地品质的现状值为 2.29，低于深圳市的公园绿地品质现状值（4.33），远低于对幸福指数影响的阈值范围。说明龙岗区通过提高公园绿地品质，可大幅度提升城市幸福指数（图 8.4.4）。

（3）可落实到不同层级行政责任主体。由于研究是基于深圳市栅格化的城市幸福指

图 8.4.1 城市“有·幸·福”理论模型

Figure 8.4.1 The Theoretical Framework of City Happiness Index

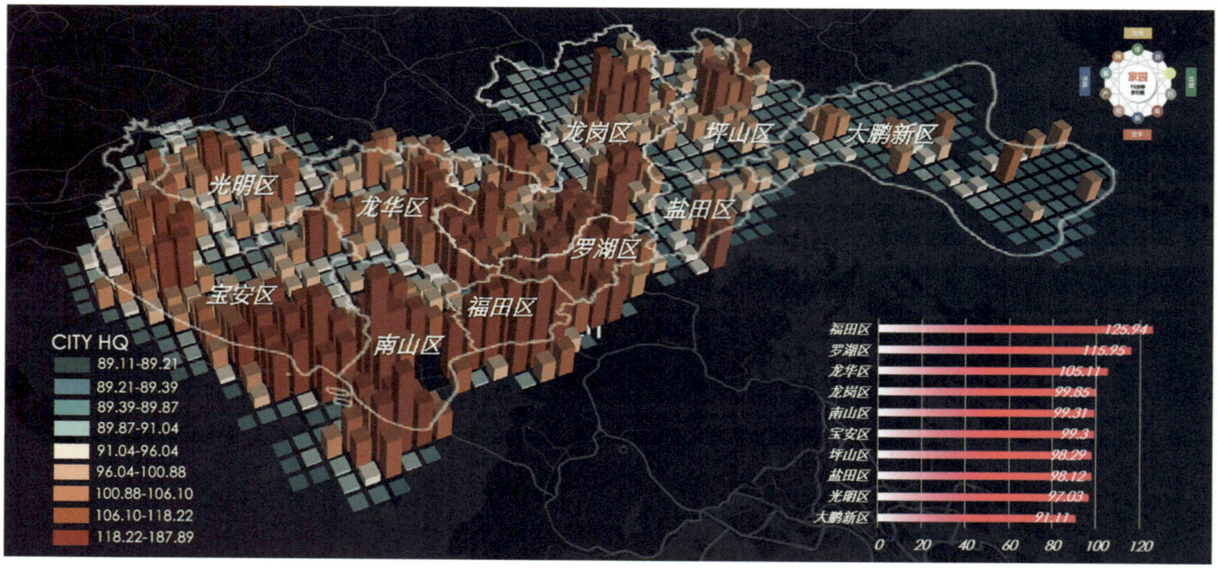

图 8.4.2　深圳家园幸福指数评测

Figure 8.4.2 The Happiness Quotient of Shenzhen

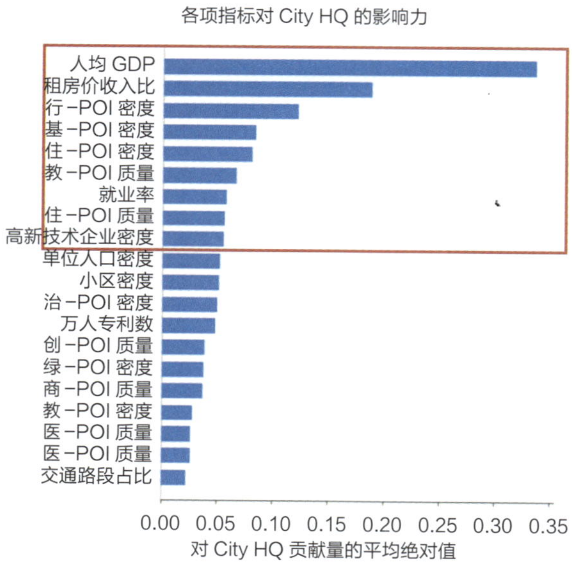

图 8.4.3　精准识别深圳城市幸福指数影响关键要素

Figure 8.4.3 The Key Factors Affecting Shenzhen's City Happiness Quotient

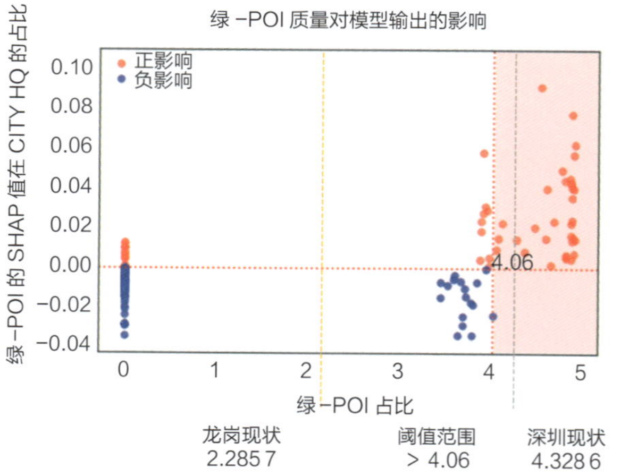

图 8.4.4　精准识别关键要素阈值范围，可进行空间干预

Figure 8.4.4 The Threshold Range of Key Elements and Spatial Intervention

数评价，因此 City HQ 可落实至市—区—街道—家园不同层级的行政主体，综合创新点（2），可向不同层级的行政主体提供精准化的政策建议（图 8.4.5）。

（4）可完成任意空间尺度范围的 City HQ 的实时监测。由于评价的数据来源为高频率、高颗粒度并且为开源数据，因此可进行任意空间尺度的幸福指数实时监测。

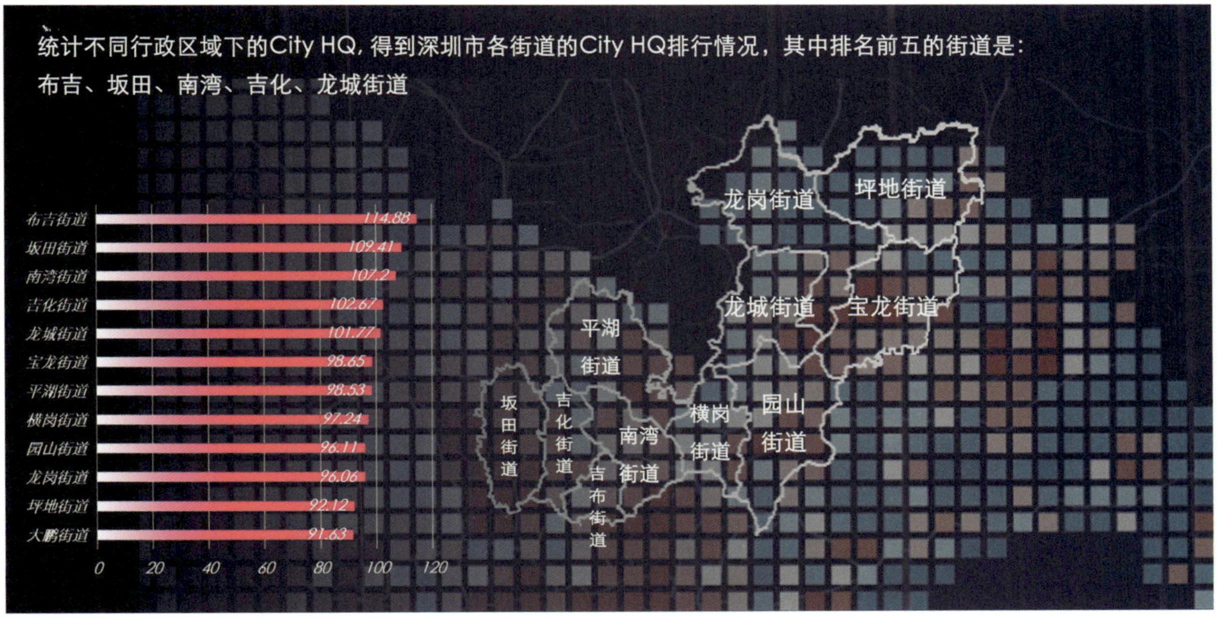

图 8.4.5　深圳家园幸福指数评测可落实到不同层级行政责任主体

Figure 8.4.5 Shenzhen City Happiness Quotient Evaluation at Different Administrative Levels

8.4.2　新一代 AI 辅助城市碳中和智能设计

面向国家双碳战略需求，以新一代人工智能辅助“设计 – 建设 – 运营”全生命周期为架构目标，实现在设计阶段就对汇碳 – 排碳的自主智能预测和评价。采用机器学习同类地区碳排数据样本，联动三维模型与绿色发展关键指标，在设计过程中根据形态布局、政策引导、技术选型等干预手段动态计算碳中和结果，进而通过人机混合增强实现以绿色发展为导向的城市资源优化配置（图 8.4.6）。重点解决人工智能技术的三维空间平台集聚问题，发挥城市智能应用场景的核心优势，将能源、水资源、碳排计算工具集成到统一的空间载体上。采用强化学习算法自动提取同类地区的影响参数，修正模型的地区差异性。计算结果直观呈现，辅助预测城市不同地区的碳排和碳汇，计算精度达到 30m × 30m 网格，可以直接服务于单个建设项目的碳中和动态预测，以上方面的性能超越了欧洲 CarbonSpace 碳排动态监测分析平台。

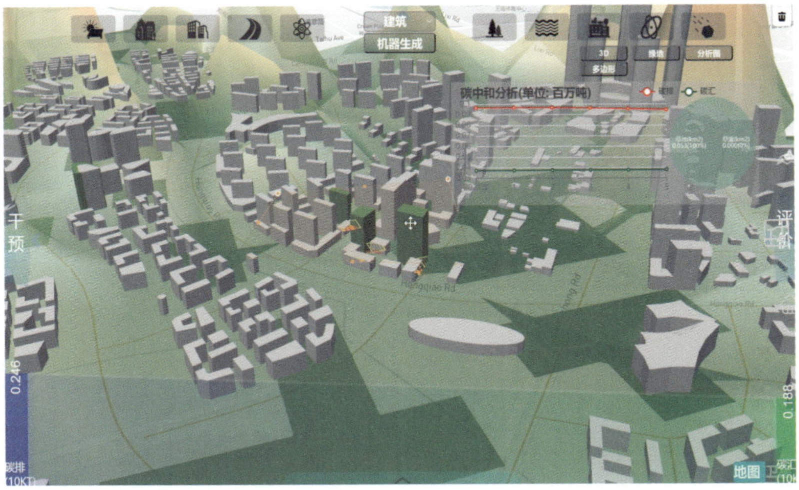

图 8.4.6　城市设计碳中和智能评价平台

Figure 8.4.6 AI Design Platform of Carbon Balance

8.4.3 虚实相生的城市场景建设

通过车路协同、无人驾驶车道、城市交通智慧中枢等技术，打造更优化的城市出行环境，打通交通的各个环节。构建一体化、全方位的智慧交通体系，实现基础设施、交通管理、车辆、行人、道路的有机融合（图 8.4.7）。

图 8.4.7　AI 交通应用

Figure 8.4.7 AI Transportation

通过智能要素配置、内置传感器对创新行为的挖掘和感知、内嵌智能家具的办公空间将最大限度地为创新人群提供适宜工作的空间（图 8.4.8）。

图 8.4.8　AI 创新街区

Figure 8.4.8 AI Innovation District

元宇宙、虚拟现实等新兴交互技术与大数据、个性化推荐等人工智能算法将为市民提供全新的视听盛宴，参观者可以沉浸式地体验全息全感的个性化旅程（图 8.4.9）。

图 8.4.9　AI 休闲体验

Figure 8.4.9 AI Recreation

摔倒警报、远程医疗、兴趣推荐、恶性疾病的早期诊断与预防等人工智能赋能的服务可以提升老年人的生活质量，使老年人老有所养，老有所乐（图 8.4.10）。

通过对所在地居民需求的精准感知，智能配置相应用地与服务设施，建设碳中和绿色家园平台，助力城市设计布局优化、城市用能平衡、城市活力赋能（图 8.4.11）。

VR 教室、线上教育、在地留学等多元化的教育模式打破教育资源、教育空间的限制，元宇宙、虚拟现实等技术的出现为学生提供沉浸式的学习体验（图 8.4.12）。

通过自动巡检、生产线能耗优化、产业知识图谱等技术加速实现工业 4.0，压缩生产时间，减少物流仓储成本，使产品更贴近用户的需求（图 8.4.13）。

智能生境识别检测、植物虫害健康检测、自动灌溉、农业知识图谱等技术使都市农业成为可能，让居民充分发掘日常空间中有潜力成为屋顶花园的角落，让农园融入城市（图 8.4.14）。

图 8.4.10　AI 智能养老
Figure 8.4.10　AI Elderly Care

图 8.4.11　AI 家园场景
Figure 8.4.11　AI JIAYUAN

图 8.4.12　AI 教育
Figure 8.4.12　AI Education

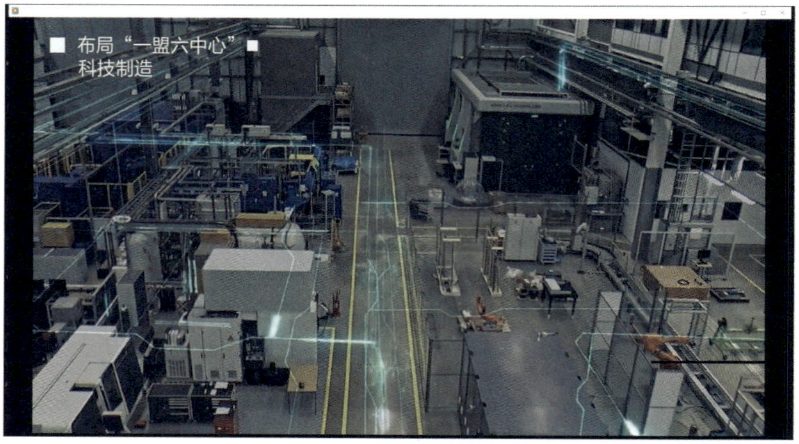

图 8.4.13 AI 工厂
Figure 8.4.13 AI Factory

图 8.4.14 AI 都市农业
Figure 8.4.14 AI Agriculture

参考文献

[1] Millroth P, Collsioo A, Juslin P. Cognitiva Speciebus: Towards a Linnaean Approach to Cognition[J]. Trends In Cognitive Sciences, 2021, 25 (3): 173-176.
[2] Griffiths TL. Understanding Human Intelligence through Human Limitation[J]. Trends In Cognitive Sciences, 2020, 24 (11): 873-883.
[3] Y. Bengio, A. Courville, P. Vincent. Representation Learning: A Review and New Perspectives[J]. IEEE Transactions on Pattern Analysis and Machine Intelligence, 2013，35（8）: 1798-1828.
[4] Takos G . A Survey on Deep Learning Methods for Semantic Image Segmentation in Real-Time[J]. 2020.
[5] Farabet C, Couprie C, Najman L, et al. Learning hierarchical features for scene labeling. IEEE Transactions on Pattern Analysis and Machine Intelligence, 2013, 35 (8): 1915-1929.
[6] Radford A, Metz L, Chintala S. Unsupervised Representation Learning with Deep Convolutional Generative Adversarial Networks[J]. Computer Science, 2015, 11（1）: doi.org/10.48550/arXiv.1511.06434.

第 9 章　青岛中德未来城：人工智能技术集成应用

CHAPTER 9

CASE: QINGDAO SINO-GERMAN FUTURE-PARK

9.1 青岛中德未来城的 AI 城市中枢建设

Construction of AI City Pivot in Qingdao Sino-German Future City

青岛中德未来城面积 2.68km²，位于西海岸新区的中德生态园的核心区域，是中国和德国政府共同建设的第一个可持续发展智能园区，是彰显两国合作、推动研发创新、促进产业转型和提倡绿色生活的生态园区，也是智慧建设和人工智能技术应用实践的示范园区（图 9.1.1）。

中德未来城的规划是第一道工序、是建设的龙头，因此在规划设计阶段就引入了以 AI 为支撑、以理性方法为依据的 CIM 平台。该平台是 AI 城市中枢的关键基础设施，从建筑信息模型（BIM）向城市级发展，综合集成地理信息（GIS）技术，并通过关联物联网（IOT）设备构建能够全景展现真实城市信息的数字化平台，综合应用大数据、人工智能、高精度城市三维仿真等多项技术来支撑城市规划、建设、治理的智能化，为建设项目的审批、管理保驾护航，降低建设项目落地难度，提高政府服务效能。

图 9.1.1　青岛中德未来城总平面图

Figure 9.1.1 Master Plan of Qingdao Sino-German Future City

9.2 能源与水资源的科学配置

Rational Allocation of Energy and Water Resources

借助大数据智能实现能源和水资源的科学配置与合理利用。

大数据智能聚焦对大数据的深入分析和挖掘，实现具有综合推理能力的知识学习系统。基于数智技术，青岛中德未来城通过收集和积累城市发电厂和居民组团的发用电数据，对一天中不同时段居民组团的用电总量进行预测，从而对发电厂向城市不同组团的供电总量进行调节，并利用水库高差产生的势能进行发电作为有效补充，对城市电能和水资源进行充分配置和使用（图 9.2.1）。

图 9.2.1　青岛中德未来城公共区域智能充电桩

Figure 9.2.1 Intelligent Charging Pile in Public Area of Qingdao Sino German Future City

9.3 中德未来城 CIM 平台

The CIM Platform of Qingdao Sino-German Future City

青岛中德未来城 AI 中枢（AI City Pivot,）集成了智能城市的四大功能，即智能感知、判断、反应、学习，并且能实现自我更新、持续进化，其关键的基础设施是 CIM 平台（图 9.3.1）

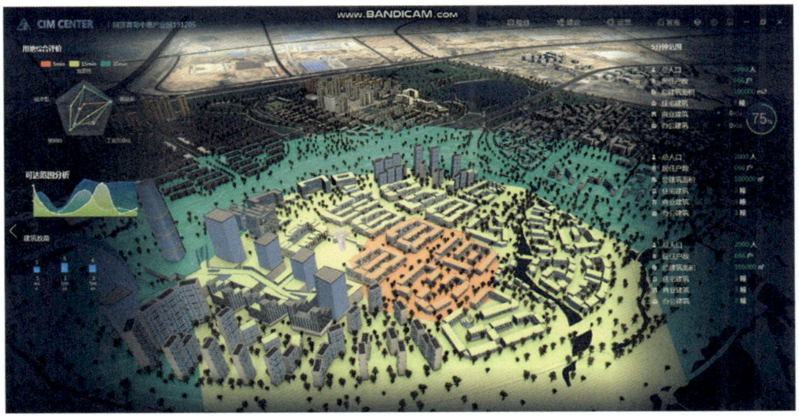

图 9.3.1　青岛中德未来城 CIM 平台

Figure 9.3.1 The CIM Platform of Qingdao Sino-German Future City

通过对接城市感知系统，中德未来城 CIM 平台能对城市的状态和后果做出预判，并能根据情景分析调动资源应对，实现最小的能源、资源、时间及社会消耗。决策系统贯穿于城市的规划、建设、运营等全过程，实现时空四维度、全生命周期的智能化城市精细、精准、精密的管理与决策（图 9.3.2）。

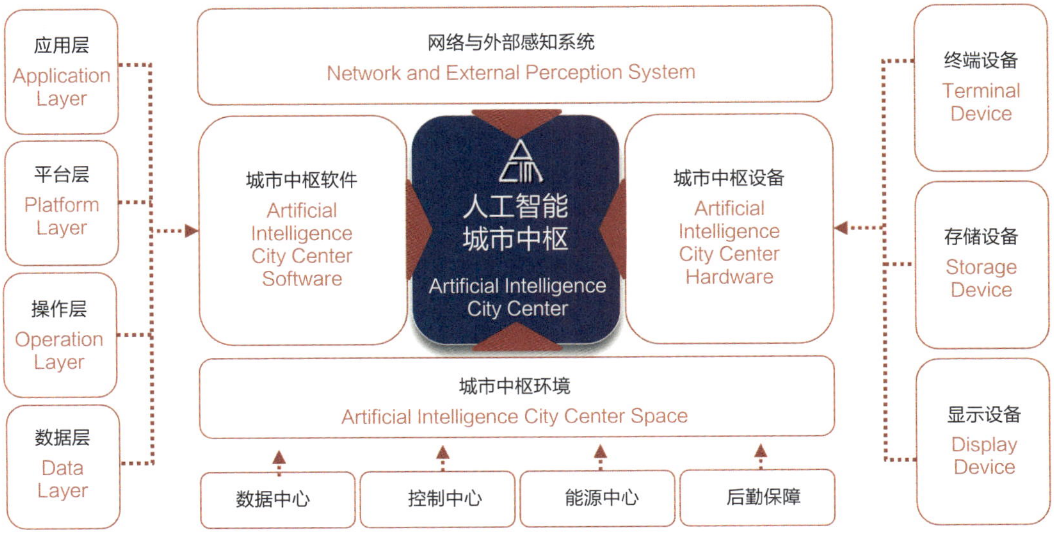

图 9.3.2　中德未来城 AI 中枢总体架构

Figure 9.3.2 The Structure of AI City Pivot of Qingdao Sino-German Future City

9.4 中德未来城 CIM 平台的系统架构

The Systematic Structure of The CIM Platform of Qingdao Sino-German Future City

青岛中德未来城 CIM 平台从“数”“算”“用”3 个层面总体架构，完成针对 CBDB 城市数据库、3 类 44 项功能计算平台以及诊断服务系统的全面升级（图 9.4.1）。系统将与园区 IOT 设备、后台数据库高效联动，实现数据动态采集与计算，并通过诊断系统为园区管理提供精准服务，打造 CIM 助力城市规划、建设、管理的标杆。

青岛中德未来城 CIM 系统结合系统需要配套制定了针对测绘、规划、市政、景观及三维建模的数据标准。该系统包括智能规划、智能建设、智能治理三大模块，重点研发城市发展情景推演、建设过程跟踪管理、运营过程动态管理三大重点工程。

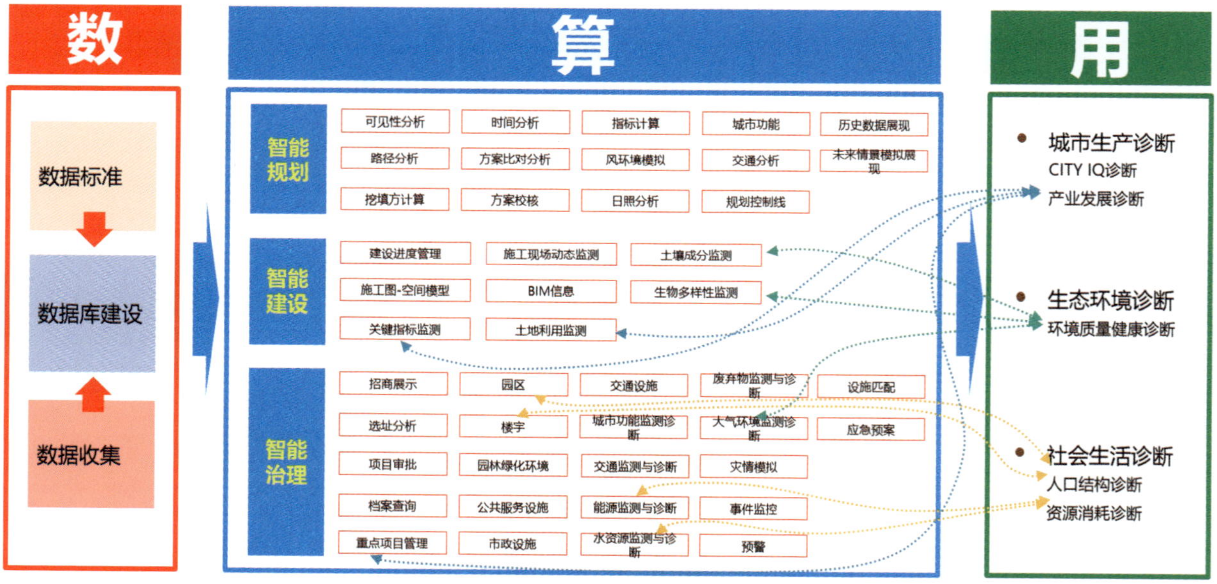

图 9.4.1　中德未来城 CIM 平台的技术体系

Figure 9.4.1 The Technology System of The CIM Platform of Qingdao Sino-German Future City

CIM 是一项城市规划、建设、管理的智能系统工程，不仅仅是一个软件。BIM 以建筑为单元，CIM 是整个城市，从 BIM 到 CIM，需要补充市政系统，形成地上地下整体底板。

吴志强
中国工程院院士，德国国家科学与工程院院士，瑞典皇家工程科学院院士，同济大学教授

9.4.1 智能规划

智能规划模块的研发目标是依托大数据模拟推演技术，可以在三维系统中查看中德未来城从过去到未来的发展历程，具体功能包括城市历史数据展现、城市开发时序、人口分布、资源消耗推演、未来情景模拟与展现。通过全局管理的时间轴，将园区模型的时空数据整合起来，完成对城市建设过程的模拟（图 9.4.2）。

图 9.4.2 智能规划应用示意
Figure 9.4.2 Intelligent Planning Application

9.4.2 智能建设

智能建设模块的研发目标是依托物联网技术，可以在 CIM 中枢实时掌握中德未来城的建设状况，具体功能包括建设进度的集中展示、建设状态查看、关键指标的监测，以及 BIM 模型集成；接入园区管理摄像头，覆盖园区正在建设项目的工地，并实现对 BIM 模型数据的集成功能（图 9.4.3）。

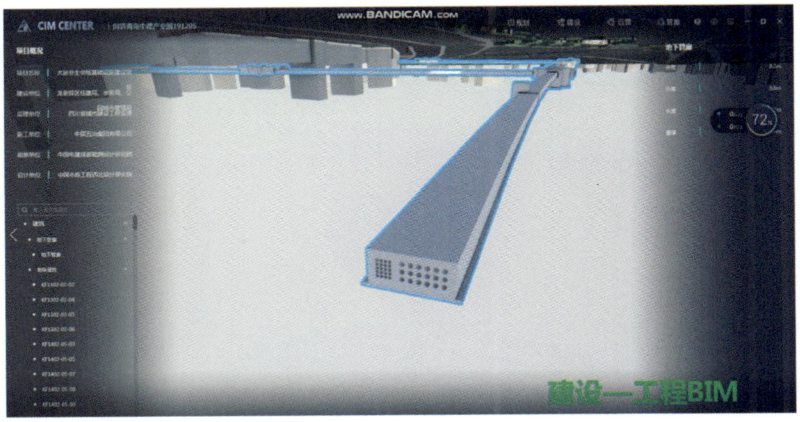

图 9.4.3 智能建设应用示意
Figure 9.4.3 Intelligent Construction Application

9.4.3 智能管理

智能治理模块的研发目标是依托大数据智能监测与分析技术，可以在 CIM 中枢实时掌握城市运行管理能源消耗数据、环境统计数据、社会公共服务设施配建数据等关键指标及数据，并且对重大事件进行监控指挥决策，具体功能包括资产管理、运行数据管理与事件监控（图 9.4.4）。

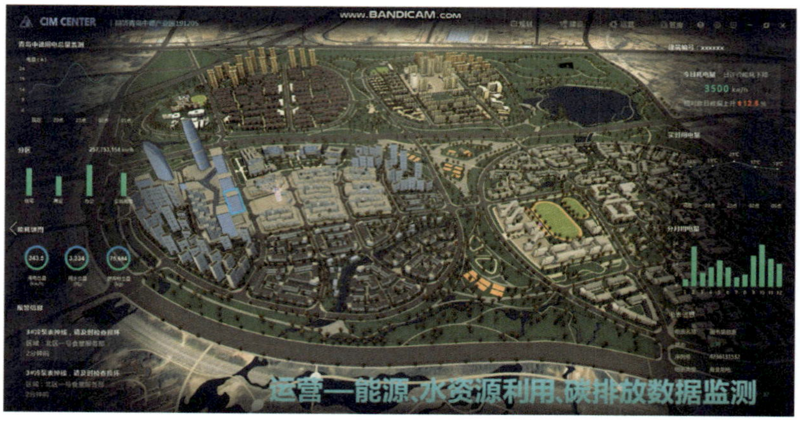

图 9.4.4　智能管理应用示意

Figure 9.4.4 Intelligent Management Application

9.5 中德未来城 AI 中枢的环境建设

The Environment Development of AI City Pivot of Qingdao Sino-German Future City

借助混合增强智能实现面对城市各种问题的人机协同决策。混合增强智能着力在人工智能系统当中发挥人的作用或者借鉴人的认知模型。基于混智技术，青岛中德未来城 AI 城市中枢将交通、用电、供水、降雨等城市实时数据直接导入系统，通过数据面板和三维模型等方式进行可视化展示，并提供可供人互动操作的控制面板对各项设施和资源进行即时查看和调节，在应对城市问题时进行混合增强智能下的人机配合和决策。

青岛中德未来城 AI 城市中枢位于青岛市黄岛区，建筑面积 340m^2（图 9.5.1）。城市中枢由控制中心、数据中心、能源中心和后台保障系统组成（图 9.5.2）。

图 9.5.1　青岛中德未来城 AI 中枢交互系统实景照片

Figure 9.5.1 Scene of Qingdao Sino German Future City AI City Pivot

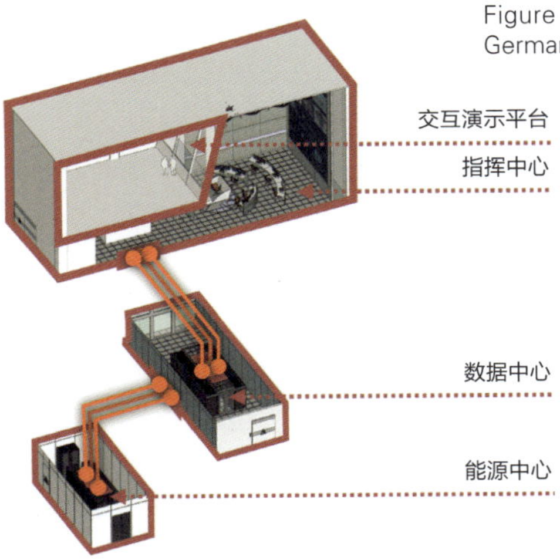

图 9.5.2　CIM 中枢环境建设模块

Figure 9.5.2 Environment Construction Module of CIM Center

吴志强

中国工程院院士，德国国家科学与工程院院士，瑞典皇家工程科学院院士，同济大学教授

城市中枢包括城市大脑、小脑和中枢神经系统。此外还应当构建城市的迷走神经系统，形成完整的智能城市三级技术体系。

通过架构硬件环境及 CIM 城市智能平台系统，在定量发掘城市规律，模拟推演优化城市空间布局方案，创建智能规划、建设、管理方法系统等方向取得了重要突破。

中德未来城 CIM 平台于 2018 年 5 月正式立项研发，配套的设备及环境同步启动建设，同年 10 月，运营指挥中心（称为 CIM Center）实体完成建设，AI 中枢初步落地，成为中德未来城数字化发展的一项重要成果（图 9.5.3、图 9.5.4）

图 9.5.3　智能交互操作平台
Figure 9.5.3 Intelligent Interactive Control Panel

图 9.5.4　中德未来城运营指挥中心的设备机房
Figure 9.5.4 Equipment Room of Application in CIM System of Qingdao Sino-German Future Park

参考文献

[1] 吴志强，甘惟，臧伟，等. 城市智能模型（CIM）的概念及发展 [J]. 城市规划，2021，45（4）: 106-113，118.
[2] 吴志强，韩婧，滕雨薇，等. 青岛中德未来城——循律鼎新 致爱家园 [J]. 生态城市与绿色建筑，2018（2）: 27-33.

第 10 章　上海金鼎聪明城市：人工智能城市的规划

CHAPTER 10

CASE: SHANGHAI JINDING SMART CITY

10.1 上海金鼎聪明城市：基本情况

Shanghai Jinding Smart City: Introduction

上海金鼎位于上海外环线以内、浦东北部中心空间，是中心城少有的大面积整体开发用地。同时邻近外环线、五洲大道，以及两条轨道交通线穿越，拥有非常优越的对外交通。

金鼎与外高桥保税区仅隔五洲大道，处于外高桥和金桥两个国家级开发区的南北中心位置，具有天然的产业服务配套区位优势。地区将结合金桥支柱产业成为新一代的交流和创新中心，并将是一个可持续发展的宜居、宜业、宜乐的多功能综合城市空间。

基于智慧城市研究成果和全球建成城市案例数据库，应用 AI 城市先进思想和 AI 前沿技术，把金鼎社区作为未来城市的新城单元，通过顶层设计的研究，对接上海智慧城市发展战略，结合浦东新区暨金中环与金桥地区城市与产业发展需求，以 AI 技术赋能进而实现空间营造的数字化转型、功能要素的数字化转型、资源配置的数字化转型、城市运营的数字化转型，为未来城市社区提供可推广、可复制的样板路径（图 10.1.1）。

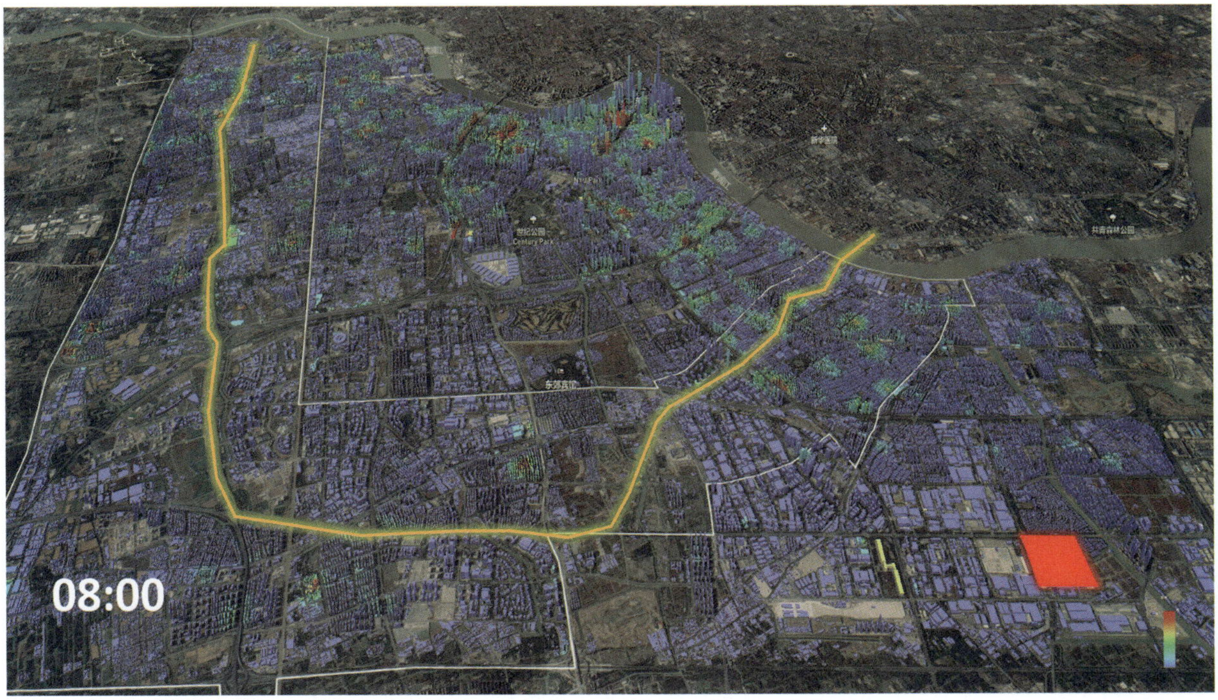

图 10.1.1　金鼎及周边地区现状诊断：城市热模显示现浦东沿中环两侧极其缺乏都市生活，急需在金环布置都市生活绽放中心，以满足浦东科技创新人员都市生活的迫切需求

Figure 10.1.1 Diagnosis of the Current Situation in Jinding and the Surrounding Area: the Urban Heat Model shows that there is an extreme lack of urban life in Pudong along both sides of the Central Ring, and there is an urgent need to set up an urban life blooming center in the Golden Ring to meet the urgent demand for urban life of Pudong science and technology innovators

10.2 百姓需求的智能感知

Intelligent Perception of the Needs of the People

对金鼎及周边地区工作生活近百位居民进行采访，问题包括：最需要什么？认为金鼎现状最缺什么？采访结果通过 AI 进行智能分析和任务画像，凝练出以下四个层次的需求，具体包括：

（1）基本生活需求。在这一板块，受访者主要提及交通便捷、设施齐全、居住和生活较为方便，且额外提到医疗、娱乐、停车和健身等基础需求。

（2）社区活力需求。这一部分的重点在于构建一个有品质、有活力的和谐社区，居民可使用社交休闲、社区服务和设施智能，但同时也要有边界感、安全感。

（3）产业经济需求。这一板块提到需要有企业支撑，有土地，有配套产业，有工作岗位。同时，政府要懂管理、知运营、有规划。

（4）精神魅力需求。在安居乐业的基础上，金鼎板块也需要满足有自己的文化潮流，体现上海特色。同时，不同于上海其他区域，体现别样的区域吸引力、创造力。

这些需求结论（图 10.2.1）为后期金鼎的顶层规划设计提供了科学和有力的支撑。

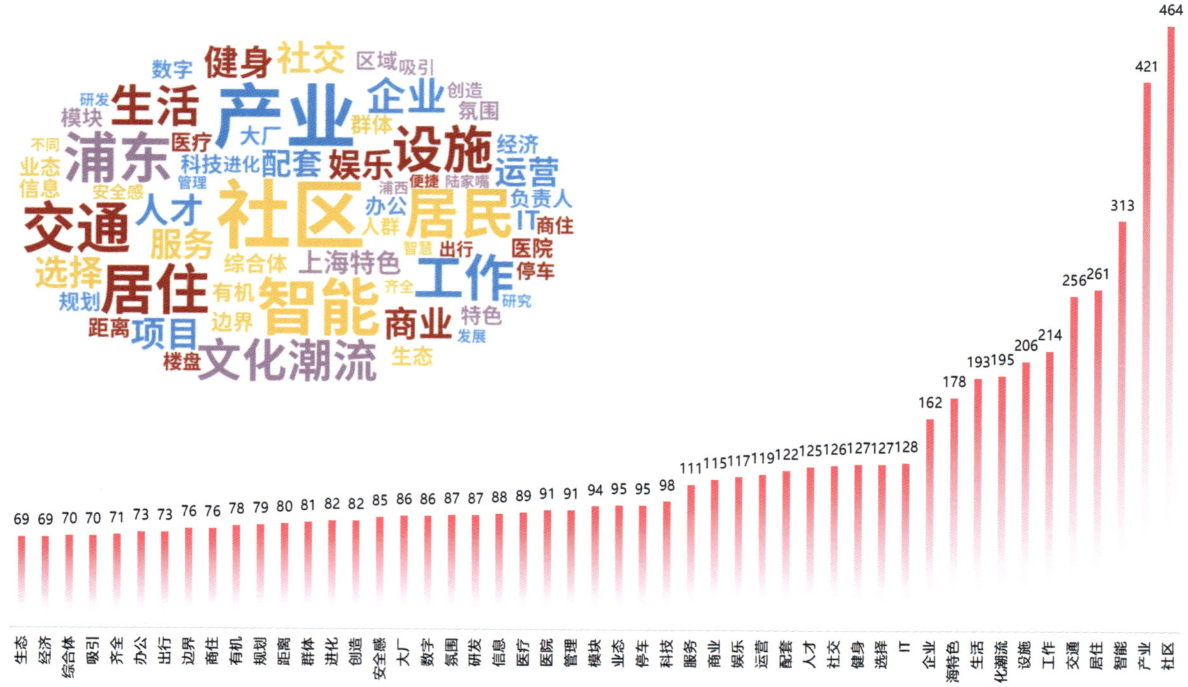

图 10.2.1 百姓需求智能感知。依托 AI 技术对金鼎接受采访的百姓需求进行科学的、精准的感知。其中，被提到的 TOP3 关键词分别是：社区、产业和智能

Figure 10.2.1 Intelligent Perception of Citizens' Demands. Relying on AI technology to scientifically and accurately perceive the needs of invterviewees. The top 3 keywords are: community, industry, and intelligence

10.3 AI 赋能金鼎空间、功能、配置、运营数智化提升

AI Enabled Space, Function, Allocation and Operation with Digital Intelligence in Jinding

亮点一：聪明的空间

金鼎城市空间从物质空间到社会空间，再到数字智慧赋能的空间，实现空间开发模式的革命性迭代（图 10.3.1）。

聪明的三元城市空间的构建强调通过“以人为本”获取城市居民需求，以及通过政策设计、空间设计、活动设计等手段进行人工干预，与传统一元、二元城市的构建相比，仍具有一致性与延续性。

而与此同时，随着互联网、5G 通信等信息与通信技术（ICTs）的发展，在物质城市之上出现了叠加的数字城市，大量数据的产生提供了全新的认识城市的方式，丰富了作为设计对象的“人”的内涵，也对数据的产生、获取、分析提出了新的要求，从而进一步丰富了设计的手段。

聪明的三元城市空间的塑造正是人、技术、设计三者的集成搭接，三者互为支撑、持续学习、升级迭代，让城市更懂人的需求，为人提供更美好的城市生活。

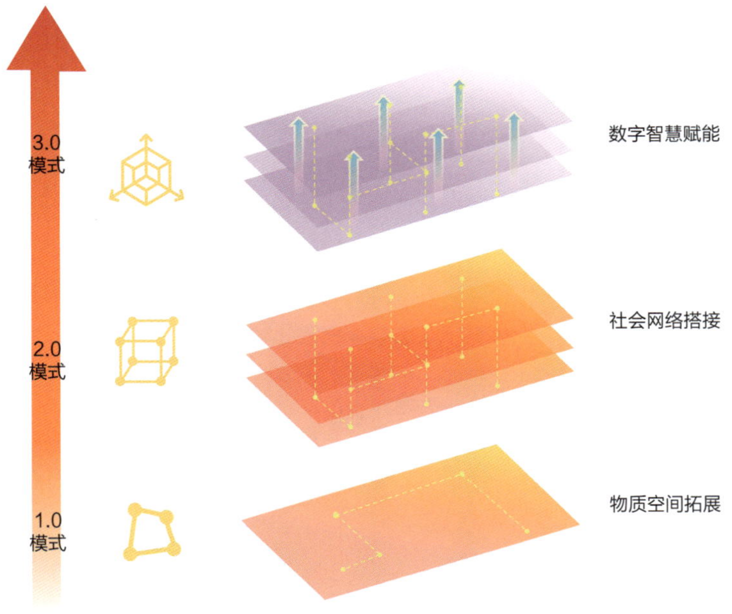

图 10.3.1　城市街区开发模式迭示意

Figure 10.3.1 Schematic diagram of Iteration of Urban Block Development Mode

亮点二：聪明的要素功能

基于深入的金鼎用户需求调研，将经济、治理、产业经济三个金字塔层级的需求，对应在聪明生活、聪明治理、聪明经济三个要素领域进行智化提升（图 10.3.2）。

（1）聪明的经济。汇集金鼎聪明社区的未来发展动力。经济领域智化提升与空间落位相结合，主要包括产业要素、创新要素、商业要素 3 个部分。产业要素落位在为城市发展提供动力的生产性空间；创新要素落位在具有研发功能的城市空间；商业要素落位在居民购物、休闲和消费的城市空间。

（2）聪明的治理。汇集金鼎聪明社区的未来发展韧力。治理领域智化提升与空间落位结合，主要包括自然要素、交通要素、基建要素、治理要素 4 个部分。自然要素落位在城市的生态和绿化休闲功能空间；交通要素落位在日常出行交通所需要的城市空间；基建要素落位在支撑城市生命系统运转的基础设施空间；治理要素落位在用于城市治理的办公区域。

（3）聪明的生活。汇集金鼎聪明社区的未来发展活力。生活经济领域智化提升与空间落位相结合，主要包括居住要素、教育要素、医疗要素 3 个部分。居住要素落位在城市家园和市民生活的社区；教育要素落位在提供教育和培训功能的城市空间；医疗要素落位在提供各级医疗服务的城市空间。

亮点三：聪明的资源配置

金鼎聪明城市街区尺度十元 POI 三维立体推演。

金鼎社区未来的功能要素配置，不仅关系到生产、生活享有设施服务的公平性，更重要的是，在政府投资有限的情况下，将其服务的效用最大化，尽量使最多的居民受益，同时吸引更多的人在该区域从事生产、生活活动，汇聚人气。

以人工智能技术配置金鼎“绿、治、住、行、商、医、教、产、基、创”十元功能平衡的布局模式，采用城市元空间单元算法，完成集约利用建设用地，将部分相互协作的公共服务设施混合叠建，达到功能复合，建设“一站式服务社区综合体”（图 10.3.3 ~ 图 10.3.5）。

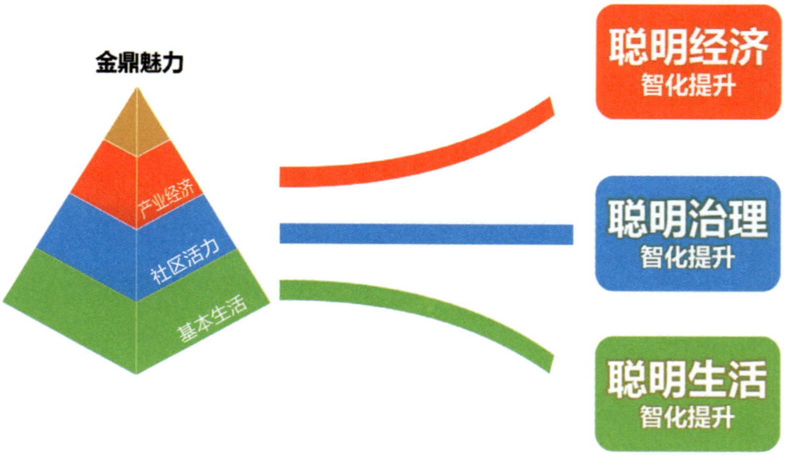

图 10.3.2　需求调研金字塔与智化应对
Figure 10.3.2 Demand Pyramid and Smart Response

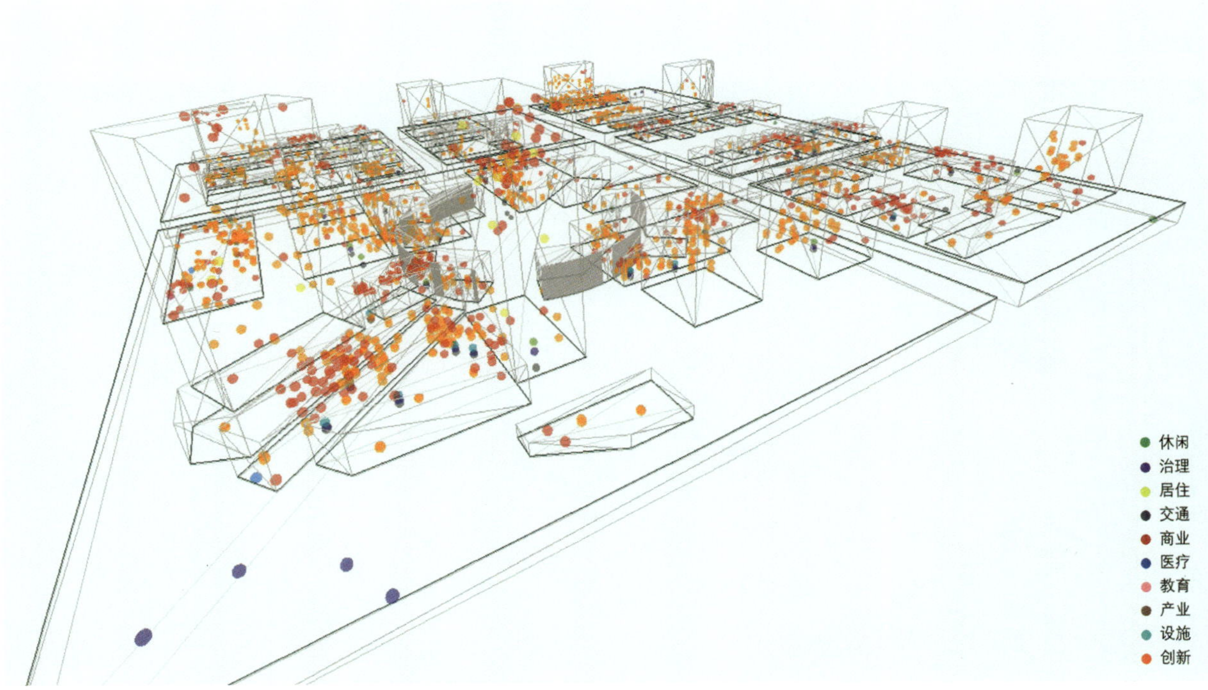

图 10.3.3　金鼎聪明城市街区尺度十元 POI 三维立体推演
Figure 10.3.3 Jinding Smart City Neighborhood Scale Ten functions POI 3D Prediction

图 10.3.4　家园中心
Figure 10.3.4 Jiayuan Center

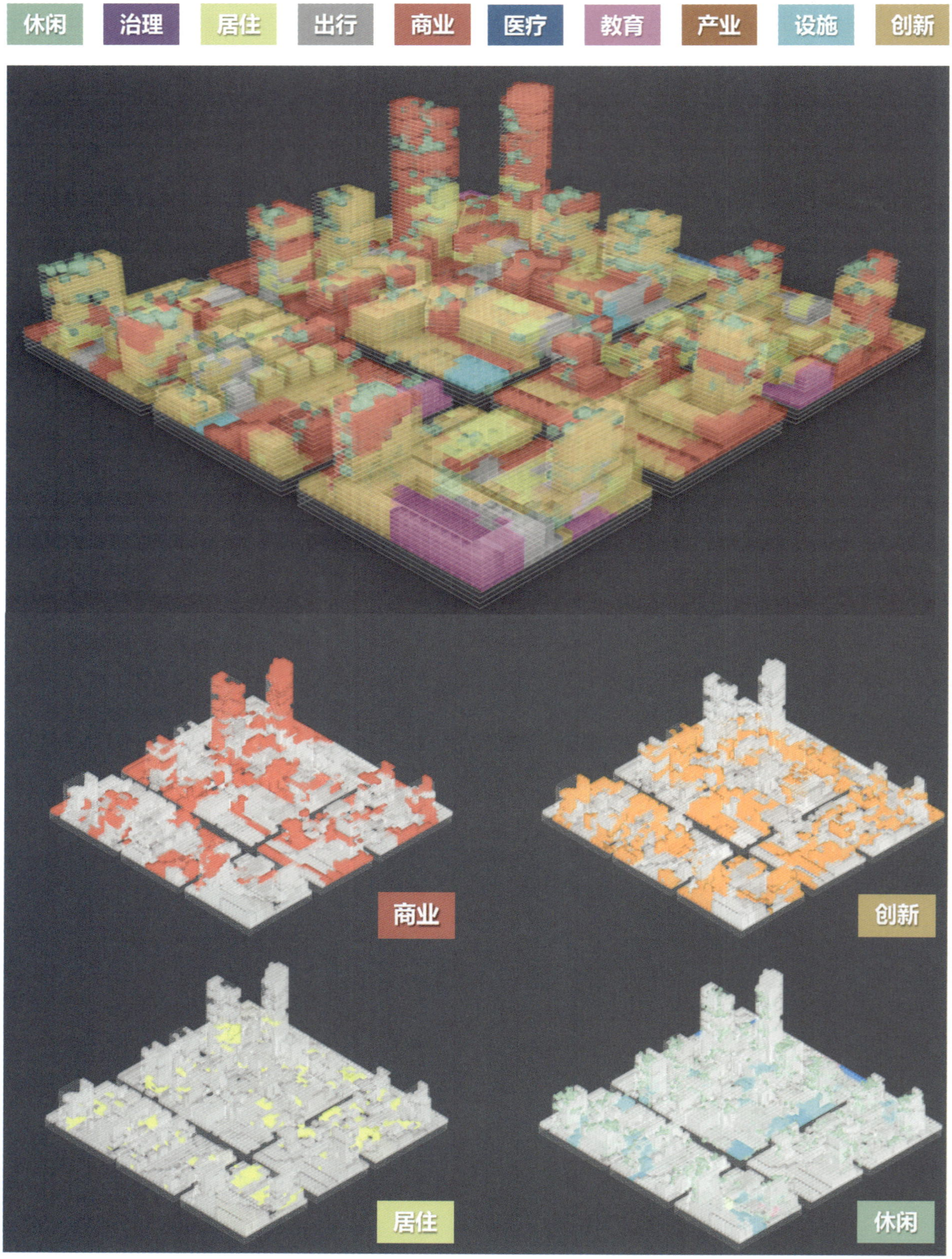

图 10.3.5 金鼎建筑功能单元细化

Figure 10.3.5 Jinding Building Functional Unit Refinement

亮点四：聪明的城市运营

架构金鼎数据库群，形成新型数字生态。

金鼎数据库群（图 10.3.6）向上对接金桥镇、浦东新区、上海市数据总库；向下建立项目内部各系统数据分库，融通每个家庭单元的数据微单元。架构数字三维城市 CiMA 模型，融合建筑、绿地、道路、河流、地形五类要素，并拓展产业、创新、绿色、治理、居住、出行、商业、医疗、教育、设施等细致全面的城市内部信息，升级至 CiMA2.0。以此为标杆，对标国际都市，引领业界标准。

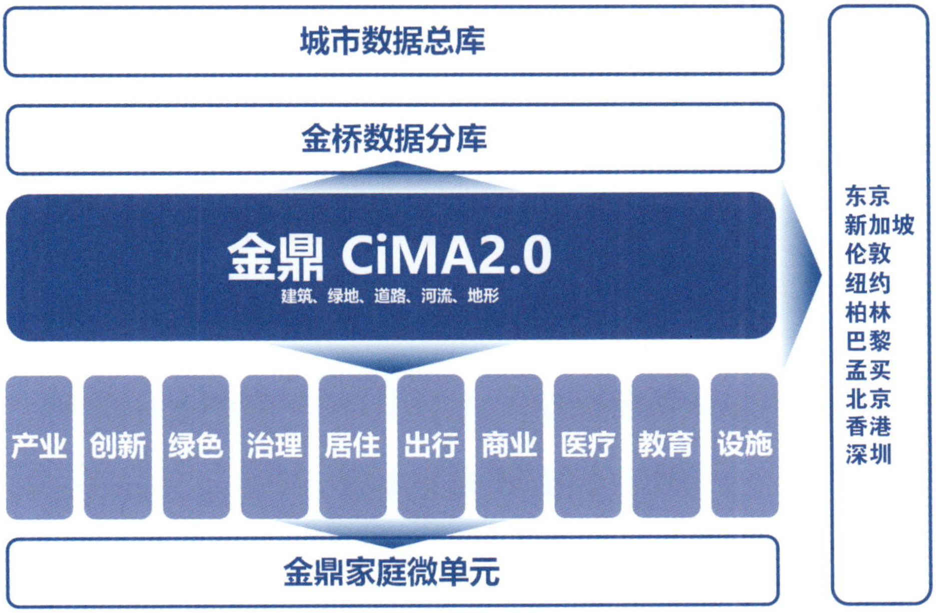

图 10.3.6　金鼎数据库群架构示意

Figure 10.3.6 The Structure of Jinding CiMA

10.4 金鼎 AI 场景创新集成
AI Scenario Integration Demonstration

从大量场景中遴选出九大 AI 场景在金鼎进行创新集成示范，具体包括生活智服（生活服务）、商业智配（商业）、慧吃慧喝（餐饮）、在地慧学（教育）、普惠智医（医疗）、智调慧行（交通）、绿智家园（生态）、能源智管（能源）、慧安智全（安全防灾）（图 10.4.1）。

场景 1：生活智服

金鼎面向居民最关心的居住、停车、物流、环境、运动等社区生活的方方面面，依托智能图像识别、自然语言识别、客户偏好学习、日程规划等人工智能算法，不断优化对社区居民生活需求的定制化学习，逐步完善每个居民个体的用户偏好画像，丰富并简化居民与社区交互的方式，提供全方面的生活智能服侍服务（图 10.4.2）。

场景 2：商业智配

金鼎 AI 商业空间智配中心（图 10.4.3）包含用户端、商家端、管理端，构建完整的线上生态，精准捕捉客流、资金流、物流变化，对商业空间利用进行持续优化。

场景 3：慧吃慧喝

金鼎 AI 食堂具备烹饪制作、菜品识别、温度感应、新鲜度识别、展示搭配、视觉识别结算等功能，全生产流程自动化、数字化、可追溯，集存储、接单、生产、打包、节能等功能于一体，无须人员值守。AI 系统还能进行菜品的营养搭配推荐，为老年人、白领等不同的人群提供定制化餐品选择（图 10.4.4）。

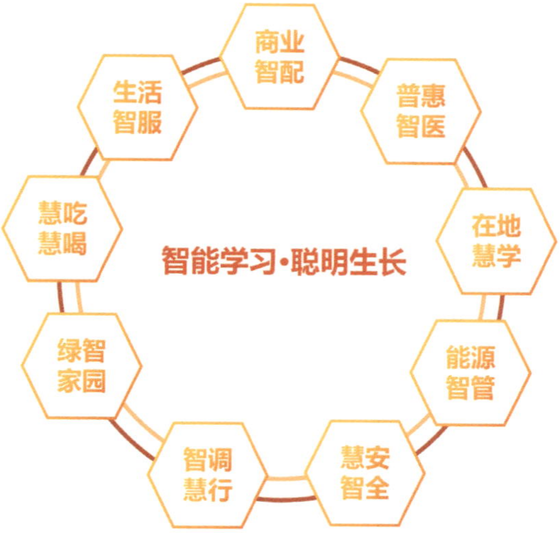

图 10.4.1　金鼎 AI 场景集成示范示意
Figure 10.4.1 AI Scenario Integration Demonstration

图 10.4.2　定制化生活智能服侍
Figure 10.4.2 Customized Life Smart Service

图 10.4.3　AI 商业空间智配中心

Figure 10.4.3 AI Business Smart Allocation

图 10.4.4　智能吃货街

Figure 10.4.4 Smart Eatery Street

场景 4：在地慧学

金鼎通过搭建智慧云信息系统平台，实现覆盖线上线下的便捷教学服务、构建泛在化数字学习空间等（图 10.4.5）。在已有课堂教学的基础上，通过智能化的手段扩展学生学习的场景，并实现智能教学支持、智能行为测评及智能情感辅助教学等，借助人工智能技术提升教育智能化水平。依托 WUPEN 世界规划教育组织平台，与全球知名院校合作，建立教育资质互认网络，实现在地即可读遍天下书的便捷体验，形成金鼎独有的教育品牌与资源优势，广聚世界人才。

图 10.4.5　在地慧学 AI 实验室

Figure 10.4.5 Study in Place AI Lab

场景 5：普惠智医

依托金桥 5G+ 超高清视频产业示范基地，搭建面向全片区的“智慧医疗云平台”（图 10.4.6）。

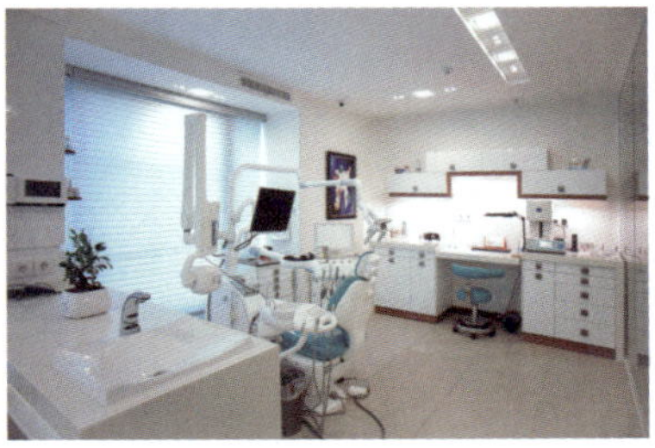

图 10.4.6　智能医疗普惠化应用

Figure 10.4.6 Smart Medical Applications

一方面，平台可依托互联网、5G 通信、人工智能等先进技术，链接国内外先进的各类专科医院，实现远程病理诊断、实时高清视频取材指导、人工辅助诊断等。金鼎居民不必出远门，就可以享受到国际权威的医疗专家的专业知识和护理方案。

另一方面，云平台可以为金鼎居民建立健康档案，居民可以通过家内感知设备与个人智能健康助手，对自身健康情况进行持续监测与自我评估。

场景 6：智调慧行

依托金桥未来汽车研发基地、5G 产业生态圈，金鼎致力打造集感知、通信、计算于一体的智能化交通体系。

智慧交通系统不仅局限于城市道路中的无人驾驶车辆，更应囊括无人短驳车、智慧公交、智慧停车、智慧慢行等多个维度。连接智慧泊车、智能网联监管、泛在连接的智慧道路等多项技术，打通交通的各个环节。实现 5G 通信、边缘计算、人工智能与智能网联汽车和智慧交通等技术的融合发展。构建一体化、全方位的智慧交通体系，实现基础设施、交通管理、车辆、行人、道路的有机融合，建设能感知、能学习、能反应的城市交通系统（图 10.4.7）。

图 10.4.7　智慧交通系统

Figure 10.4.7 Smart Transportation System

场景 7：绿智家园

金鼎建设碳中和社区，依托绿色技术实现家园用能最优。

布设家园人类活动、产业活动、自然活动等全方面感知，建设碳中和绿色家园平台，实现 $1km^2$ 内碳排、碳汇的实时计算，科学辅助碳中和城市设计布局优化、城市用能平衡、城市活动引导（图 10.4.8）。

场景 8：能源智管

金鼎智慧能源管理运维平台（图 10.4.9）结合实际环境建立全方位的感知系统，集合多元数据，形成自感知、自诊断、自决策的系统，及时发现、预测管网问题，协助管理者做出决策，以实现精准配比、高效低碳的目标。

场景 9：慧安智全

金鼎通过完整的平台体系，减少人工作业的反复、执法力量不足的困难，达到随时应急、高频作业、智能化管理等目标，满足城市综合治理的自动化、智能化、精细化等发展需求（图 10.4.10）。除此之外，还可作为金鼎机器人产业创新基地的代表性落地应用场景。

图 10.4.8　碳中和绿色家园平台

Figure 10.4.8 Carbon Neutral Green Jiayuan Platform

图 10.4.9　智慧能源管理运维平台

Figure 10.4.9 Smart Energy Management Operation and Maintenance Platform

图 10.4.10　智慧城市安全预警平台

Figure 10.4.10 Smart City Safety Warning Platform

第 11 章　台州梦创园：智能场景与空间

CHAPTER 11

CASE: TAIZHOU INNOVATION PARK

11.1 台州梦创园：基本情况

Taizhou Innovation Park

11.1.1 台州工业 4.0 城市

面向未来产业变革，台州探索建设工业 4.0 城市，聚焦人工智能、大数据、物联网等技术在产业及城市中的智能应用，编制台州工业 4.0 城市概念规划。规划通过对先进国家和先进地区的系统研究，依据台州实际，从全局把握“工业 4.0”标准，为台州打造“工业 4.0”标杆城市制定总体框架，明确整体思路，提供战略目标和可操作路径，提出工业 4.0 标杆城市战略系统（图 11.1.1）。

在顶层战略层面提出智造网络、人才汇聚、创新生态三大突破战略，在品牌战略层面提出现代治理、文化开拓、铸就品牌三大战略，在支撑战略层面提出智能空间、科创家园、智能基建等支撑战略。

运用 AI 技术，结合工业园区场景与未来创新需求，基于新的工业 4.0 城市空间新模式，通过机器学习，智能设计未来产业空间新场景（图 11.1.2）。

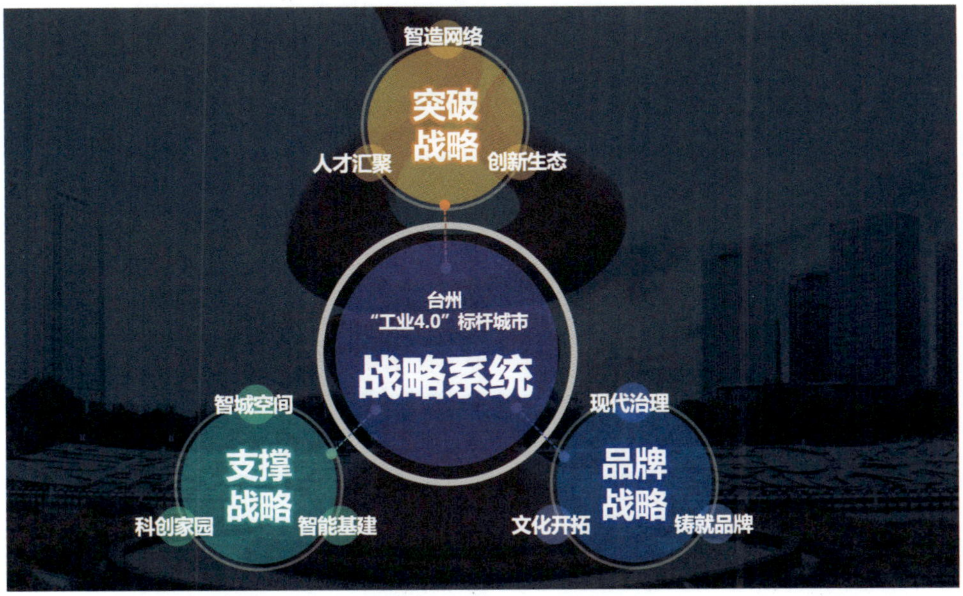

图 11.1.1　台州工业 4.0 城市战略系统

Figure 11.1.1 Taizhou Industry 4.0 Urban Strategic System

新模式
New Mode

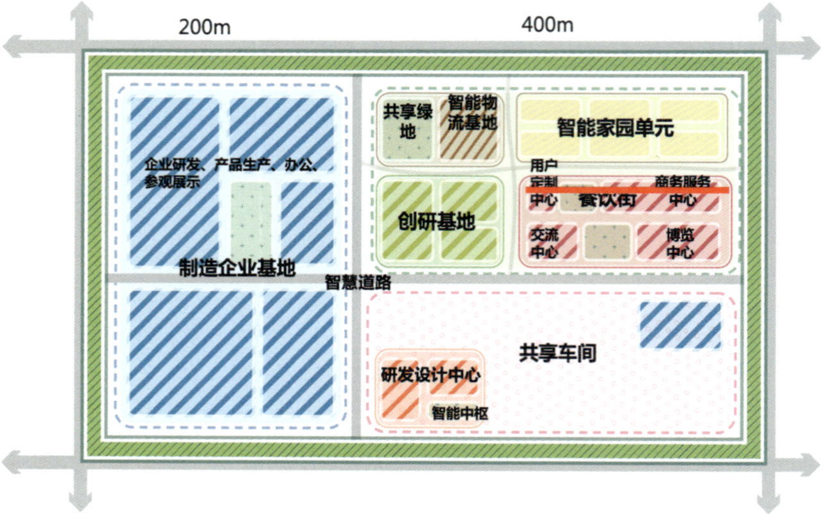

新场景
New Scene

图 11.1.2　台州工业 4.0 城市产业空间新模式
Figure 11.1.2 Taizhou Industry 4.0 New Model of Urban Industrial Space

11.1.2 台州工业 4.0 首建区——梦创园

黄岩区隶属浙江省台州市，位于浙江黄金海岸线中部，全区总面积 988 平方千米，近 50 年发展迅速并摘得多项荣誉，如全国综合实力百强区。它的模具行业也从零星的小作坊发展到现今拥有 3 000 多家企业的规模，年产值超百亿元，成为国内模具企业最密集的区域，是浙江省 20 个产业块状经济转型升级示范区试点单位之一，名副其实的“模具之乡”。但在这些荣誉背后，黄岩产业中存在的隐患也正随着黄岩产业的快速发展浮现。黄岩产业目前所面临的最大问题便是处于产业末端的尴尬位置，属于缺乏独立自主品牌的中间厂商，无法直接接触消费者，产业的集聚度很低，难以形成规模效益，导致产业转型内在动力上缺乏内驱，无法推进产业转型。这样的无序发展带来的是诸多产业多年发展迟缓导致产值效益极低、环境污染严重破坏原有生态的恶果。

为了解决黄岩区目前存在的重大问题，在台州市政府的领导与黄岩区委区政府的指导下，同济大学吴志强院士团队提出了“永宁江科创带总体战略”的解决方案，即牢抓台州“一江两岸”的新时代重要城市发展战略，选取台州对外交流的窗口、历史与未来的交汇点、永宁江与椒江交汇处的江口、具有大量工业遗存的台州旧工业区作为台州工业 4.0 首建区，代表台州面向未来、积极创新、成为全国“工业 4.0”标杆城市。为了达成“永宁江科创带总体战略”，解决黄岩产业面临的核心问题，吴志强院士团队选择了对黄岩境内城市问题最严重、工业发展最衰败、生态环境最恶劣的“城市毒瘤”黄岩码头工业区进行了大刀阔斧的改革，本着破茧成蝶的精神，选址几十年间产业模式单一、产值提升缓慢、污染周边环境严重的水泥制品加工厂进行工业改造（图 11.1.3）。

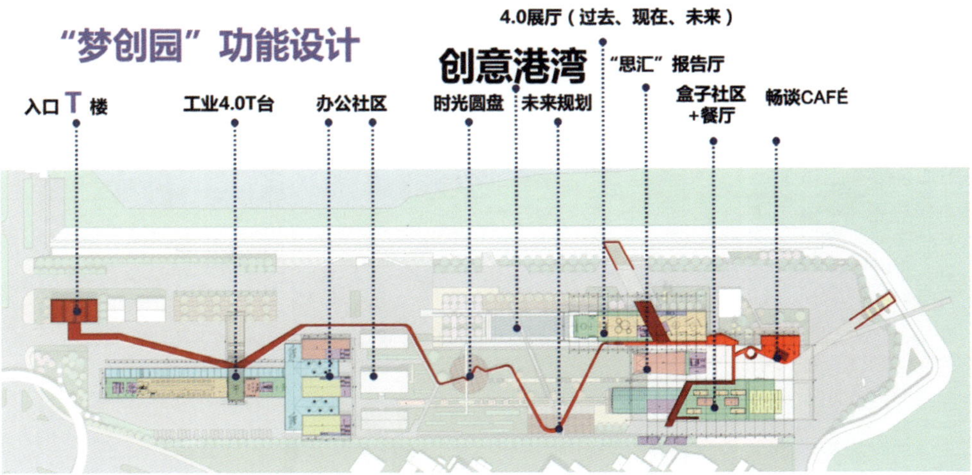

图 11.1.3　台州梦创园设计
Figure 11.1.3 The Design of Taizhou Innovation Park

11.2 产业转型

Industrial Transformation

11.2.1 概述

在台州“工业4.0城市”总城市建设目标的引领下，黄岩区创新建设了工业4.0首建区——台州梦创园。同济大学吴志强院士团队操刀改造这一江畔重工业污染区域，一百天旧貌换新颜（图11.2.1～图11.2.3）。

台州梦创园聚焦工业园区与社区的有机联动，创新4.0空间形态与组织方式，以创新源头助力工厂硬件、软件协同激活，实现工业园区和社区的多维升级。打造AI园区4.0，

图 11.2.1　台州梦创园改造前

Figure 11.2.1 Before Regeneration–Taizhou Innovation Park

图 11.2.2　台州梦创园改造中

Figure 11.2.2 In Regeneration–Taizhou Innovation Park

图 11.2.3 台州梦创园改造后
Figure 11.2.3 After Regeneration–Taizhou Innovation Park

更注重产业生态和跨界要素的链接，形成各主体深度链接、相生互动的平台生态网络。同时，在社区 4.0 层面，在移动互联网、物联网和大数据等新一代信息技术支撑下，日益封闭的小区和独立的生活空间被泛在的网络重新联系在一起，构建起了一个不再受制于家庭、小区边界的生活圈生活模式。

创新源动力工厂侧重从生产、生活、生态与人、物、数的全方位打通，进行需求直连，推动设计生产。

梦创园选址黄岩区椒江沿岸水泥工厂，经过 100 天的加速度改造建设，首建区落成，植入工业 4.0 T 台、办公社区、时光圆盘、创意港湾、未来规划、“思汇”报告厅、盒子社区 + 展厅、畅谈 CAFÉ 等功能，焕活新场景。

同时，梦创园集成智慧园区管理系统，建设数字孪生平台，实现园区实时更新、动态监测。

运用AI技术，梦创园场地可智能感知人的情绪与行为，实现喷泉、灯光等物理设施与人实时联动，万物可感、万律可循、万象维新，以感知实现永续创新，激发未来场景体验。

11.2.2 设计创新点

（1）把原来零散、破败的工厂毒瘤变成梦想起航、创意迸发之地。

（2）生态修复，还自然为景致。

（3）全园区智慧未来，情绪感知，首次实现园区幸福指数实时观测、反馈。

（4）建筑中保留大量原始工业遗产，架设空中廊道。

（5）利用原有机理，借助行车轨道，添加光影雾森等数字艺术装置，并可实现人脸识别，智慧推送。

（6）借助小程序实现多复合空间创意互动，线上线下集合，成为未来台州创新引擎。

11.2.3 技术创新点

（1）景观提升。由于台州梦创园前身是发展滞缓、功能单一的水泥制品加工厂，所以园区周边的原生生态受到了严重的影响与污染，甚至由于废料排放处理的不规范，园区内的气味刺鼻难闻。因而在园区硬件方面的创新首先是景观提升。依靠水岸的自生植物与水生植物合理排布种植芦苇（84 495平方米）、红蓼（118 555平方米）、菰（72 043平方米）、千屈菜（33 437平方米），进行水的自然治理以恢复水岸生态，重现31.6公顷绿植生态，展现黄岩外滩的美丽风景。

工业4.0并非一味地将之前的一切全部抛弃，而是保留其原有的重点特征，在破立之间选取平衡，彰显其原有的宝贵历史痕迹，展现创新与提升。经过缜密的场地梳理，台州梦创园保留了原水泥制品加工厂有价值的建筑及结构并对其进行改造。如图11.2.4所示，由象征台州“丝绸之路”的路引带贯穿，这些保留的部分脱胎于原先结构功能单一的水泥厂厂房与厂房部件，与灯光多媒体、园区绿植有机结合，变为林荫广场、时光圆盘、创意港湾、未来舷窗、寻梦之径、水泥森林等独具特色的园区区块，显示着新与旧的完美结合，凸显台州梦创园的独特魅力。

（2）室内改造。如何将一个职能单一的工厂空间转变为一个复合型、具有生命力的创新空间，是本次改造的重中之重。为了达成此目标，台州梦创园打造了可进行工业产品展示的工业4.0 T台、展现黄岩工业历史与未来的数字交互展区、创新与知识相交融的全景演绎论坛大厅、生态与工业有机结合的竹钢结构生态餐厅、不同盒子不同功能的开放办公区域盒子社区等，这些职能各不相同的区域作为答卷。它们使整个园区的各项功能汇聚成了一个整体，将展示、交互、探索、演绎、休闲、办公等多种元素有机结合，使园区从单一走向了繁复，成为完整的链路。台州梦创园实现了产品从厂房走向舞台，体现了工业4.0关联的特征，也展现了工业4.0园区的活力。

图 11.2.4　台州梦创园实景

Figure 11.2.4 Taizhou Innovation Park

11.3 AI 赋能空间创新

AI-Enabled Space Innovation

11.3.1 模式创新点

打破原有的仅仅从空间设计入手的模式，创新地把技术、运营、线上线下结合。从工业、园区、社区三个方面进行多维改革，运用创新手法使园区从发展滞缓、功能单一的工业 1.0 迅速提升为工业 4.0，进行了一次有效的尝试，成功为工业 4.0 要素复合、园区产业数据中枢建设、区域三生融合有机更新提供了实施样板，成为引领全面打造具有台州地域特色的工业 4.0 标杆园区。创新由梦而起，梦想由创造而成，以梦起源，以创革新，台州梦创园工业 4.0 首建区便是因此而成，因此而命名。

11.3.2 运营创新点

平台生态网络是工业 4.0 不可或缺的一部分。为此，台州梦创园利用电子商务技术、大数据技术和云计算技术搭建公共服务平台、资源共享平台和面向市场端的展示交易平台，将人、技术、行业三者之间的紧密关联变为了可能。

（1）线上平台。台州梦创园线上平台拉近了园区与用户之间的关系，依靠平台可以在 App 上及时发布园区的信息，各个功能区块的使用情况也能及时地得到反馈，大师的灵感与想法可以在平台上分享与探讨，甚至可以直接通过平台预约会议室进行线下论坛。它提升了园区的有效利用率，将用户与园区组成了整体，为工业 4.0 人与智能园区的关系提供了新的思路。

（2）工业医生。依靠线上平台的功能，台州梦创园拓展出了“工业医生”的概念，综合黄岩技术与人才资源，提供创造跨行业工业生产场景解决方案的桥梁。利用梦创园线上平台的功能，深挖黄岩企业需求，覆盖规模用户，提供线上线下结合的工业技术咨询服务，解决企业在生产中遇到的难题。为有特殊需求的企业提供定制化的技术解决方案的途径，增强与园区的联系，提供线下实地“出诊”服务，深入一线实地解决复杂难题。

11.3.3 更新效果

靠水岸的自生植物和水生植物，园区合理排布种植芦苇、红蓼、菰和千屈菜，自然治理水资源以恢复水岸生态，重现绿植生态（图 11.3.1、图 11.3.2）。

图 11.3.1　台州梦创园改造后室内

Figure 11.3.1 After Regeneration–Indoor Scenes in Taizhou Innovation Park

图 11.3.2　台州梦创园改造后灯光秀

Figure 11.3.2 After Regeneration–Light Show in Taizhou Innovation Park

11.4 台州梦创园 AI 场景创新集成

AI Scenes Integration Demonstration

“万物可感、万律可循、万象维新”。以多元智能感知技术为基石，以 AI 智能算法、物联网技术、5G 通信技术等为支撑，激活城市空间的人群活力，发现城市空间的使用特征，从而实现城市空间的永续创新（图 11.4.1）。

在台州梦创园，通过对园区空间及使用者的多维度感知，打造“可交互的园区”与“可学习的园区”。助力梦创园激发丰富的园区活动，促进创新的规律发现，进一步迭代更新场景营造，最终溢出全球的经验推广，实现多层级跃升。

图 11.4.1　台州梦创园感知网络构成

Figure 11.4.1 Sensing Network of Taizhou Innovation Park

11.4.1　可交互的园区

场景 1：基于特征及情绪识别的音乐推荐

利用人脸识别算法，识别园区大厅交互者的性别、年龄、衣着特征以及 7 种情绪（平静、快乐、悲伤、愤怒、恐惧、惊讶和厌恶）的似然度，并结合当天的天气、节日、园区活动等特征，为其推荐一首专属背景音乐，以激活园区大厅的互动氛围（图 11.4.2）。

图 11.4.2　利用摄像头完成特征识别

Figure11.4.2 Feature Recognition with Camera

场景 2：基于动作识别的运动场

基于动作识别算法，交互者通过在摄像头前完成指定健身动作，即可得到相应的灯光与语音激励，并在达成一定成就后触发特殊灯光或喷雾效果（图 11.4.3）。

该装置通过识别交互者的年龄提出不同难度的动作要求，也可进行多人协同交互，以吸引在园区工作的创业人群及到访园区的游客多运动、多互动。

图 11.4.3　基于动作识别的运动场

Figure11.4.3 Sports Field Based on Action Recognition

场景 3：基于特征识别的水幕灯光秀

梦创园的夜间用户主要由周边居民、游客、园区工作人员与商务到访人群构成。

该灯光秀将通过识别场地周边的人群构成，从而智能判断多套灯光秀方案的表演权重，以更好地响应在场人员的观演需求（图 11.4.4）。

11.4.2　可学习的园区

场景 1：梦创园智能管理平台

梦创园智能管理平台集中采集并存储了包括园区环境、活动、访客特征等多源数据，从而实现对园区安防、停车、空间管理、能源管理、资产管理等全流程可视化管理（图 11.4.5）。

基于对此类数据的长期分析，园区得以进一步优化空间、能源、人员、资产等要素的管理利用效率，深入了解用户需求，以塑造持续生长的未来型园区。

场景 2：梦创园智慧运营辅助平台

梦创园智能运营辅助平台以辅助园区管理者和相关策划设计团队持续优化园区长期运营路径为目标，指导园区未来的设计与运营。

该平台通过持续采集园区微观空间单元的分时段功能配置与活动策划，并对空间使用后的经济效益、创新效益、活力效益进行评估，从而对园区

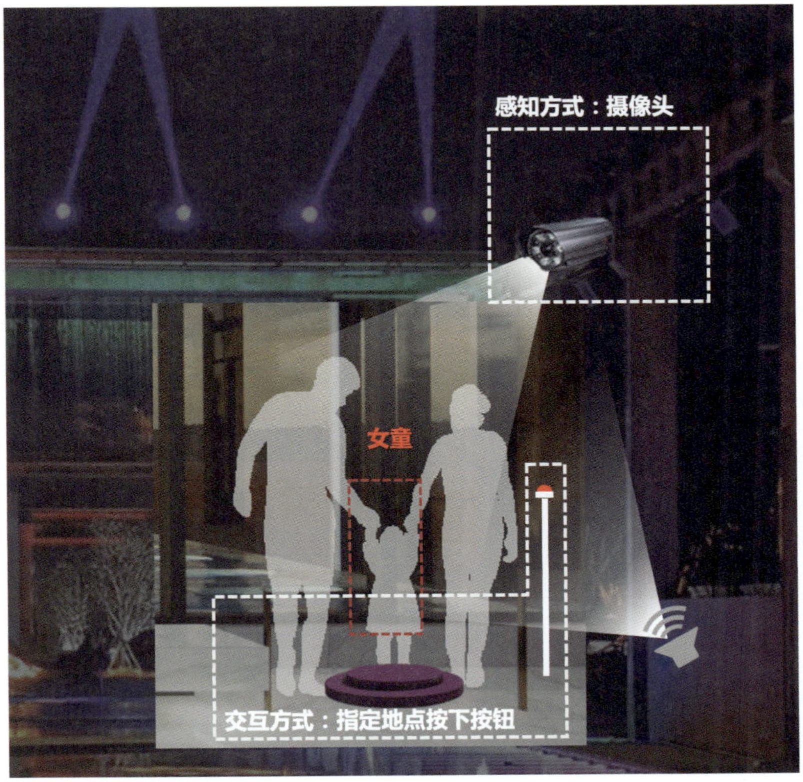

图 11.4.4　匹配不同人群偏好的灯光秀方案

Figure 11.4.4 Light Show Schemes that Match the Preferences of Different Groups of People

图 11.4.5　园区智能感知设备

Figure 11.4.5 Intelligent Sensing Devices

空间单元与功能、活动的时空组合进行模拟，最终形成园区功能、活动的类型、频次及其空间载体的配置建议（图 11.4.6～图 11.4.8）。

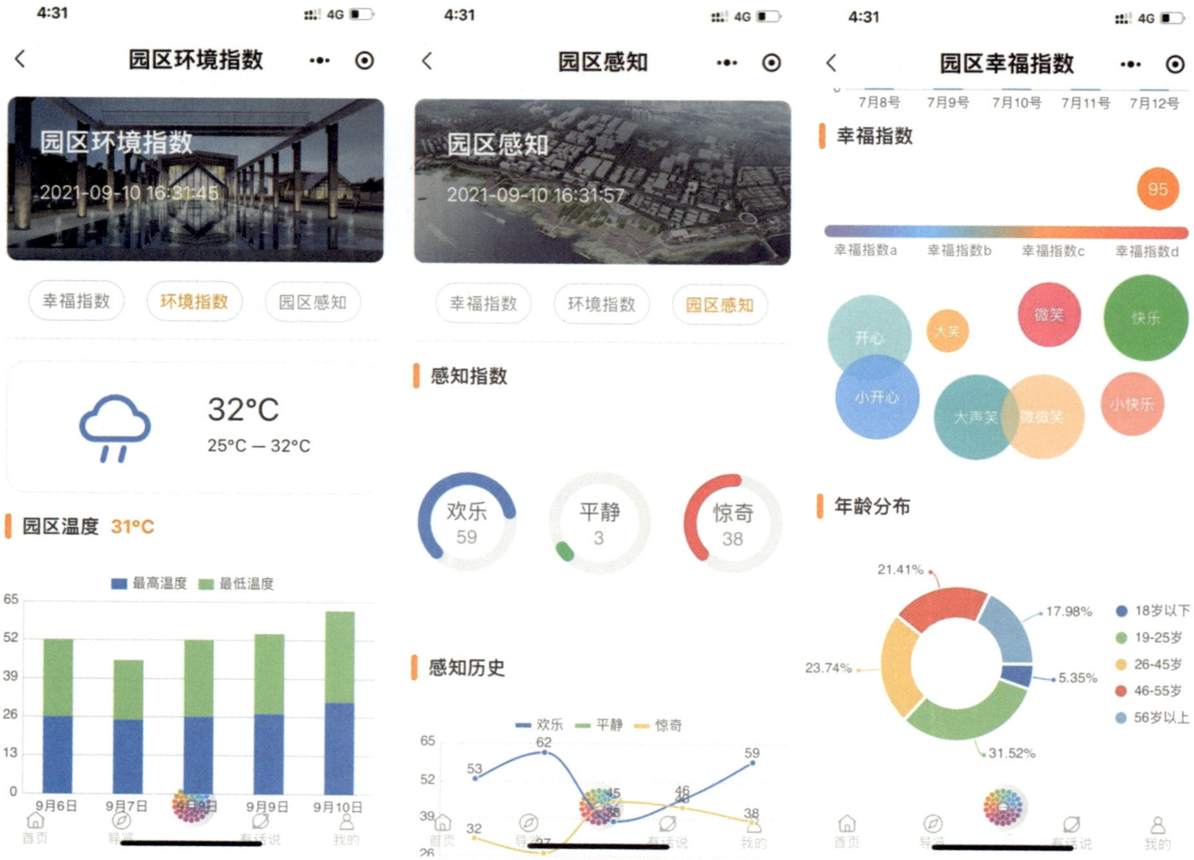

图 11.4.6　梦创园智能管理平台

Figure 11.4.6 Intelligent Management Platform of Taizhou Innovation Park

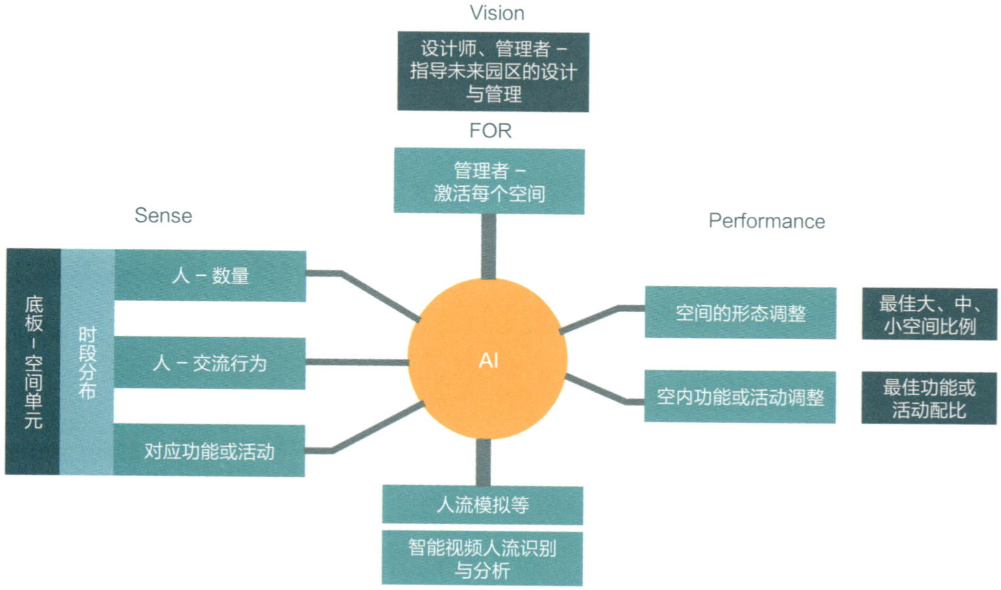

图 11.4.7　智慧运营平台顶层架构

Figure 11.4.7 The Structure of Smart Operation Platform

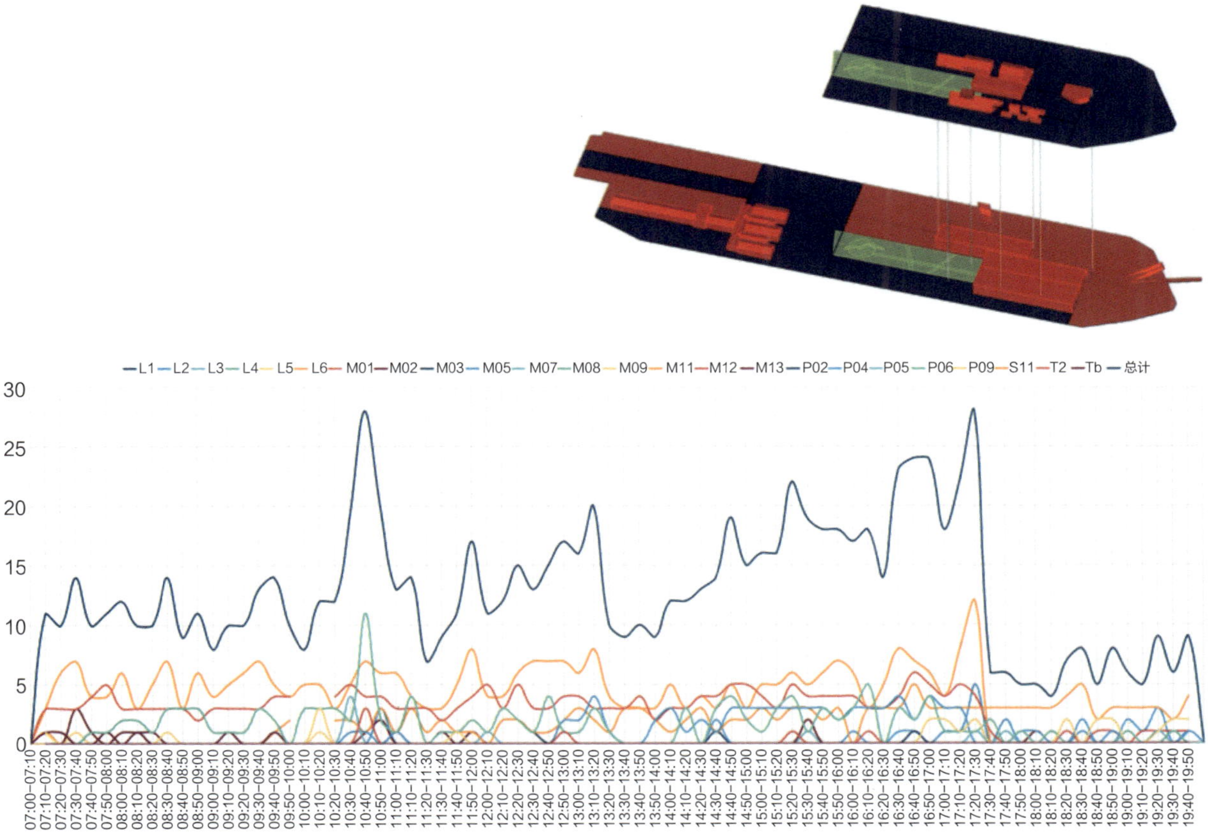

图 11.4.8　园区微观单元运营数据三维可视化

Figure 11.4.8 3D Visualization of Operational Data of Micro-units Taizhou Innovation Park

第 12 章　上海马桥：
第一个人工智能创新示范区

CHAPTER 12
CASE: SHANGHAI MAQIAO:
AI INNOVATION EXPERIMENTAL AREA

12.1 上海马桥：全国第一个人工智能创新试验区

Shanghai Maqiao: The First Artificial Intelligence Innovation Experimental Area in China

上海马桥人工智能创新试验区位于闵行区西南片区马桥镇，毗邻上海交通大学、紫竹科学园，30 分钟可达上海虹桥枢纽（图 12.1.1）。试验区总面积约 15.7 平方千米，分为应用实践区和产业发展区两大板块。

2019 年 4 月 22 日，时任上海市委副书记、市长应勇主持召开市政府常务会议，为建设人工智能发展高地、推动区域整体转型，决定推进上海马桥人工智能创新试验区建设，促进区域整体转型，制订了《推进上海马桥人工智能创新试验区建设工作方案》，打造特色主导产业推动区域整体开发的创新试验区，推动马桥试验区纳入全市“3＋5＋X”重点区域整体转型工作，通过对人工智能行业应用场景洞察，不断迭代闵行智能制造产业生态。

2019 年 8 月，马桥人工智能创新试验区被列为国家级创新发展试验区、国家级创新应用先导区，与浦东张江、徐汇滨江、临港新片区一起被列入上海建设 4+X 创新融合载体行动。

马桥是世界第一个人工智能城市的试点项目，将为人工智能技术的应用提供大量试验场景，将成为集应用示范、研发创新、展示培训、消费体验、产品生产为一体的人工智能未来城市。同时，马桥也是世界上第一个在从规划、设计、建造到运行的城市全生命周期中应用人工智能技术的新城，未来将全面实现城市各系统智能化，成为世界领先的人工智能城市。

图 12.1.1　马桥人工智能创新试验区鸟瞰效果图

Figure 12.1.1 Aerial View of Maqiao Artificial Intelligence Innovation Experimental Area

12.2 马桥将成为世界级人工智能城市

Maqiao to be a World-class AI City

马桥的定位是世界人工智能第一城。“第一”不仅体现在项目确立时间最早，同时也要求以最快的速度占领全世界人工智能城市实践领域最新的制高点。它将集聚世界级的人工智能产业集群、研发人员和团队，共同探索人工智能城市的发展可能性。马桥将致力于探索和打造智能城市生活的一系列体验样板，包括交通、医疗、休闲、教育等。为整个城市的运营管理、生态维护到软硬件的智能系统，建成集成的运行平台，以此将智能生产、智能生活和智能生态集成在第一个人工智能城市，率先实现从无到有、从有到优的突破，从而完成总书记提出的“通过人工智能让我们的生产更加成功、生活更加便捷、生态更加宜人”的目标（图 12.2.1）。

12.2.1 规划理念：共家园、智生产、智生活、智生态

在共家园方面，规划理念中提出 3 个概念包括马桥文化元素、都市家园，以及幸福的邻里关系在智生产方面，马桥将接轨最新的国际技术标准，动态地进行智能的配置，完成云端的共享和应用。并在完成研发与迭代后将产品推广到全国乃至世界。

在智生活方面，规划理念强调了生态的社区、聚焦场景的智能化和多元网络的搭接。

在智生态方面，规划理念强调生态的感知、低碳和安全，以这三方面来统盘整个城市（图 12.2.2）。

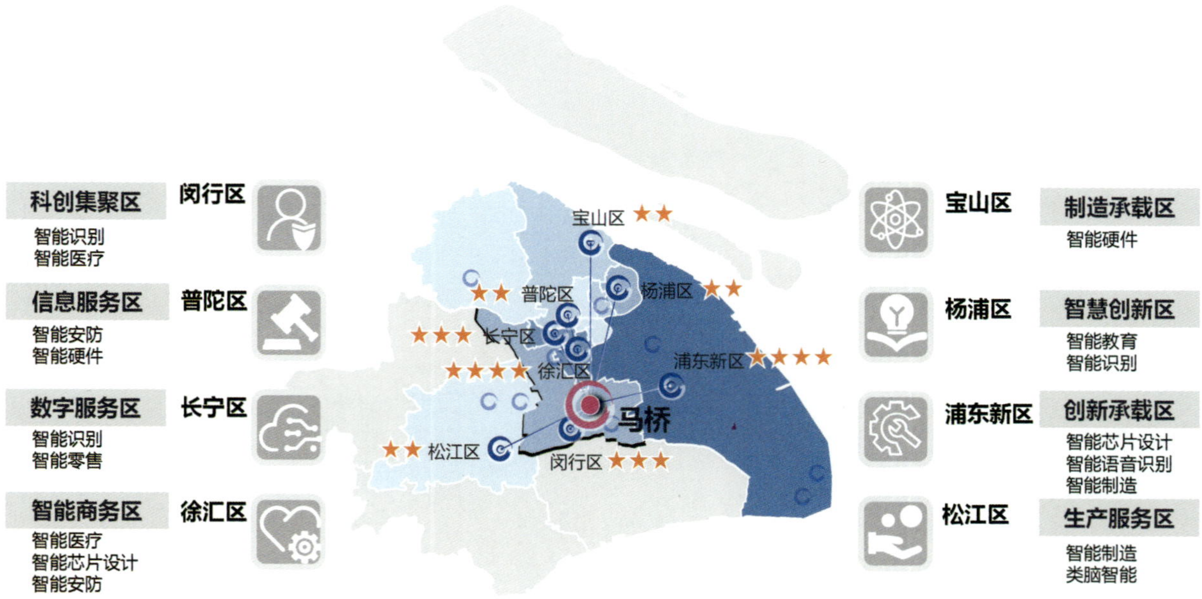

图 12.2.1　马桥：成为上海 AI 战略的枢纽中心

Figure 12.2.1 Maqiao: The Centre of Shanghai's AI Strategy

图 12.2.2　马桥人工智能城市规划理念
Figure 12.2.2 Urban Planning Concept of Maqiao AI City

12.2.2　规划建设模式亮点：城市全生命周期人工智能技术应用

亮点一：在战略规划阶段，借助跨媒体智能实现了基于多源海量数据的城市智能评价

跨媒体智能追求对视觉、语言、听觉等各种感知的综合认知、学习和推理。基于合智技术，每周自动采集 10 万条以上来自全球主要城市的文本、图片和视频信息，并将各来源的数据整合提取为城市的经济产业、管理服务、环境建设和硬件设施 4 个维度进行诊断，发现智慧城市建设短板（图 12.2.3）。

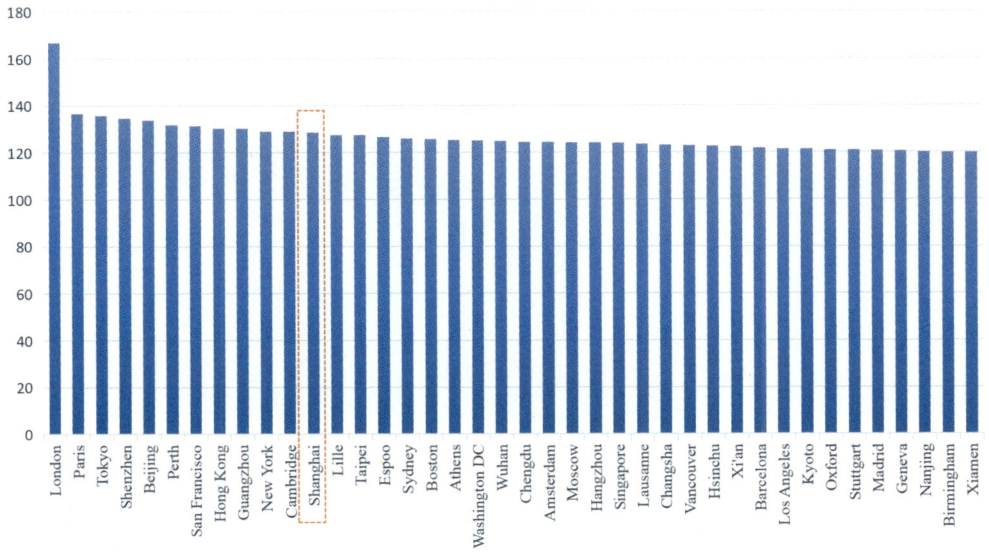

图 12.2.3　上海与全球城市 City IQ 的实时对比
Figure 12.2.3 Real-time Comparison among Shanghai and other Cities

吴志强
中国工程院院士，德国国家科学与工程院院士，瑞典皇家工程科学院院士，同济大学教授

马桥汇聚了场所、接待、土地、工业、政府决心、学校、生态七大创新要素，有足够的条件支撑人工智能创新园的发展建设，吸引 AI 相关的创业企业入驻。

未来的马桥将作为全球首例样板，贡献世界人工智能城市的原型与工业 4.0 城市运营模式、世界级人工智能生活的体验样板、世界级人工智能生产的产业集群、世界级人工智能城镇集成创新生态。

亮点二：在空间设计阶段，借助群体智能实现了城市中各要素的协同发展和优化配置

群体智能强调大规模自主参与者形成的超越个体智力的智能。基于群智技术，马桥实现了生态、治理、居住、出行、商业、医疗、教育、产业、基础设施和创新共计十元要素的智能配置，在 15 分钟家园的总体规则下，通过政府、市民、资本和规划的四方博弈，建立和完善配置要素和博弈主体的决策模型，将各个要素在城市空间中进行群体智能下的配比和规划，智能推演用地布局，为功能结构规划提供科学依据（图 12.2.4、图 12.2.5）。

亮点三：城市需求带动技术发展

马桥人工智能创新示范区在规划中关注解决城市的三大需求：城市治理、城市生活和城市生产。构建一系列智能场景，利用人工智能技术自主感知、判断、反应、学习，全面提高城市各功能系统的运行能力，从而满足城市需求。在此过程中，城市的需求决定了哪些技术将被运用在城市中，进而带动技术的发展。

未来，城市需要实现治理

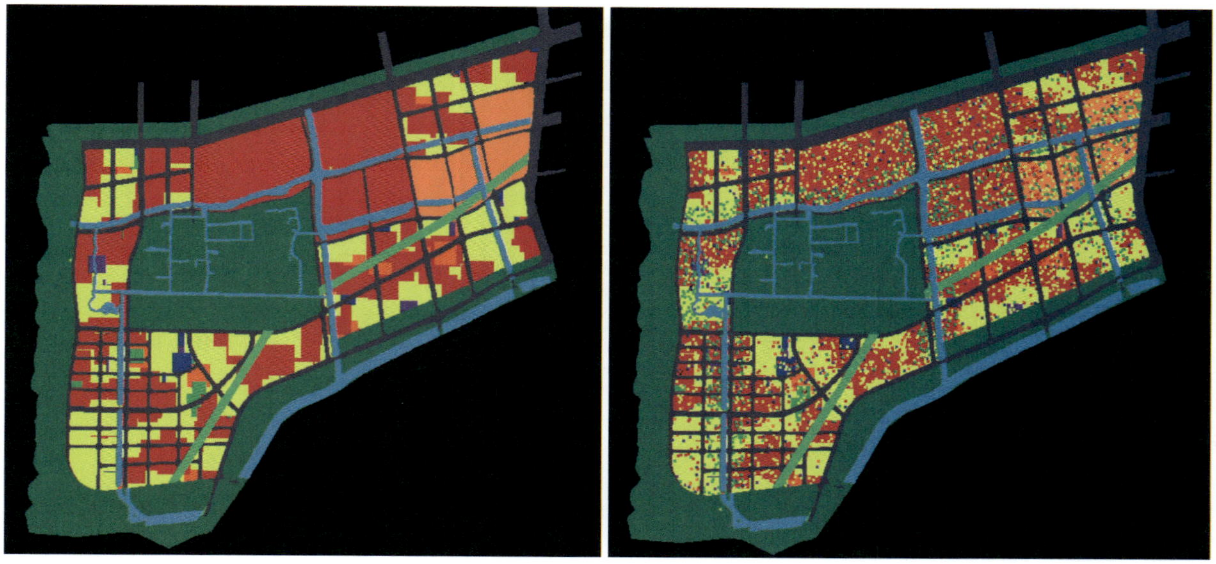

图 12.2.4　上海马桥人工智能创新试验区智能推演
Figure 12.2.4 AI Prediction of Shanghai Maqiao Artificial Intelligence Innovation Experimental Area

图 12.2.5 基于人工智能推演制定的马桥分区主题功能策划

Figure 12.2.5 Theme Planning of Each District Based on AI Prediction

方式的转变，从被动反应变为主动预判。例如，对城市突发事件作出有效的预防和处理，以及在城市治理和决策实施前就对决策实施效果进行预判，确保各方利益主体对最终成果的满意度，达到城市治理精细化、准确化、高效化的要求，降低城市运行成本。因此，未来的城市治理将全面智能化，收集信息、决策、执行等方面，都将借助人工智能技术完成。这需要将城市治理决策的过程显性化、算法化，从而提升决策效率、增加准确度和可靠度，并通过人工智能技术模拟和展示城市决策的最终实施效果，提升城市治理效率。

未来的城市生活模式也将发生转变，将在满足人的基本需求的基础上，进一步满足精神需求。要实现这一功能，城市必须塑造一种有情感的城市生态，成为一个无所不在的巨型人工智能生命体。在智能技术的支持下，能够与人对话的将不再局限于人类或某个生命体，城市中任何一个系统都能够对个体的需求进行实时响应，从"万物互联"走向"万物对话"。

未来城市生产的一大特征将是定制化生产，同时需要在生产过程中自动分析、推理、判断、构思和决策等，达到生产的精确性与高效性。因此，未来的城市生产将从互联自动到工业智能，所产出的智能产品将普遍搭载具备高适应性、高抗干扰性、可预见性、用户友好性的智能技术系统，并将完美适配未来城市的各项应用场景。未来马桥发展的 AI 企业生态集群如图 11.2.6 所示。

图 12.2.6 未来马桥发展的 AI 企业生态集群

Figure 12.2.6 Future AI Enterprise Cluster of Maqiao

12.3 马桥人工智能技术应用

AI Technology Application in Maqiao

12.3.1 人工智能助力城市治理

在城市治理方面，马桥构建了人工智能城市中枢（AI City Pivot，图 12.3.1）。它是基于云计算、城市三维信息建模、深度学习、增强现实等技术的人工智能城市决策系统。人工智能城市中枢包含智能城市系统中的城市大脑、小脑与中枢神经，集成了智能城市的四大功能，即智能感知、判断、反应、学习，并且能实现自我更新、持续进化。决策系统贯穿于城市的规划、建设、运营等全过程，实现时空四维度、全生命周期的智能化城市精细、精准、精密的管理与决策。

图 12.3.1　马桥创新试验区人工智能中枢塔

Figure 12.3.1 AI City Pivot Tower in Maqiao

12.3.2 人工智能助力美好生活

在城市生活中，人工智能将全面赋能马桥居民的方方面面，包括娱乐社交、文化节庆、商业活动、交通集散、教育医疗等，形成一系列的 AI 应用场景。

场景一：AI 广场

通过 AI 技术，广场也能够识别和分析人群特征，为游客进行专属的声光作品智能创作，与人发生交互，从而使广场从简单地满足休闲与集会需要，发展为满足更高层次的精神需求，并且能进一步促进城市创新与经济活动（图 12.3.2）。

场景二：AI 公园

AI 公园是马桥人工智能创新试验区的核心地块，也是马桥片区智能城市建设成果对外展示的窗口。一方面，实现公园服务智能化、管理精细化、决策科学化的运营模式。另一方面，将世界人工智能技术在城市层面的最尖端技术集聚在此地，向世界展示中国智能城市建设的先进水平（图 12.3.3）。

场景三：AI 定制化旅游服务系统

开发定制旅游服务 APP，通过该 APP，游客可以便捷乘坐公共交通，完成线上支付、线上退税、门票购买、景点介绍等活动（图 12.3.4）。

图 12.3.2　马桥未来 AI 广场

Figure 12.3.2 The Future AI Square in Maqiao

图 12.3.3　马桥未来人工智能公园

Figure 12.3.3 The Future AI Park in Maqiao

图 12.3.4　马桥未来人工智能公园 APP 定制游览路线

Figure 12.3.4 APP Customizes Tour Guide in the Future AI Park of Maqiao

并在示范区内布局无人驾驶电动车，为游客提供观光导览、城市巡游、交互体验、车厢集会等服务。

12.3.3 人工智能助力创新创业

人工智能技术在城市科技方面的开创性项目跨越了规划设计、建造工程、创新研发与工业生产的传统边界，对更广泛的社会、环境或城市决策过程产生影响（图 12.3.5）。

马桥人工智能创新园的作用，是让更多的研究工作走出理想封闭的实验室环境，走进实践环节，以增加其影响力。创新园将扮演关键的“AI 城市实验室”角色，成为实验和实践的场所。联结 AI 技术应用从研发部门到推向市场的过程，为 AI 开发者提供一个真实而可控的城市环境与测试场景，同时为住户与参访者提供最先锋的 AI 技术产品体验。以此探索智慧城市发展所面临的问题，并为更多的城市走向智能化提供更多的可能性和新愿景（图 12.3.6）。

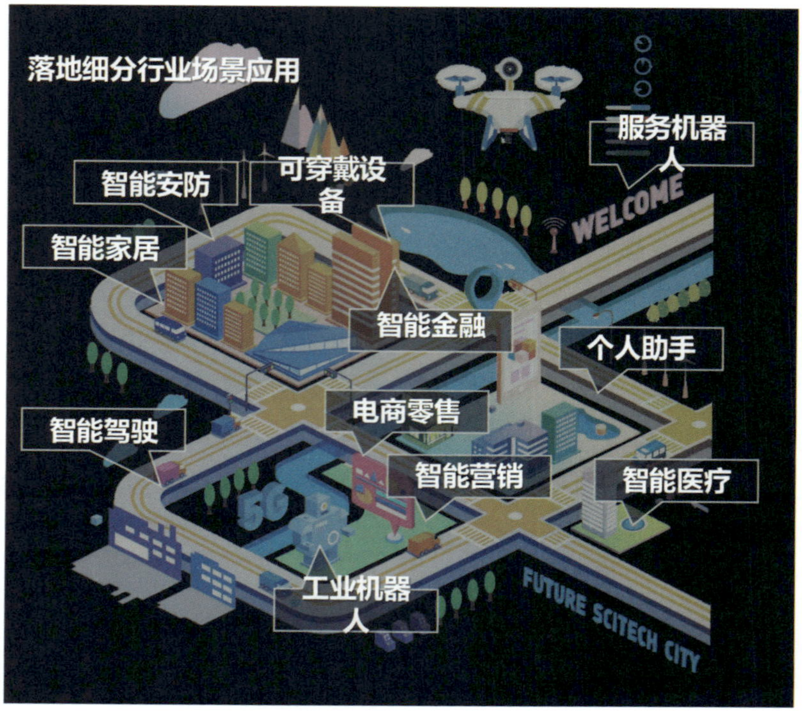

图 12.3.5　落地细分行业场景应用

Figure 12.3.5 AI Application in Specialized Industries

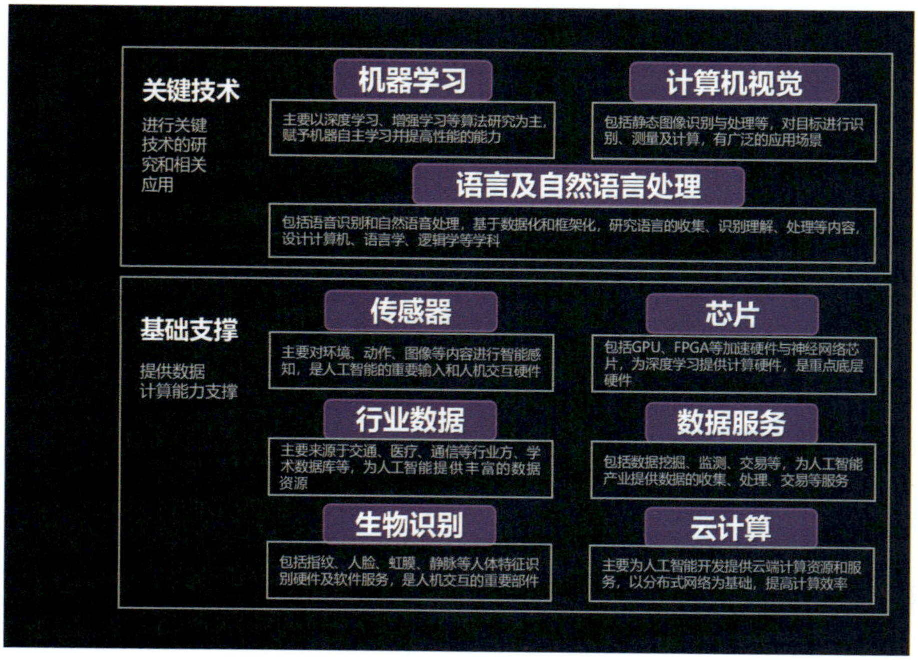

图 12.3.6　马桥智生产关键体系架构

Figure 12.3.6 Unmanned Industrial System in Shanghai Maqiao AI Innovation Experimental Area

12.3.4 人工智能助力绿色生态

马桥人工智能创新试验区的智能化城市综合环境监测系统将计算机网络技术、空气质量传感侦测技术、数字可视化技术进行智能化、网络化、自动化的集成与整合，形成一个完整的智能化空气环境监控系统。该系统将从各个区域监测点采集的实时空气质量监测数据经过运算分析后，通过有线和无线网络，将数据转化成可视化公告、多媒体触摸屏查询或智能手机查询方式，让每个人都能实时掌握自己所处的城市区域空气环境的质量状况，保障公众知情权。

居民可以通过一个统一的手机 APP 查看整个试验区的环境监测指数、居住与办公场所的室内环境指数，以及个人碳足迹指数。同时，系统将根据这些指标给出建议，如是否适合户外运动等，并与智能家居互联，及时开启相应设备对室内环境进行调整（图 12.3.7）。

图 12.3.7　从手机 APP 查看实时环境监测指数
Figure 12.3.7 Real-time Environmental Monitoring Index from Mobile App

吴志强
中国工程院院士，德国国家科学与工程院院士，瑞典皇家工程科学院院士，同济大学教授

我们将在马桥最终实现：
人工智能产业核心、区域高地、国际一流；
全面覆盖智能生活各领域，成为一个智产、智创、智居、智养、智康、智游的 AI 创新园。

第 13 章　人工智能城市的推进模式

CHAPTER 13

THE ITERATION MODE OF AI CITY

13.1 城市需求迭代

Urban Demand Iteration

针对未来人工智能城市的建设，提出五元推进模式。五元分别为市民需求、人工智能 2.0、基础设施、治理模式、专业人才。五元之间相互作用，紧密关联，共同构成形如“五角星”的稳固结构（图 13.1.1）。

图 13.1.1　城市 AI 2.0 化的五元推进模式维度一：市民需求

Figure 13.1.1　Five Element Promotion Mode of City AI2.0 Dimension 1：Citizens' Needs

13.1.1　城市需求来源

（1）市民需求构成城市需求的本源基础。

市民作为单独个体的人，具有多样化的需求，并且这些需求会因性别、年龄、地域等不同条件因素而不同。市民就是构成城市的微观基本单元，但同时这些基本单元不是直接组成整体的，而是通过一定的结构、层次相互联系，通过“个体－组团－系统”的递进方式形成城市特有的生态系统（图 13.1.2）。

图 13.1.2　人工智能的进一步发展需要城市提供复合发育场景

Figure 13.1.2　The Further Promotion of Artificial Intelligence Requires the City to Provide a Compound Development Scenario

（2）城市需求是市民需求的外在表现。

城市作为人口集聚的整体，虽然不会将每个单独个体的需求都表现出来，但是会内部容纳。当对某些方面具有诉求的人数增加或需求迫切时，在整体上一定会以某些方式，包括资本流动、媒体宣传、群体情绪、社会思潮等，体现出来。

13.1.2　城市需求驱动城市智化

从基本单元出发，人的需求带来对美好城市生活的诉求。人的需求可划分为存在基础、存在状态和存在意义 3 个进阶的层次。同时，这 3 个层次也是共存的。与之相对应的，美好城市生活的诉求分别是生存（安全、居住、饮食）、健康（机体、精神）、追求（文

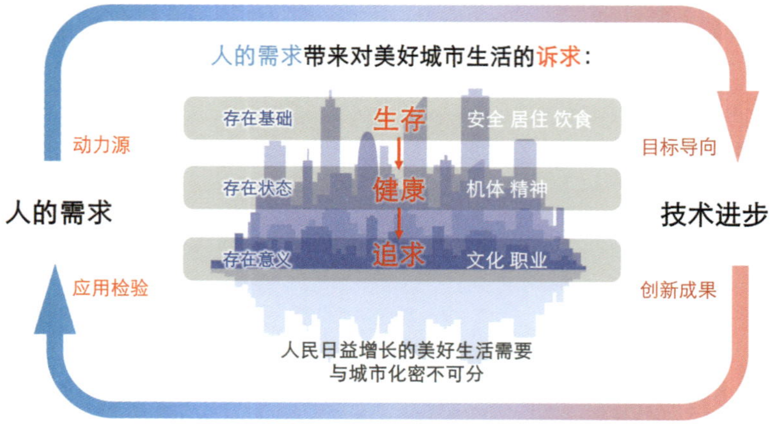

图 13.1.3　更美好的城市生活为 AI 2.0 提供了目标

Figure 13.1.3 Better City Life Provides the Goal for AI 2.0

化、职业）（图 13.1.3）。

技术产生的初衷是利用工具来实现人类原本不能实现的任务。人的内生需求永远存在，在被满足的同时不断产生着更高的需求。因此，技术也被不断推进着，没有终点。

城市环境里充分集中了人的多样需求，为技术进步源源不断地提供动力。以此为目标导向的技术研发产生创新成果，并向城市提供，形成应用市场，接受实践检验。再与人的实际需求不断磨合交互，产生优化空间，形成新一轮的动力循环。

在当今技术发展阶段的背景下，人的需求越来越推动城市的智化。一方面，推动横向维度城市系统的智化，包括智生产、智生活、智生态、智共享；另一方面，推动纵向维度城市生命过程的智化，包括智规划、智设计、智建造、智运行。

在双向维度的交互下，形成十大物理空间的智化方向：职业空间、居住空间、教学空间、医疗空间、商业空间、游憩空间、路网空间、河网空间、绿网空间、遗产空间。

十大物理空间的智化为人工智能城市原型架构的形成提供了基础。在这十类空间情境下，人工智能技术能够形成技术研发到概念落地的模式支撑，最终形成场景应用的落地。

13.1.3　人工智能对未来城市人的改变

现阶段，人工智能技术已在许多专业领域实现了应用普及，如图像识别、语义识别等。在未来，人工智能 2.0 的前沿技术将进一步将人的需求和空间演进统筹在一起（图 13.1.4）。各项专业领域的

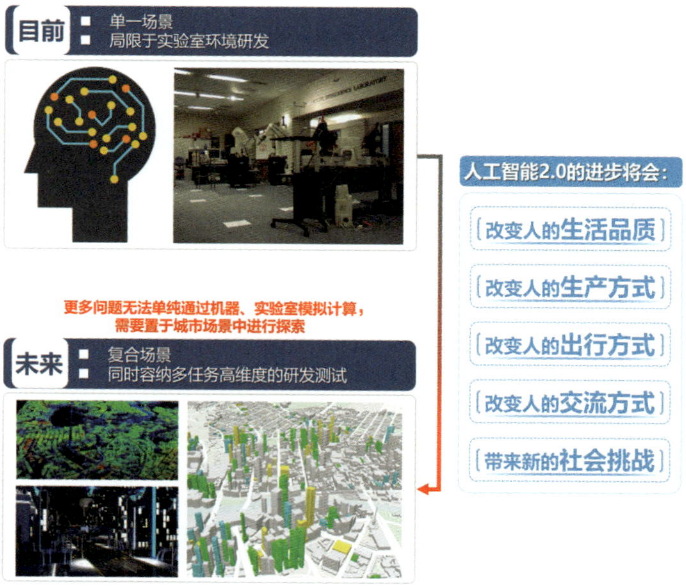

图 13.1.4　人工智能技术与城市结合的两大阶段

Figure13.1.4 Two Major Stages of the Integration of AI Technology and Cities

技术不再是孤立的。在人需要的时候，可以在时间维度和空间维度上进行联动。

13.1.4 居民的 AI 素养全面提升

城市整体进化的同时伴随着城市居民的进化。广泛的市民基础是孕育 AI 城市发育的蓝海。图 13.1.5 概括了提升居民 AI 素养所带来的优势。人参与社会活动需要具备一定的素养基础。过去是文字，缺乏者称为“文盲”。后来，网络普及、渗透，成为生活中必不可少的工具，而不会使用网络者可被称为“网盲”。在未来，当人工智能成为人们无处不在的助手，想要更好地掌控这项工具为人所用，就必须具备相应的“AI 素养”，回归技术向善，避免出现技术降低人的本能判断或是凌驾于人之上等情况。

图 13.1.5　广泛的市民基础是孕育 AI 城市发育的蓝海

Figure 13.1.5 The Broad Civic Base is the Blue Sea that Breeds AI City Development

吴志强
中国工程院院士，德国国家科学与工程院院士，瑞典皇家工程科学院院士，同济大学教授

城市家园是城市生命体的核心基本单元，大都市可以看作是生命体的群居现象。

城市家园居民对于AI的日常使用，体现家园的持续能力、免疫能力、韧性能力，也影响了城市的生命力。

13.2 人工智能技术发展
Development of Artificial Intelligence Technologies

由市民需求驱动，引入人工智能 2.0 作为技术核心成为五元推进模式的第二元力量（图 13.2.1）。人工智能 1.0 已在目前的城市应用中取得一定成果，在未来建设人工智能城市的过程中，需要技术的进一步突破，实现人工智能 2.0 的全面普及，才能形成支撑。

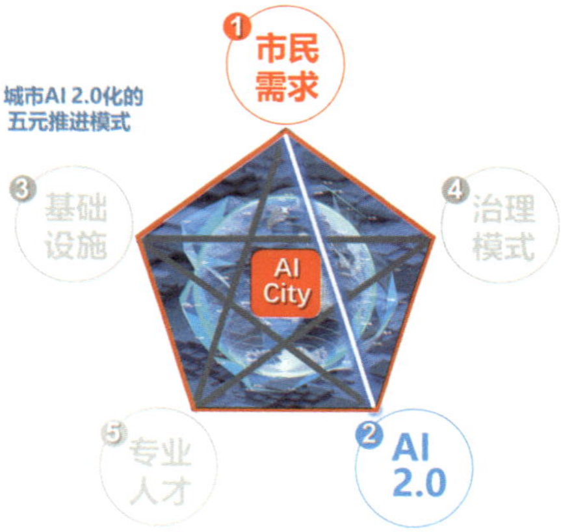

图 13.2.1　城市 AI 2.0 化的五元推进模式维度二：AI 2.0
Figure 13.2.1 Five Element Promotion Mode of City AI 2.0 Dimension 2：AI 2.0

13.2.1　人工智能新形势

现在人工智能发展进入了新阶段（图 13.2.2）。中国在 2017 年 7 月 8 日发布《新一代人工智能发展规划》，指出：当前，新一代人工智能相关学科发展、理论建模、技术创新、软硬件升级等整体推进，正在引发链式突破，推动经济社会各领域从数字化、网络化向智能化加速跃升。

在当今及未来一段时期内，人工智能将成为国际竞争的新焦点、经济发展的新引擎，给社会建设带来新机遇，而它所具有的不确定性将会带来新挑战（图 13.2.3）。

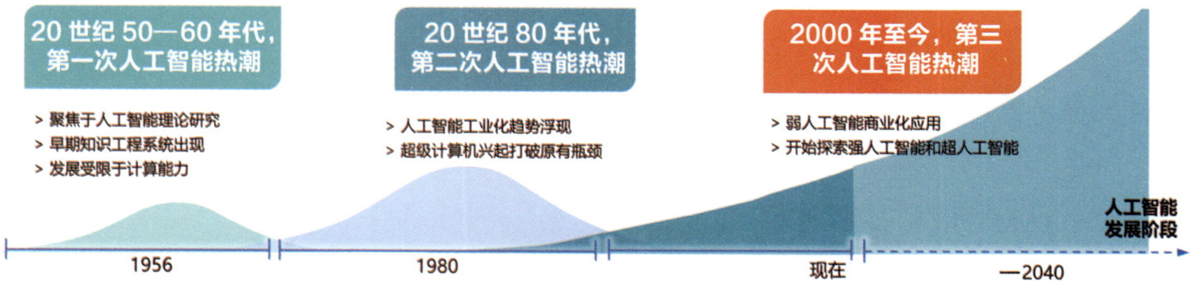

图 13.2.2　人工智能发展阶段示意图
Figure 13.2.2 Schematic Diagram of AI Development Stages

美国 2016 年 10 月发布
《国家人工智能研究与发展战略计划》

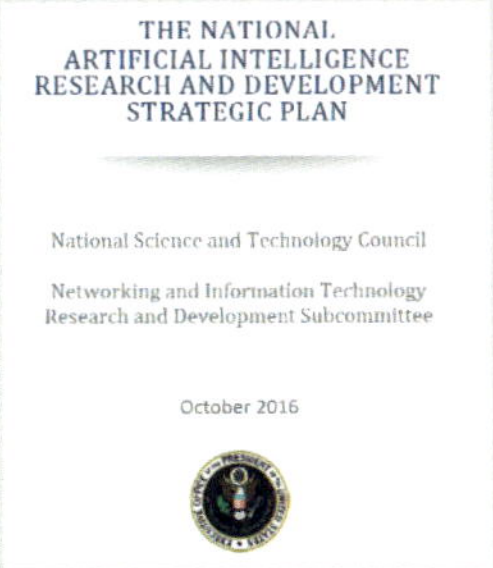

确定七项重点战略方向

- 对人工智能研发进行长期投资
- 开发人机协作的有效方法
- 理解和应对人工智能带来的伦理、法律和社会影响
- 确保人工智能系统的安全性
- 开发人工智能共享公共数据集和测试环境平台
- 建立标准和基准评估人工智能技术
- 更好地把握国家人工智能研发人才需求

中国 2017 年 7 月发布
《新一代人工智能发展规划》

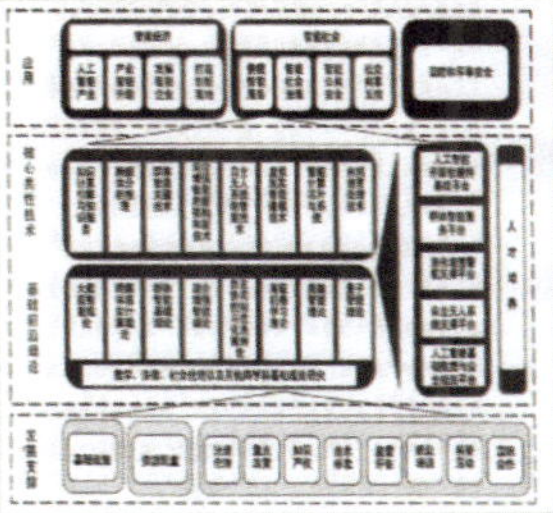

提出四项重点任务

- 构建开放协同的人工智能科技创新体系（即：重大专项）
- 把握人工智能技术属性和社会属性高度融合的特征
- 坚持人工智能研发攻关、产品应用和产业培育“三位一体”推进
- 全面支撑科技、经济、社会发展和国家安全

法国 2018 年 3 月发布
《人工智能与人类》

- 吸引最优秀的研究人员
- 创建拥有国际水平的研发中心
- 推出数字经济政策，扶持法国人工智能龙头企业
- 探索人工智能的道德准则并改进监管
- 重点发展医疗卫生，交通运输，环境保护和国防四个主要领域

英国 2018 年 4 月发布
《英国人工智能发展的计划、能力与志向》

“人工智能准则”

- 发展人工智能
- AI 道循可理解性和公平性的原则
- AI 不应该被用来削弱个人、家庭或社区的数据权利或隐私
- 所有公民都应在精神、情感和经济上与人工智能并驾齐驱
- 伤害、推毁或欺骗人类的自主权力永远不应被赋予人工智能

图 13.2.3　中美法英四国人工智能国家级规划战略
Figure 13.2.3 National AI Plans of China, USA, France and UK

13.2.2 人工智能技术成熟曲线

市场调研机构 Gartner 发布了 2019 年度《新兴技术的炒作周期（Hype Cycle）》研究报告。报告显示，2019 年高级人工智能技术发展趋势十分突出。

人工智能辅助下的高级分析是使用超越传统业务洞察力的工具，对数据或内容进行自主或半自主检查。这是新型算法和数据科学的结合带来的新功能，例如迁移学习，该学习使用以前训练有素的机器学习模型作为新技术的高级起点。先进的分析功能可提供更深入的见解、预测和建议。该趋势中的其他技术包括自适应机器学习、边缘智能、边缘分析、可解释的人工智能、AI PaaS、生成对抗网络和图形分析。

随着人工智能技术的不断成熟，它能够更好地对海量数据进行快速有效分析，作出更好的决策，替代一部分人力，同时助推其他技术的发展。毫无疑问，人工智能将会对城市发展产生巨大影响。

目前来看，大部分高级的人工智能技术仍处于研发和实验阶段，并且全社会处于对它们的热烈关注和讨论的状态之中，距离真正的落地应用还有一定时间。在此期间，社会期望将经历一个从峰值回落至稳定的阶段，同时这也将是做好未来城市规划设计的宝贵阶段。

13.2.3 世界人工智能产业发展方向

目前人工智能发展方向可以按照纵向的技术类型和横向的应用领域分别进行分类，形成一个二维图谱（图 13.2.4）。

纵向技术类型可分类为基础层、数据层、计算层、技术层。基础层以智能硬件为主，承担着人工智能技术的实体载体功能，具体包括芯片制造、芯片服务器和计算设备等。数据层面向管理应用，核心围绕数据管理展开。计算层面向计算平台，包括计算服务器、计算云平台和计算引擎。技术层为产品、应用及方案提供主体，是业态最丰富的层面。

具体应用领域包括交通、医疗、工业、公共安全、金融、市场 & 零售、网络安全、农业和交互辅助。另外，每个领域还有热点子领域。

图 13.2.4 2020 年世界人工智能产业发展方向图谱

Figure 13.2.4 Development Direction Map of World Artificial Intelligence Industry in 2020

13.3 智能基础设施建设

Construction of Intelligent Infrastructure

AI 2.0 的技术发展需要先进的设施作为载体。这里对载体的要求是多层面的，不仅需要满足高维海量的算力支撑，还需要快速即时、场景联动和智能处理。如此一来，对设施的要求不仅仅是物理实体的硬件保障，同时对软件环境的需求更加迫切。

基础设施作为五元推进模式的第三元，承接人工智能 2.0 技术的要求，构成整个模式的基石（图 13.3.1）。

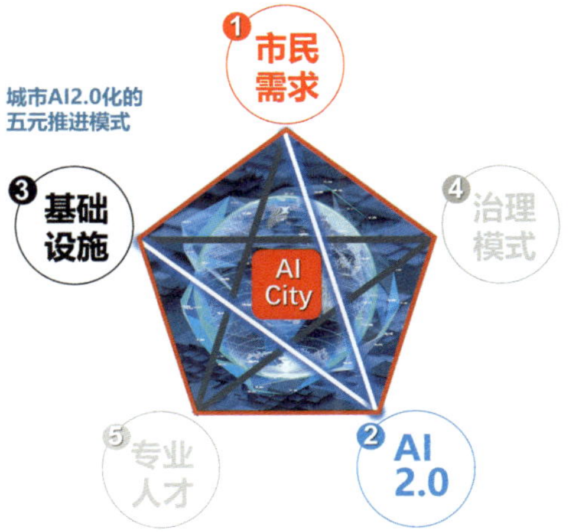

图 13.3.1　城市 AI 2.0 化的五元推进模式维度三：基础设施

Figure 13.3.1 Five Element Promotion Mode of City AI 2.0 Dimension 3：Infrastructure

13.3.1　新型基础设施建设

传统视角下，基础设施主要指为社会生产和居民生活提供公共服务的工程设施，是用于保证国家或地区社会经济活动正常进行的公共服务系统，是社会赖以生存和发展的物质基础条件。

随着社会生产生活方式不断进化升级，传统基础设施日渐不能满足社会高效运作的需求，对新型基础设施的要求应运而生。

2018 年 12 月，中央经济工作会议首次以中央层面提及新基建。在随后多次中央会议及工作部署中对新基建不断发展和强化。至 2020 年 4 月，发改委明确新型基础设施建设的范围。新型基础设施是以新发展理念为引领，以技术创新为驱动，以信息网络为基础，面向高质量发展需要，提供数字转型、智能升级、融合创新等服务的基础设施体系。

根据国家发改委权威界定，新型基础设施主要包括三方面内容：信息基础设施、融合基础设施和创新基础设施（图 13.3.2）。

（1）信息基础设施包括：以 5G、物联网、工业互联网、卫星互联网为代表的通信网络基础设施，以人工智能、云计算、区块链等为代表的新技术基础设施，以数据中心、智能计算中心为代表的算力基础设施等。

（2）融合基础设施主要指深度应用互联网、大数据、人工智能等技术，支撑传统基础设施转型升级，进而形成的原有基础设施升级后的新形态，如智能交通基础设施、智慧能源基础设施等。

（3）创新基础设施主要是指支撑科学研究、技术开发、产品研制的具有公益属性的基础设施，如重大科技基础设

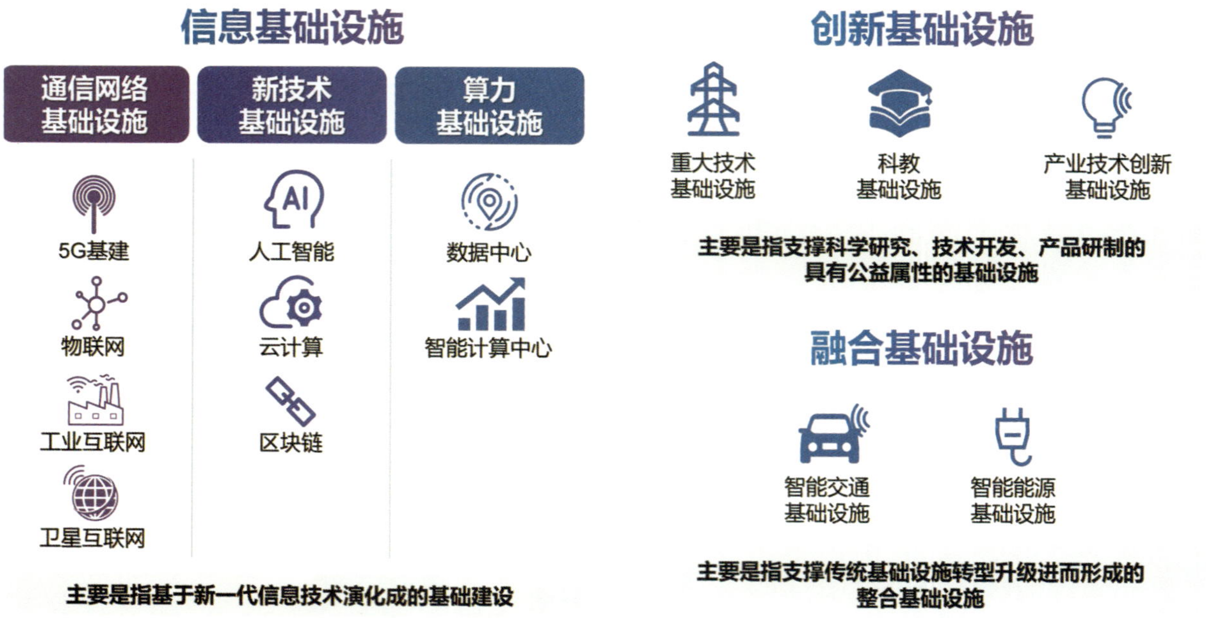

图 13.3.2　新基建内容
文字来源：人民网；图片来源：新华网
Figure 13.3.2 Content of New Infrastructure Construction
Source: People's Daily online, Photo: Xinhuanet.com

施、科教基础设施、产业技术创新基础设施等。

新型基础设施将全面提升社会生产生活的高效性和可持续性，全面推动进化升级，为具备更高智能形态的人工智能城市奠定扎实基础。

13.3.2　智能基础设施

智能基础设施是智能城市的“硬件”基础。

城市现行基础设施网络的类型架构已十分成熟，能够承载当前技术发展背景下的城市正常运转。基础设施内容主要包含供电设施、供水设施、供气设施、污水设施、废弃物设施、交通设施和 ICT 设施。

然而，在目前及未来一定时期内，技术将会实现跨越式推进，现行基础设施系统将面临越来越不能适应技术发展的困境，因此需要将其彻底智能化。

从目前来看，5G 技术的发展在基础设施领域具有很大的发展应用潜力。将基础设施系统硬件优化，接入 5G 基站应用程序编程接口，结合地下、地面、近空复合空间的传感器系统，形成无处不在的连接网络，便于分散调控和中央控制（图 13.3.3 ~ 图 13.3.6）。

图 13.3.3　智能路面感应辅助自动驾驶
Figure 13.3.3 Intelligent Road Sensing Assisted Automatic Driving

图 13.3.4　5G 连接的城市立体感知系统

Figure 13.3.4 5G-Connected Three-Dimensional Urban Sensing System

图 13.3.5　City Sense 智慧路灯

Figure 13.3.5 City Sense Smart Street Lamp

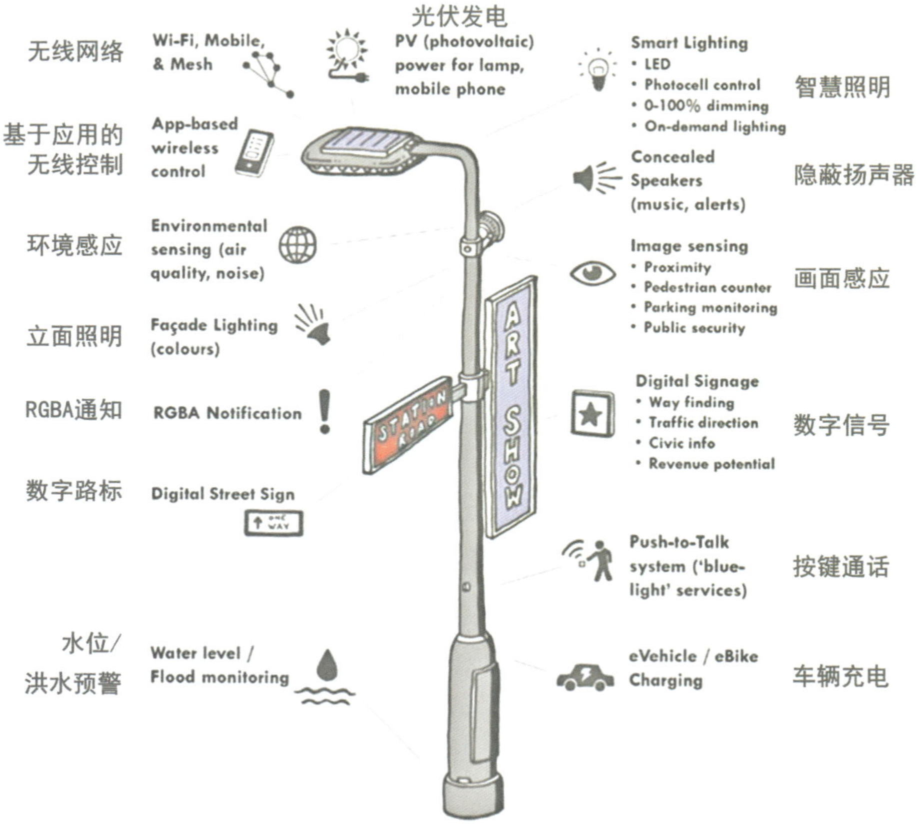

图 13.3.6　智慧路灯功能示意图
Figure 13.3.6 Function Diagram of Smart Street Lamp

13.3.3　智能社会服务设施

在智能基础设施的基础上，需要完善智能社会服务设施，才能更接近城市的智化。

智能社会服务设施需要以城市大数据库作为基础支撑，在其之上构建多样化的功能系统。

（1）云计算中心

云计算中心是对外提供计算资源、存储资源等服务的机构或单位，以高性能计算机为基础面向各界提供高性能计算服务（图 13.3.7）。

图 13.3.7　云计算中心
Figure 13.3.7 Cloud Computing Center

（2）数据交易中心

数据交易中心以完善的成员注册审核、去身份化 ID 的识别、自主挂牌控制、统一结算与清算等平台功能，实现商用数据衍生产品的聚合流通（图 13.3.8）。

（3）数据资产中心

数据资产中心实现数据资产的登记和确权，以市场需求强度、用户体验满意度为主要依据，进行数据资产的赋值和定价（图 13.3.9）。

（4）特殊数据咨询中心

特殊数据咨询中心实现特殊数据的分析和咨询，如咨询人所在社区的素质水平（教育程度、个人信用记录等）、房价涨势推演等（图 13.3.10）。

图 13.3.8　数据交易中心
Figure 13.3.8 Data Trading Center

图 13.3.9　数据资产中心
Figure 13.3.9 Data Asset Pricing Center

图 13.3.10　特殊数据咨询中心
Figure 13.3.10 Special Data Consulting Center

13.4 治理模式提升

Improvement of Governance Mode

城市的智化不仅是技术的提升，它所面临的源源不断的新挑战将会对城市治理模式提出更高要求。过去自上而下的城市治理方式将逐步转变为和全民共治相配合。AI 2.0 代表的技术进步会为城市创造智慧的“迷走神经系统”，形成群体智能的发育环境，在城市之间发挥出更加有效的集群智慧效应，提升城市群的整体竞争力（图 13.4.1）。

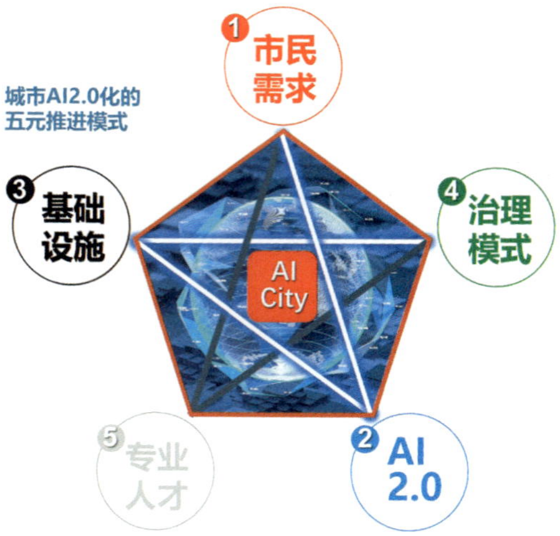

图 13.4.1　城市 AI2.0 化的五元推进模式维度四：治理模式

Figure 13.4.1 Five Element Promotion Mode of City AI 2.0 Dimension 4: Governance Mode

13.4.1　城市治理能力

城市治理能力（Urban Governance Capacity）根据功能可以分为 5 级：

（1）底线能力（UG1）：城市的安全生存能力，主要指用于防御灾害、保障城市安全底线，具体包括城市灾难预警、城市灾难应急、城市灾后恢复等治理能力。

（2）中下线能力（UG2）：城市的健康学习能力，主要指保障城市日常生产生活的有序运营，满足居民生活的基本需求，提供宜居的生活环境。

（3）中上线能力（UG3）：城市的高效运营能力，主要指为城市居民提供无障碍的流动、高效的经济与社会交往。

（4）高线能力（UG4）：城市的幸福创新能力，主要指能够激发城市居民在知识、技术、产业、文化和文明制度的创新能力，并在多维的创新中得到社会尊重、个性的解放与群落的幸福。

（5）群落能力（UG5）：一个城市与周边群落城市之间的协同治理能力，通过群落的协同完成城市个体的安全、有序、高效和幸福创新（图 13.4.2）。

13.4.2　AI 2.0 是智能城市治理转型发展新引擎

大数据、云计算、物联网、人工智能等作为基础性技术资源的地位日益凸显，智能创新实现城市转型升级成为趋势。

当前，我国城市发展面临着“不和”“不合”“不续”三大方面的问题（图 13.4.3）。同时，现有城市治理能力不足，源于决策随意性、政策随意性和信息孤岛管理三方面原因。

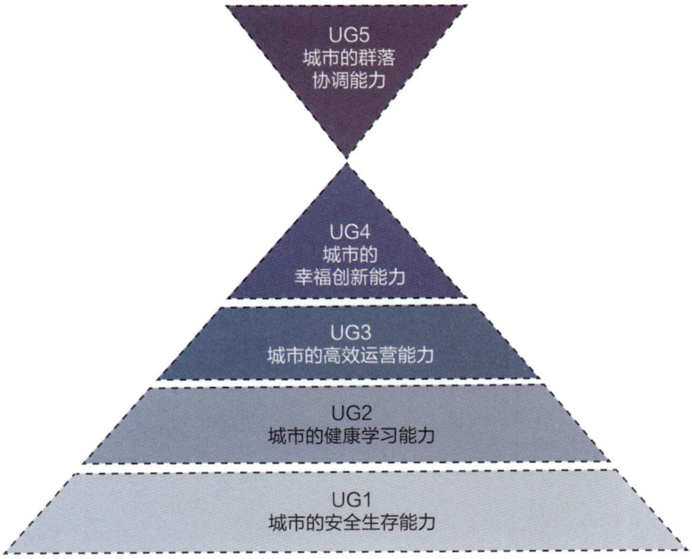

图 13.4.2　城市治理五级能力示意

Figure 13.4.2 The Five-level Urban Governance Capacity

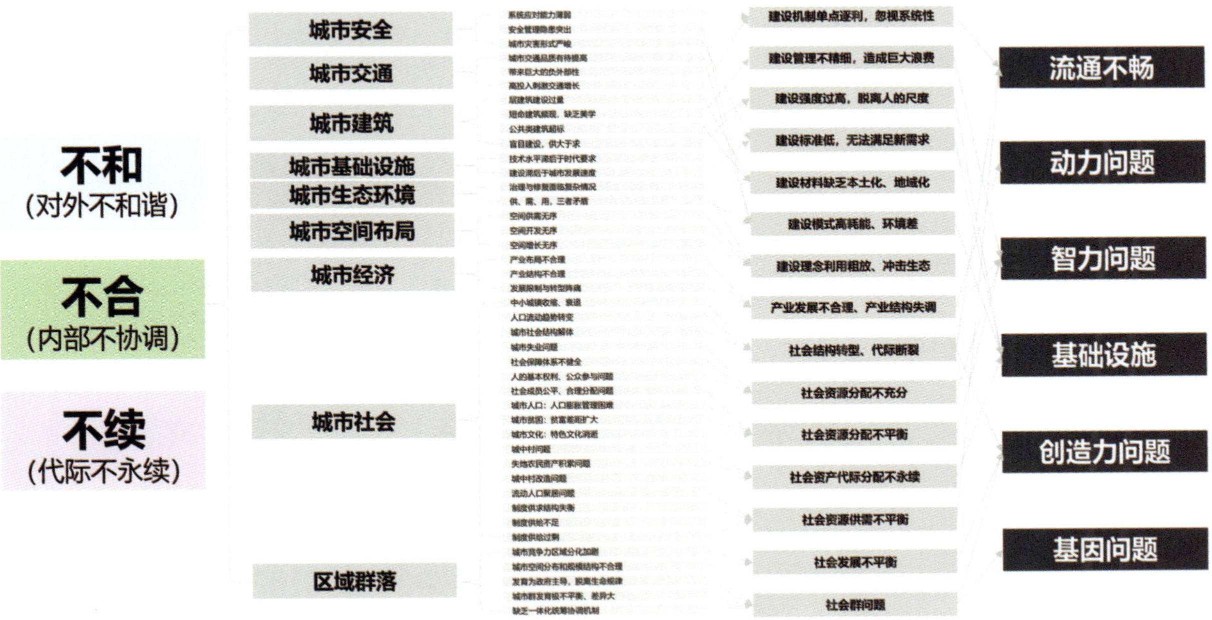

图 13.4.3　中国城市发展的问题梳理

Figure 13.4.3 Problems of Urban Development in China

（1）点、网、流的智能硬件设施支撑体系。

智能信息系统以点、网、流作为基本架构逻辑要素，支撑起智能治理的底层硬件基础。在此体系内，不仅能够容纳海量信息接入、存储、处理，还能接通庞大通信网络，以及支持实时动态数据交互流通（图 13.4.4）。

（2）建构城市智能治理（iGOVERNCE）平台，提升城市的战略制定与政策执行能力。

纵向打通政府、企业、市民等城市治理主体，横向打通城市经济、社会、环境等城市治理客体（图 13.4.5）。

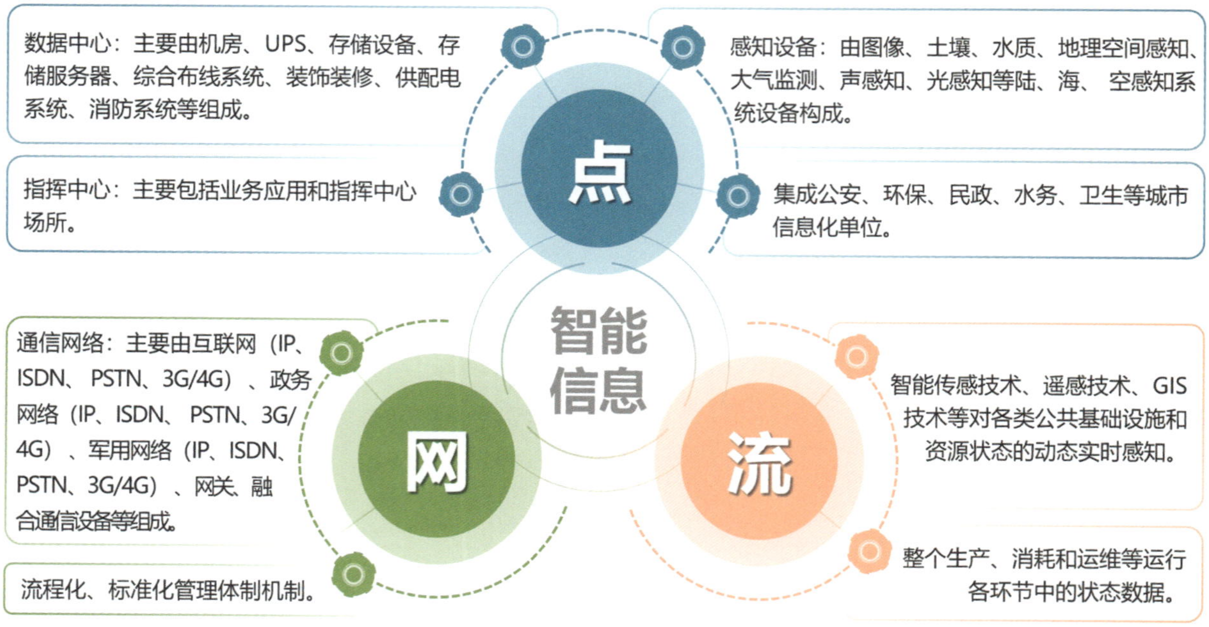

图 13.4.4　智能信息系统构成及特性

Figure 13.4.4 Composition and Characteristics of Intelligent Information System

（3）以家园为原型的腰部平衡的治理单元（图 13.4.6）。

（4）以人的需求为根本，人工智能推演技术，提升城市市民福祉，共营美好城市（图 13.4.7）。

（5）建构协同创新智能化网络。

全球范围内看，以城市群为竞争力增长极的格局已普遍形成。未来我国需要进一步打造区域城镇群组团发展，集聚资本资源、智力资源和人才资源，产生世界级的竞争力。

2019 年 12 月 1 日，中共中央、国务院印发《长江三角洲区域一体化发展规划纲要》，明确了长三角“一极三

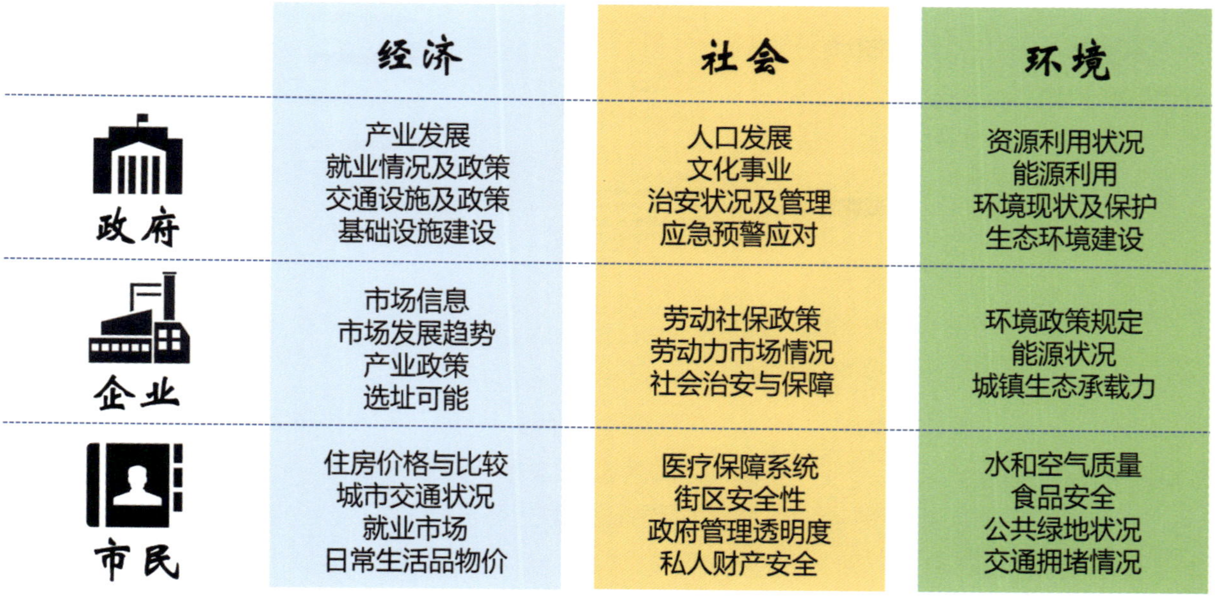

图 13.4.5　城市智能治理（iGOVERNCE）平台构建体系

Figure 13.4.5 The System of Urban Intelligent Governance（iGOVERNCE）Platform

图 13.4.6　元空间功能布局推演博弈模型

Figure 13.4.6 The Game Model of Function Layout Deduction of Meta-space

图 13.4.7　功能复合示意图

Figure 13.4.7 Functional Composite Diagram

区一高地”的战略定位，使得长三角在全国改革开放空间布局中地位更加清晰。

围绕长三角高质量一体化的发展目标，上海将秉持开放包容、合作共赢的发展理念，引领长三角地区打造多层次、全方位协同的全球城市区域，成为跨区域基础设施和生态环境共建共享的全球标杆（图 13.4.8）。

吴志强

中国工程院院士，德国国家科学与工程院院士，瑞典皇家工程科学院院士，同济大学教授

创新模式的智化，即工作中人和人的协同创新模式的智化。

各个专业点上的最精端创新主体的全球搜索、全球匹配、全球协同。

图 13.4.8　2017 全球人工智能（上海）创新峰会上世界人工智能城市规划联盟成立
Figure 13.4.8 World Urban Planning Artificial Intelligent League founded at the 2017 Global AI (Shanghai) Innovation Summit

13.4.3　政策支撑与风险应对

人工智能城市虽然与人工智能技术充分融合，但其本质并不是单纯的技术应用问题，而是可以作为一种城市发展的战略问题进行探讨。未来的全球力量极源于不同城市群的综合实力，城市群的内外协同愈加重要。人工智能城市引领的城市发展战略将会升级至城市群战略、国家战略，进而影响全球区域力量极的消长。

（1）规划有序的政策制定路径

当前城市发展历经了数字化、信息化，即将进入智能化，而智能化的高级阶段便是人工智能装备的城市，即人工智能城市。这种形态下的城市容易形成更高的综合实力。

人工智能城市不仅拥有硬件的智化，其软件智化更为关键，这也决定了人工智能城市的建设对复杂度和精细度有着极高的要求。此中，需要政策制定者对多项重要领域的深度协调互动，以及在不同阶段恰如其分的推进和引导。以新基建为基础，构建更进一步的硬件系统完善路径；以城镇群作为立足点，充分优化资金、技术、人才的交互机制，培育良性发展环境，增强区域竞争力。

（2）建立有效的内外部风险防范机制

科技领域安全是国家安全的重要组成部分。近年来，随着科技革命和产业变革的加速推进，新技术、新产业加快发展，对经济社会发展的影响日益显著，全球围绕科技创新的竞争也更加激烈，科技领域的风险对国家发展的影响越来越显著，需要我们保持高度警惕，采取有效措施应对和化解。

人工智能城市包含着对未来城市状态和社会形态的高度前瞻性的构想。因此，也需要特别关注可能对人工智能城市核心要素构成风险冲击的因素，包括但不限于科技领域、金融领域。

根据来自人民网的相关中央理论研究，当下我国值得关注的科技领域重大风险有如下几方面：

（1）科技发展外部环境趋于紧张的风险。

（2）科技发展由于自身能力不足而产生受制于人的风险。

（3）科技研发及其应用所产生的脆弱性风险。

（4）科技进步引发的社会风险及其他风险。

（5）由于经济结构调整、资源配置不足等因素影响科技发展不能实现预期目标的风险。

城市是人的城市，任何形式的风险如果不加以防范、化解，终究会由每个个体承担。推进人工智能城市的建设，需要在充分考虑上述科技领域风险的基础上，回归于人本问题的风险关注，以此作为防范机制建立的核心出发点。

13.4.4 人工智能城市的道德价值观标准探讨

回顾现代城市发展过程中过去6轮的技术创新浪潮（图13.4.9），每项技术在发育和应用过程中都曾面临“技术向善”的问题。当技术浪潮冲破现有社会状态时，人们的应对路径通常分为两种：一种是“先犯错再定规”，技术先于法律，倒逼社会形成规范机制；另一种则是提前预判，在某些可能对未来产生巨大影响的事态发展处于尚未发生或萌芽状态时，便做出预见并建立引导机制。

事实证明，过去150～200年间，现代技术在导入城市的过程中显著提高了社会生产生活效率，也极大地满足了人类欲望。而同时这也是一个不断伴生着危机和化解危机的过程。今天，人工智能的潜在危险比过去更大，这是因为一个由人工智能参与构建的社会更易对个人精神和智力产生冲击。因此，衡量人工智能参与城市建设的基本价值观边界应是判断其会对美好生活产生有益的贡献还是破坏性的作用。

目前来看，人工智能的导入能够产生新功能，帮助社会承担重要任务，如养老和幼儿抚养；提高服务效率和医疗水平，推动产业发展。另外，我们也不难看到，人工智能的不当利用可能侵犯个人的私密性，企业降低对人力依赖会引发失业，人们习惯了对人工智能的依赖也会降低对自然灾害（如火灾、地震）的本能判断，未来AI系统的破坏容易造成城市瘫痪，还有诸如数据泄露、AI误判等风险。这些问题都会发生在不远的将来，我们需要提前做好充分准备以严肃应对。

回归技术向善，以生活、生产、生态系统更加美好为导向，降低对自然资源的索取、对时间资源的索取，以及对社会人文精神资源的索取，以此作为价值观底线标准。

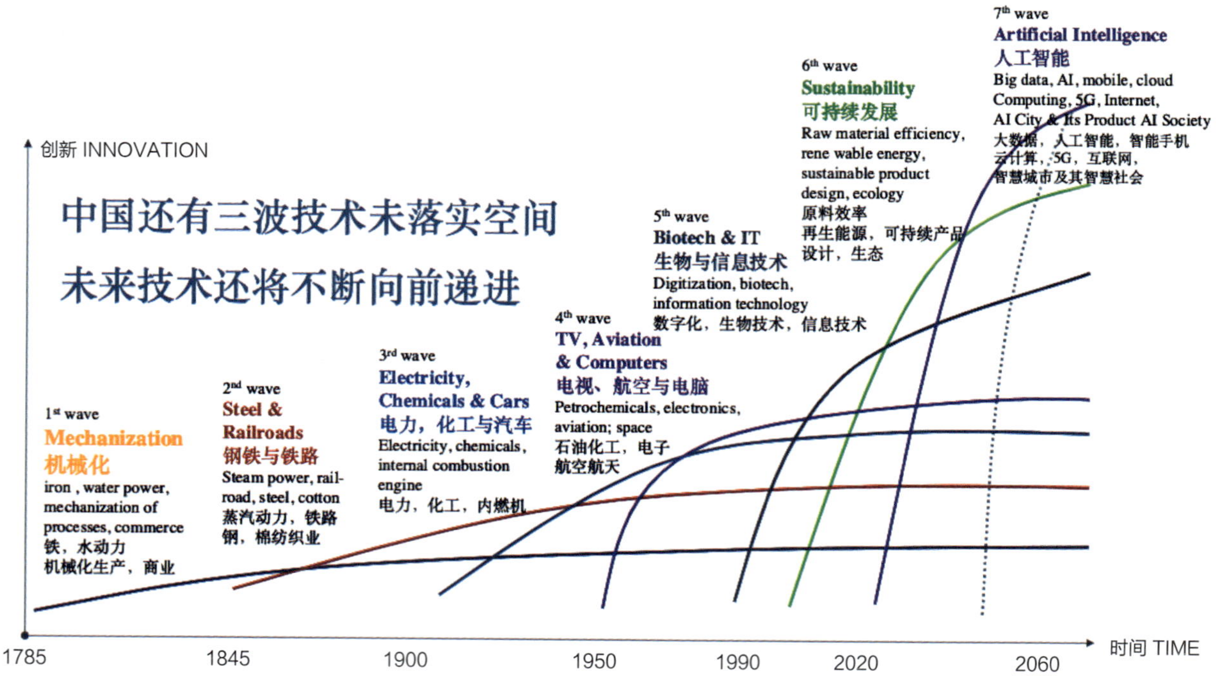

图 13.4.9　技术创新浪潮历史

Figure 13.4.9 Technological Innovation Waves

13.5 创新人才培养
Cultivation of Innovative Talents

专业人才是五元推进模式的最后一个环节，自此完成了整个“五角星”结构的闭环（图 13.5.1）。人才作为社会发展的智力资源，在任何一个环节都是必须具备的关键条件。

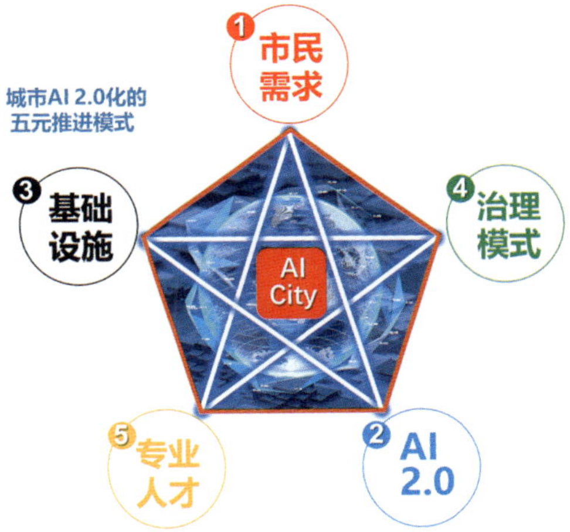

图 13.5.1 城市 AI 2.0 化的五元推进模式维度五：专业人才
Figure 13.5.1 Five Element Promotion Mode of City AI 2.0 Dimension 5：Talents

13.5.1 人工智能教育

《2016 年中国互联网教育行业趋势报告》指出：互联网教育将从“输出知识”到与“输出机会”相融合，从而满足社会发展对人才的需求。同时也提出，依托互联网的大数据、云计算、人工智能等先进技术，提升学习及内容产出效率，通过高效率的平台连接人与教育服务，将形成以效率提升为目标的教育生态。

在未来，人工智能将对教育体系产生巨大影响，主要体现在以下三方面。

吴志强

中国工程院院士，德国国家科学与工程院院士，瑞典皇家工程科学院院士，同济大学教授

全球化并没有结束，而是更高级的全球化开始了。过去是物质的全球化，而未来的全球化，将会是思想和教育策源的全球化。

（1）对教师：教学方法的冲击。

任何体现重复性的需要、有大量数据积淀的事情，都可以被人工智能取代，教师地位面临挑战。

（2）对学生：学习方法的冲击。

人们的时间将越来越碎片化，知识来源也变得非常多元化。另外，也将产生定制化学习。

（3）对学校：教育体制的冲击。

学校的价值不是单纯地传授知识，也不是单纯地“能力的培养”，还包括“价值观的塑造”。价值观的塑造和能力的培养，往往不是在教室里面能够实现的。教育目的是培养具有健全人格、有创新思维、有全球视野、有社会责任感的新一代人才。AI 带来的高效服务和帮助将支撑这个目的的实现（图 13.5.2～图 13.5.4）。

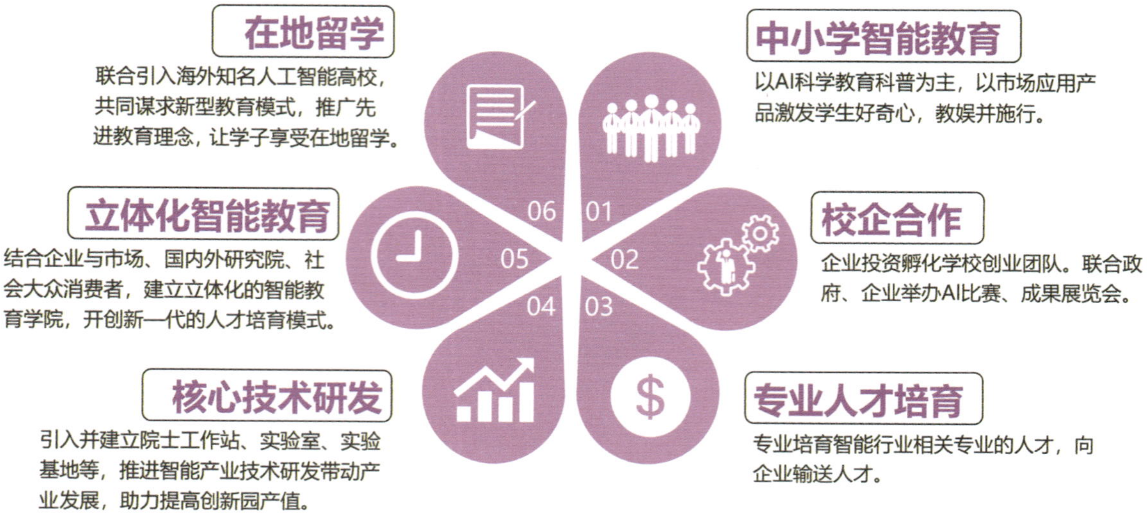

图 13.5.2　人工智能教育的实现方式

Figure 13.5.2 The Realization of Artificial Intelligence Education

图 13.5.3　人工智能创业街构想

Figure 13.5.3 The Conception of AI Entrepreneur Street

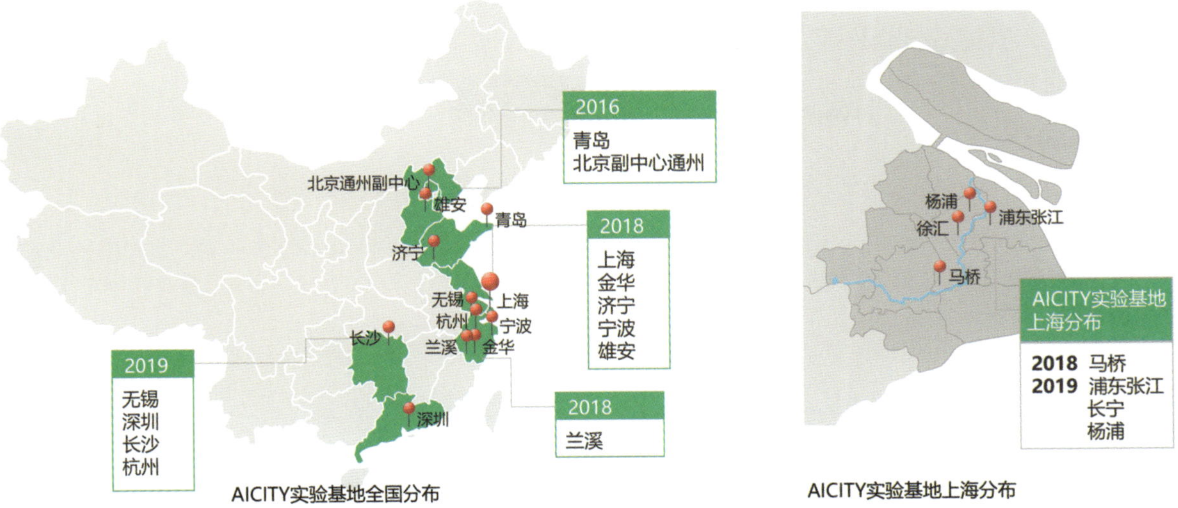

图 13.5.4 AI-City 实验基地分布（截至 2019 年 7 月）

Figure 13.5.4 Distribution of AI City Experimental Base (as of July 2019)

13.5.2 人工智能人才服务落地场景应用

创新人才是我国未来赢得国际竞争主动的战略资源，也是建设人工智能城市的基础条件。因此，应当围绕吸引凝聚优秀人才为核心，着力加强创新型人才所需的生产生活环境、政策等要素的培育，注重营造充满活力的工作和生活空间。从创新创业空间建设、创新人才住房需求、青年人才生活品质要求三方面出发，优化创新型人才在城市的生产生活环境，为其提供全方位的空间保障体系。

（1）人才服务落地场景关键技术。目前技术发展的条件下，可应用的关键技术主要包括机器学习、计算机视觉、自然语言处理等方面。

依据不同的细分应用场景，这些技术具有很强的适应性和渗透性。相比于过去，人工智能技术带来的最显著提升是实现了人与环境的直接互动，并且这些互动正向着更复杂、更高级的方向发展着（图 13.5.5）。

图 13.5.5 人工智能人才服务落地细分行业场景应用

Figure 13.5.5 The Application of AI Talent Service in Specialized Industries

（2）人才服务落地场景基础支撑。基础支撑的核心是能够提供数据和计算能力。为实现这两项目的，涉及传感器、芯片、行业数据、数据服务、生物识别、云计算等领域技术的配合。

参考文献

[1] U.S. National Science and Technology Council. The national artificial intelligence research and development strategic plan[R]. Washington D.C.: Networking and Information Technology Research and Development Subcommittee, 2016.

[2] 中华人民共和国国务院. 新一代人工智能发展规划 [R]. 北京：中华人民共和国国务院，2017.

[3] FOR A MEANINGFUL ARTIFICIAL INTELLIGENCE[R]. Source: Mission Villani on AI-https://www.aiforhumanity.fr

[4] AI in the UK: ready, willing and able?[R]. UK: the Authority of the House of Lords, 2018.

[5] Gartner. Hype Cycle for Emerging Technologies, 2019[EB/OL]. (2019-08-06)[2022-06-30]. https://www.gartner.com/en/documents/3956015.

[6] 陈宝明 . 高度警惕并有效防范化解科技领域重大风险 [EB/OL]. (2019-03-15)[2022-06-30]. http://theory.people.com.cn/n1/2019/0315/c40531-30977928.html.

[7] 百度教育. 2016 年中国互联网教育行业趋势报告 [R]. 博鳌：博鳌亚洲论坛，2016.

第 14 章　中国建设人工智能城市的机遇与挑战

CHAPTER 14
OPPORTUNITIES AND CHALLENGES OF CONSTRUCTING AI CITIES IN CHINA

14.1 中国建设人工智能城市具有全球独特的优势

Unique Advantages of China's Construction of AI Cities

14.1.1 中国处在城镇化建设后半期，发展人工智能城市具备良好基础

图 14.1.1 显示，我国的城镇化发展可以被划分为 4 个阶段。我国现在正处于城镇化建设的后半段。

从 1978 年到 2018 年，中国常住人口城镇化率从 17.9% 提升到 59.6%。纵观世界城市发展历程，城镇化率 65% 是决定城镇化道路向“智力”还是“体力”发展的关键点，而目前中国就站在两条城镇化道路的分叉口上。在这一阶段，我国既在数量上完成了大部分地区的城镇化，能够以此发掘城市建设方面的既有经验来辅助做好人工智能城市的顶层设计；同时在城镇化率最终达到 80% ~ 90% 之前，我国能够充分利用这段宝贵时间探索、研发、培育、应用、反馈、优化人工智能城市的发展思想和建设技术。

另外，目前我国的城市群格局正在逐步形成，城市组团之间及组团内部联系的重要性日趋显著，各个城市不再同质化发展，而是定位鲜明、各具特色并且相辅相成。我国目前拥有至少 3 个世界级的城市群即，京津冀、长三角、珠三角城市群，这样丰富的城市群落资源在全球范围内其他国家是少有的。人工智能城市具有持续自我学习的特点，我国城市的层次化和多样化有利于人工智能城市理念的可持续发展。

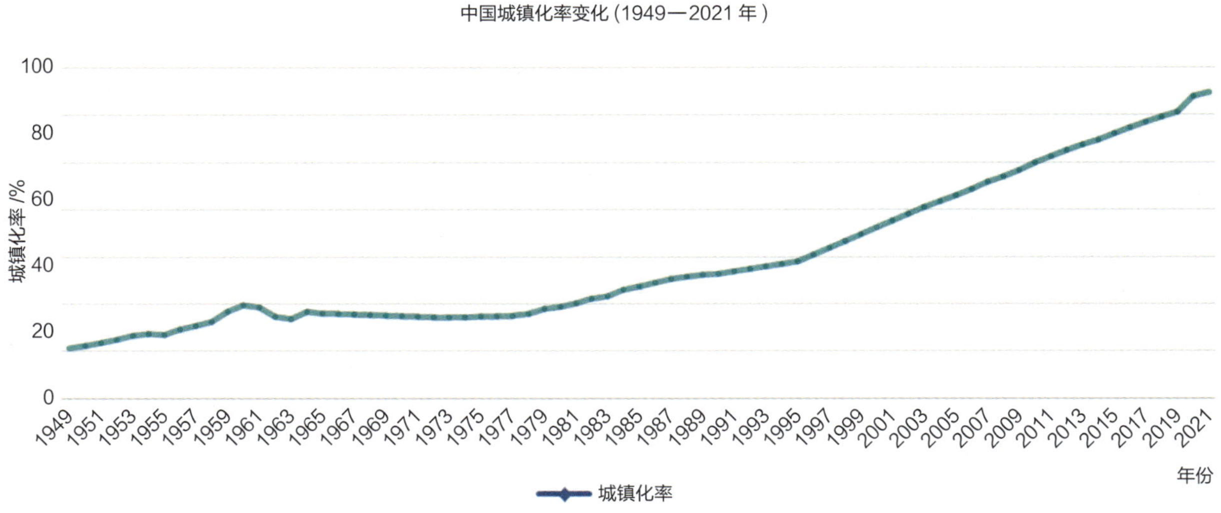

图 14.1.1　1949—2021 年中国城镇化率变化

Figure 14.1.1 The Trend of China's Urbanization Rate from 1949 to 2021

魏敦山 院士
上海建筑设计（集团）
顾问、总建筑师

城市建设决策过程中应避免非理性决策，各地建设了各级博物馆（从省级到市级到区级到行业级），缺乏论证。空置房子太多了，城市需要留空白。

城市建设目标应发挥实际作用。现在的许多建设存在大量浪费的现象，例如：不管窗户面积比例，却大量使用空调的所谓“绿色建筑”，造成了大量的浪费。规划和建筑设计重形式轻内容，太阳能、中水等技术附加在建筑设计里，绿色建筑的概念被媒体宣传炒来炒去，缺乏实用性。建筑设计和规划需要从实际的需要出发，通过智能化进行改进。

14.1.2 中国城市建设精细化发展，为人工智能城市建设提供发展基石

在我国城镇化进程深入推进的同时，城市内部功能也日趋完善，向着结构复合化、精细化的方向发展。近年来，伴随着智慧城市、智能城市建设的推进，我国在自上而下的城市数字化方面的探索已积累了一定的硬件基础和管理经验。与此同时，民众对美好生活的向往和对人生品质的不断追求，向城市内部产业、居住、商业、公共服务及生态等各个方面提出越来越高的要求。在已有的智能化基础上，能够更快地开展自下而上的人工智能城市建设，形成上下合力，不仅促进城市管理水平提升，更重要的是让整个城市自身变成自主感知、自主判断、自主反馈的灵活生命体。

14.1.3 中国人工智能多项技术处于世界领先地位

近年来，在国家多项政策和科研基金的支持与鼓励下，中国人工智能技术攻关和产业应用发展势头迅猛。在基础研究方面，中国已拥有人工智能研发队伍和国家重点实验室等设施齐全的研发机构，设立一批与人工智能相关的研究课题，研发产出数量和质量取得显著提升，并不断取得突出成果。在语音识别、视觉识别、机器翻译、中文信息处理等方面，我国处于世界领先地位。人工智能是科研与应用紧密结合的学科，这一系列尖端技术的飞速发展离不开我国广阔的应用市场，而其中最密集、最核心的应用场景和应用人群绝大部分处于城市中。我国具有广阔丰富的应用场景作为培育人工智能城市的土壤，在此基础上以最尖端技术为牵引，为我国建设出引领世界的人工智能城市创造先机。

人工智能城市规划领域已取得世界领先技术突破。2016 年在参加“中国人工智能 2.0 发展战略研究”的过程中，吴志强院士在宁波首次提出 CityGO 构想。同年 10 月世界上首个基于“四方六元博弈模型”的人工智能城市推演系统成功应用于北京城市副中心总体城市设计工作。2018 年进一步完成 7 项智能推演技术的研发攻关，并应用于雄安新区，在世界城市规划领域首次应用人工智能技术体系支撑国家重大工程项目的规划建设。同年，全球第一个“人工智能城市 AI City”原型项目——马桥人工智能创新试验区落地，被列为国家级创新发展试验区、国家级创新应用先导区。

14.1.4 中国人工智能市场增长迅速，人工智能创新创业日益活跃

目前，中国人工智能市场增长迅速，人工智能产业化应用蓬勃发展。《2019 人工智能产业发展白皮书》指出，中国智能产业市场规模逐年攀升，2016—2018 年复合平均增长率为 54.6%，增速高于全球平均水平 36%（图 14.1.2）。根

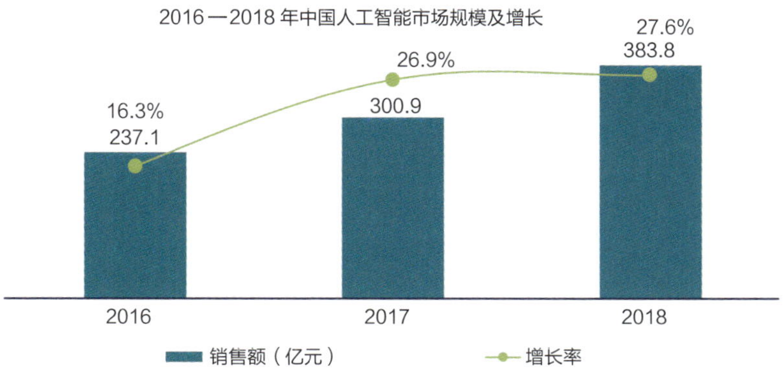

图 14.1.2　2016—2018 中国人工智能市场规模及增长
Figure 14.1.2 2016–2018 China's AI Market Size and Growth

据中国政府推出的国家计划，2025 年中国核心人工智能产业规模将增至 4 000 亿元，2030 年更是有望突破万亿大关。

人工智能创新创业也日益活跃，一批龙头骨干企业快速成长。据统计，当前中国的人工智能企业数量、专利申请数量及融资规模均仅次于美国，位列全球第二。全球最值得关注的 100 家人工智能企业中，我国有 27 家，其中，腾讯、阿里云、百度、科大讯飞等成为全球人工智能领域的佼佼者。

加速积累的技术能力与海量的数据资源、巨大的应用需求、开放的市场环境有机结合，形成了我国人工智能发展的独特优势。众多科创企业根植于城市环境，其技术研发应用形成"从城市中来，到城市中去"的良性循环，源源不断地为中国人工智能城市建设提供自下而上蓬勃生长的活力源泉。

14.1.5　中国高度重视人工智能领域的人才培育

高校和科研机构是人工智能人才的主要载体，中国高度重视人工智能领域的人才培养。据统计，从 1998 年至 2018 年间，中国共发表了 13.4 万篇人工智能领域的论文，高居世界第一，排名第二的美国发表的论文数仅为 10.6 万篇。中国的高被引论文数也在 2013 年超越美国成为世界第一。截至 2017 年，中国的人工智能人才拥有量达到 18 232 人，占世界总量的 8.9%，仅次于美国（13.9%）。

2019 年 3 月，教育部正式印发通知，将人工智能专业列入新增审批本科专业名单，全国共有 35 所高校获得首批建设资格。我国正逐步加强人工智能前瞻性基础研究，积极培养有国际影响力的人工智能领域人才，集聚科研力量为人工智能和相关交叉领域进一步深度融合提供了科研力量保障。人工智能城市作为一种高度智能化的城市发展形态，需要一个逐步建设的过程，相关专业领域的人才能够作为中坚力量助推，实现快速发展。

14.1.6　中国将人工智能纳入国家战略，人工智能发展蓄势待发

2013 年以来，美、德、英、法、日等国都纷纷出台了人工智能战略和政策。2016 年 1 月，"中国人工智能 2.0 发展战略研究"任务书下达。2016 年 5 月，中国人工智能 2.0 发展战略研究呈时任科学技术部部长万钢，获得批示。6 月，中国人工智能 2.0 院士建议书呈报中央，获得习近平总书记批示：尽快组织开展人工智能 2.0 战略规划及专项研究。

同年 7 月，中国人工智能 2.0 规划建议研究专家委员会正式成立。2017 年，中国政府工作报告和十九大报告中，将人工智能作为一项发展内容明确提出，意味着人工智能上升至国家战略层面。迄今为止，我国已印发实施《新一代人工智能发展规划》《促进新一代人工智能产业发展三年行动计划（2018—2020 年）》等一系列政策指导文件，指引中国人工智能科技产业规范、稳健发展。

2017 年 1 月，吴志强院士提出"人工智能的城市规划"，同年 9 月世界人工智能城市规划联盟宣布成立。

我认为，智能化是计算机及信息产业的应用，把人的智慧通过计算机集成，但始终不会超过人的智慧。关键是如何用得有效，用到自己的专业里面。同时，我们应清醒认识到：智能化不是万能的，不是所有事情都是智能化可以解决的。首先，需要知道我们在建设过程中需要哪些信息，然后使用计算机等信息技术智能化地去收集调配。然而，如何确定需要的信息，这个过程不是智能化可以代替的。

谢礼立　院士
中国地震局工程力学研究所名誉所长

2018年2月，吴志强院士入选中国科协人工智能15人，引领人工智能城市规划进入新一阶段的探索。对于当今世界，人工智能技术所引领的新一轮科技革命的影响力已超出了科技领域本身的范畴，正逐步影响、渗透、改变着当今多项产业经济，即将塑造未来的文化乃至政治格局。因此这是我国战略层面必须占领的高地。从多方面意义上讲，建设人工智能城市不仅为发展人工智能技术创造有利环境，更是为社会、经济、产业等诸多方面的升级铺路，以点带面作为抓手，推动我国综合实力再上一个台阶，实现对全球的引领带动作用。

AI 2.0 相关事件历程如图14.1.3所示。

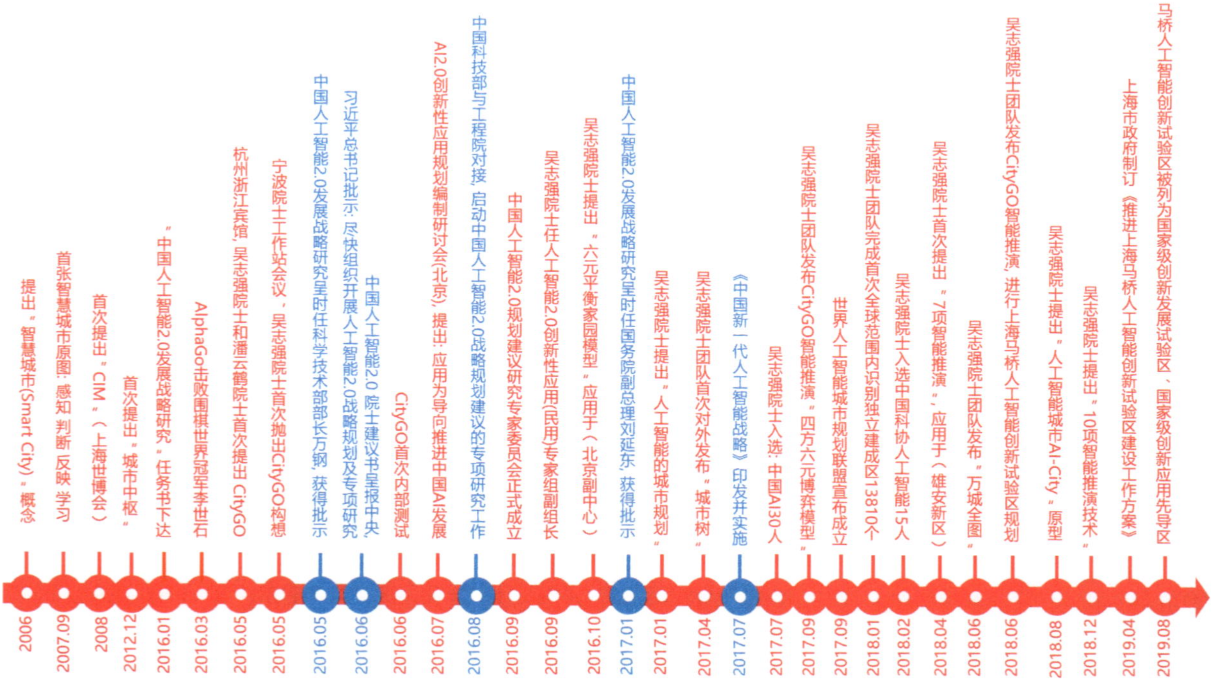

图 14.1.3　AI 2.0 相关事件历程

Figure 14.1.3　AI 2.0 Related Events

14.2 中国建设人工智能城市面临的挑战

The Challenges of Constructing AI Cities in China

14.2.1 人工智能城市的建设在世界范围内尚处于萌芽状态

中国的智慧城市系统构架是中心化结构，所有的城市运行数据、传感器数据都将被送到城市的大数据和云计算中心进行汇集和分析，并统一对整个城市的运行进行调度。然而，由于缺乏分级决策系统，城市没有能力进行全面调控和管理。

同时，目前中国的城市智能化建设处于初期阶段，聚焦于数据孤岛的消除、数据的感知采集和数据分析模型的建构，与自组织、可学习、可迭代的高度智能化的城市发展形态相去甚远。

此外，回顾中国的城市智能化的发展历程，几乎是以新城为载体进行建设的。这种方式的优点类似于在一张白纸上创作，可以很完整地实现最初的智能化设计构想；缺点同样是在这张白纸上，缺乏人的需求作为驱动，智能化设计很容易脱离实际情况。当大范围实施后需要进行调整时，很容易面临沉没成本高的困境。

综上所述，目前中国城市的智能化建设缺乏人工智能城市五要素：感知学习、规律识别、推演未来、智能自组织、需求驱动（图 14.2.1）。人工智能城市的建设在中国尚处于萌芽状态。

图 14.2.1　人工智能城市五要素

Figure 14.2.1　5 Elements of AI City

14.2.2 人工智能城市需要具备持续适应科技快速更新迭代的能力

现阶段，科技的创新周期短、效率高，已经进入一个新技术持续爆发的时代。美国咨询公司 Gartner 基于此提出了技术成熟度曲线（The Hype Cycle），反映了技术成熟所需要经历的科技诞生的促动期、过高期望峰值期、泡沫化低谷期、稳步爬升期和实质生产高峰期总共 5 个时期，最新 2022 年的曲线如图 14.2.2 所示，从中可以看到基础模型、Web3、计算型储存等正处于曲线的峰值区域，反映了当下最为热门的技术领域。

人工智能城市的建设将伴随着不同技术的快速更新，处于技术萌芽期的元宇宙、衍生式 AI、自主系统等，处于期望膨胀期的超级 APP、基础模型等技术，以及处于破裂低谷期的非同质化代币等技术，都将不同程度地融入到人工智能城市的建设中去。在未来，技术更迭还将持续进行，因而人工智能城市不能够是静态的，必须具备不断有效吸纳新技术的能力。但同时人工智能城市还需要一定的稳健性，能够对人工智能技术有选择性地进行筛选和优化，并使之充分融入人类社会中。处理好人工智能城市和人工智能技术两者的节奏性互动关系，是一项关键的挑战。

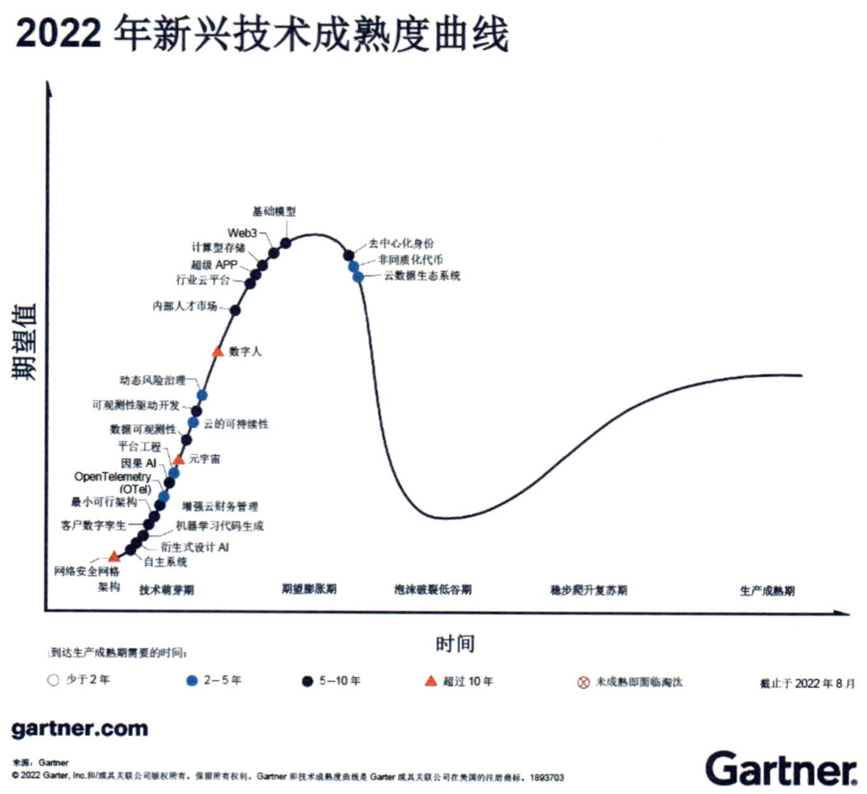

图 14.2.2　2022 年技术成熟度曲线

Figure 14.2.2 Technology Maturity Curve of 2022

14.2.3　人工智能城市的建设亟须产、学、研、政的协同

中国的智慧城市的发展历程是以企业的技术供应为导向，侧重信息软件和硬件的投入，“自上而下”执行设计构想，缺乏城市本身需求层面的反馈。未来，人工智能城市需要全社会进行共建，它不是一项工程，也不是一系列工程，而是涉及城市发展的方方面面，并与城市发展的整体战略融为一体。人工智能城市的建设不能仅仅依赖“自上而下”顶层设计的执行，必须激发科创企业、高等院校、科研机构、地方政府的协同创新力，“自下而上”地推动规划、建设、管理、运营全生命周期智能化。

14.2.4　人工智能城市和人的需求尚未搭接

发展人工智能城市可以汲取建设智慧城市的经验教训。过去以产品技术供给为导向发展智慧城市，更重视软硬件投入、各类平台的搭建，市民沟通参与程度不够，民众对智慧应用、智慧服务往往为被动式接受，脱离了城市和人的需求这个根本点，智慧城市的活力主要在企业、政府。

发展人工智能城市是为解决人民生产、生活、经济、社会和环境等一系列问题创造的一条新路径，将会是一项长期而又复杂的大型系统性工作，单纯的技术导向、项目驱动不足以形成根本动力源。未来人工智能城市的发展，以人的需求作为驱动，赋予城市各个部分以自我感知、自我诊断、自我优化的生命力。城市需求是人的需求的集中体现，不同于以往用技术“装备”城市，人工智能城市能够自发地以不同层面的城市需求为依据进行技术遴选，有效优化科技格局的发展，促使社会进步和技术进步相辅相成。

人工智能的建设对城市的发展与演进有重要的作用。AI城市可以实现城市为人提供更美好的生活而不断学习和迭代的自组织进化过程；可以突破传统智慧城市单一系统难以完成的、将自上而下与自下而上相结合的治理模式，从而提升了社会组织的效率。将新一代AI技术导入市民的生活、生产、生态以及城市的安全运行等方面具有广阔的前景，需要未来更多的研究及社会主体的参与。

吴志强
中国工程院院士，德国国家科学与工程院院士，瑞典皇家工程科学院院士，同济大学教授

参考文献

[1] 余永定，杨博涵. 中国城市化和产业升级的协同发展[J]. 经济学动态，2021(10): 3-18.
[2] 陆军. 中国城市管理的现代化演进(2001—2021)[J]. 北大政治学评论，2021(2): 199-238.
[3] 中国科学院大数据挖掘与知识管理重点实验室. 2019年人工智能发展白皮书[EB/OL].(2020-01-10)[2023-06-17]. http://pdf.dfcfw.com/pdf/H3_AP202001171374280695_1.pdf.
[4] China Daily. [N/OL].China Daily, 2017-08-03 [2023-06-17]. http://www.chinadaily.com.cn/business/tech/2017-08/03/content_30340585.htm CNBC.com.July 21, 2017. https://www.cnbc.com/2017/07/21/china-ai-world-leader-by-2030.html.
[5] What's New in the 2022 Gartner Hype Cycle for Emerging Technologies. (n.d.). Gartner. https://www.gartner.com/cn/information-technology/articles/what-s-new-in-the-2022-gartner-hype-cycle-for-emerging-technologies.

第 15 章　结语：
下一代人工智能技术的涌现

CHAPTER 15

EMERGING AI TECHNIQUES OF NEXT GENERATION

15.1 创作智能

Creative Intelligence

15.1.1 未来创作的智能化

与动物本能性的创作有根本的不一样，城市是每一个阶段人的创作的产物，是一种创作性的建构。针对城市的创作过程，是人类对自己的世界的生活、生产、生态环境有意向的创造。目前的人工智能技术发展更强调智能辅助，以智能学习人类、帮助人类、支撑人类，而不是人工创造的智能。下一代人工智能最有潜力的领域就是创作智能，正是和人工智能相反的智能，过去都是通过推演知道结果，现在是凡是可以推理出来的结果，就必不用，进而训练机器的创作智能，赋能人们对于自身生活的城市的创作过程。

例如，Google 提出了 Video Diffusion Models（图 15.1.1），对于无条件视频生成，此模型大幅优于此前的 SOTA 模型。其由标准的图像扩散模型 Unet 扩展而成。Unet 是一种神经网络架构，分为空间下采样通道和上采样通道，并通过残差进行连接。

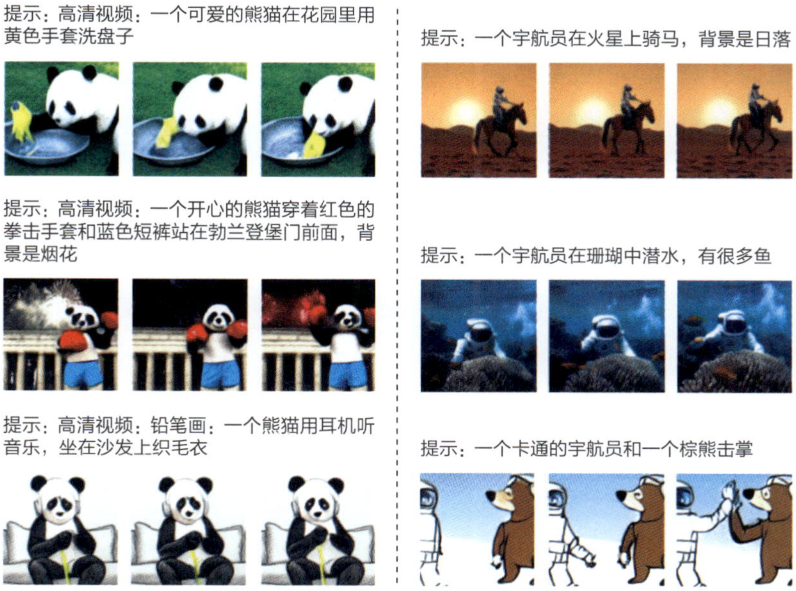

图 15.1.1 Google 研发视频生成模型

Figure 15.1.1 Generative Model by Google

15.1.2 城市创作

（1）物理形式。智能模拟的物理方法是基于实体模型设计的。当模型中一个或多个体块被改变或旋转，可以直观地反馈视觉的可达性、阴影的覆盖范围及其他环境适应性指标的变化。现代科技的应用进一步改善了这种基于设计模型的物理方法。一项试验性的产品被称为“智能模拟桌（simulation desk）”，该产品已经应用在意大利米兰理工大学的城市模拟实验室以及其他研究机构的科研项目中。模拟桌的思想来源于在最原始的设计方法中，通过控制模型来推敲方案。“模拟桌”的工作原理是：在一个真实的桌面上放置着实体规划方案模型，通过可移动光源、小型风机及其他微环境模拟装置，对模型进行环境影响的测评（图 15.1.2）。随着模型的改变，模拟装置产生的效果也相应发生变化，并

图 15.1.2　实物联动智能模拟桌
Figure 15.1.2 Intelligent Tangible Simulate Desk

且通过可视化的效果反馈给设计师，因此设计师可以根据反馈信息更准确地从环境影响的角度优化方案。

（2）数字形式。数字形式的方案模拟桌实际上是设计方案的人机交互创作平台。通过计算机软件绘制虚拟的方案模型，并且在建模的同时由计算机实时地完成环境指标的模拟和分析。相比于物理方法，数字智能模拟方法用虚拟的二维或三维模型取代实体模型，用实时的分析图像取代可视化的实体模型反馈信息，并且减少了小型模拟设备的使用而引入了计算机辅助软件的技术。不仅如此，数字方法还可以通过执行相关的软件来计算综合的指标系统，进而反映城市物质空间背后的属性。

MIT 的媒体实验室采用乐高模型与计算机辅助系统联动，开发了 CityScope 平台实现城市规划的共享、交互计算的概念，通过有形的数字平台致力于解决空间设计和城市规划方面的挑战，包括干预对城市影响的量化模拟以及规划过程的协同应用（图 15.1.3）。

未来智能模拟方法的理想模式应当是物理方法与虚拟方法相结合，即一方面设计师可以通过手工操作塑造空间模型（实体或是虚拟），另一方面通过数字方法进行环境指标的模拟及评价结果的反馈。有两项关键技术可以支撑综合方法的智能模拟：

第一项技术是物联网传感技术。该技术可以通过传感装置建立真实模型与虚拟信息的联系，将实体的信息以数据的方式采集到电脑中。

第二项技术是三维全息投影技术（Holographic 3D）。该技术可以通过真实和虚拟信息的相互转换实现人机交互。

15.1.3　未来城市智能创作平台

城市设计创作是一个复杂循环的过程，包括现状分析、案例参考、设计构思、方案验证、意见征集、成果制作等一系列环节。未来人工智能算法可以在城市设计的过程中发挥更多的作用，进而打破设计受到设计师思维惯性限制的局限，

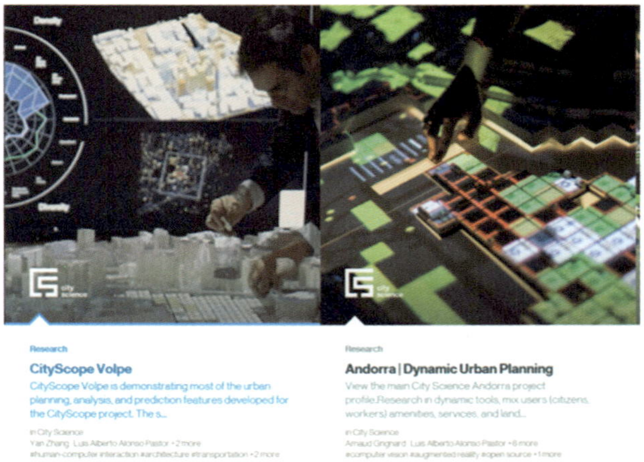

图 15.1.3　MIT 媒体实验室的 CityScope 数字化创作平台
Figure 15.1.3 CityScope digital design platform designed by MIT Media Lab

提升设计效果（图 15.1.4）。例如针对现状的分析，可以采用深度学习和跨媒体数据融合的算法，实现本地数据特征挖掘，在设计构思的过程中可以经过人工智能自主设计向设计师推介方案实现人机共智创造。因此，人工智能算法将有可能为城市设计带来全新的视野。在人工智能算法基础上，笔者提出城市设计智能平台的展望：未来的人工智能算法可以在一个时空平台上完成辅助创作的过程，可以实现从少量信息支撑的创作到海量信息支撑的创作、从低智能化到人工智能交互、从线下的个体智慧到线上的群体智慧、从目标导向到过程创新的城市设计创作过程的转变。

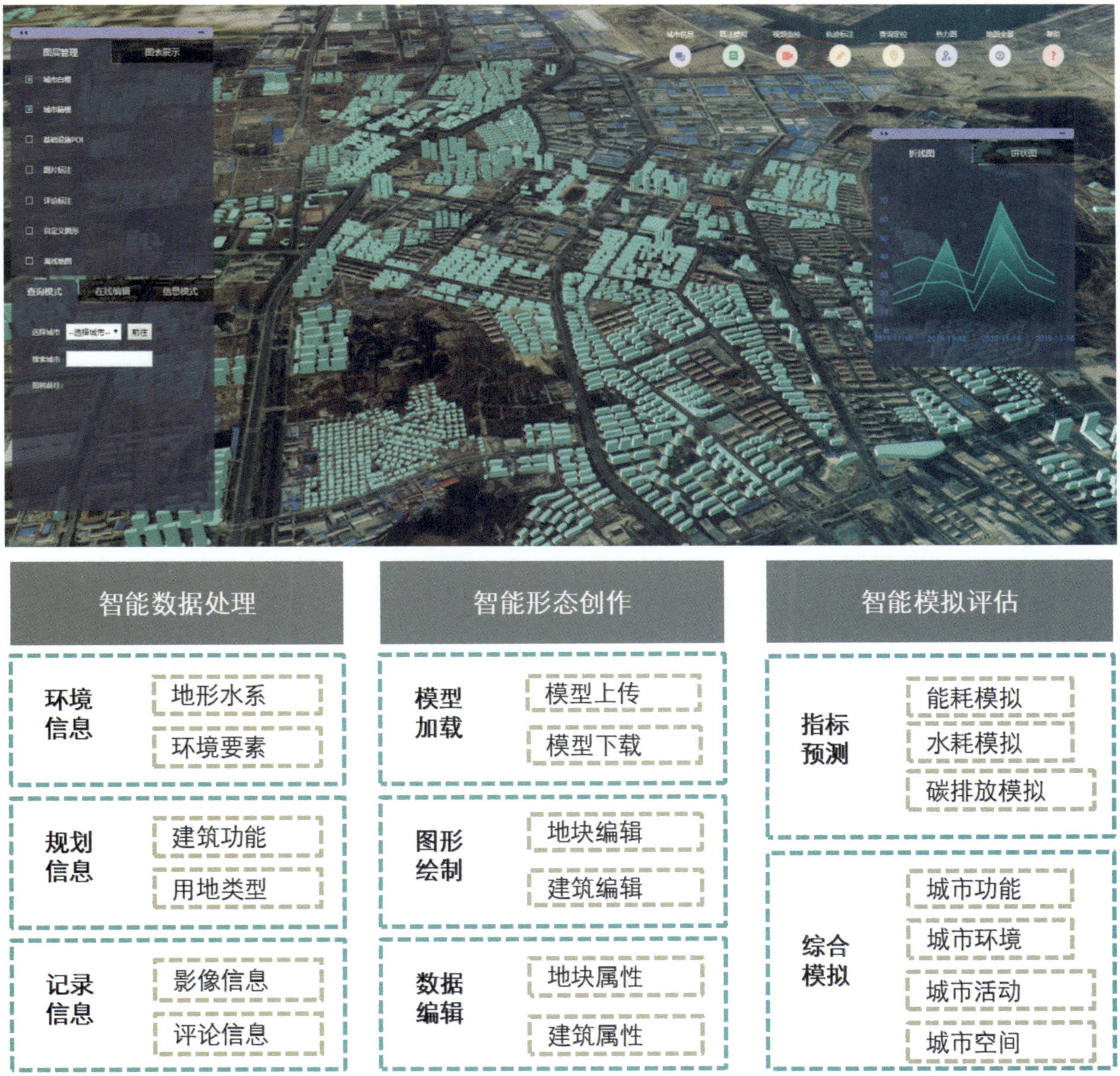

图 15.1.4　未来智能创作平台原型

Figure 15.1.4 The Prototype of Future Intelligent Planning

吴志强

中国工程院院士，德国国家科学与工程院院士，瑞典皇家工程科学院院士，同济大学教授

在城市的设计创作中，最本质的哲学问题是，凡是前人已经做过的、没有创新点的就不能叫设计，这是“规划”和“设计”的本质差别、核心要素。设计区别于规划，是先看“特”，再说合理性、认可度等；而规划相反，是规律导向，即别人做过的、被论证是可靠的、可重复的，但是设计不能重复。

创作智能的本质，是要学完规律以后破规律，是一个相反的人工智能。创作智能不是规律依据的，凡是有规则的都被计算机否定掉。它是案例依据的，通过对全世界范围内案例的学习，判断、淘汰已有过案例的设计方案，只有过去没人做过的，才算设计。其核心聚焦在用人工智能帮助设计师排除全球的已有案例。

15.2 情感智能

Emotional Intelligence

对于智慧城市来说，仅有“智商”还不够，还需要有“情商”，二者缺一不可；否则，城市生活中产生和积累的丰富的数据或者被搁置和封闭，或者只被用作管理数据而不能真正为服务人民所用。人工智能城市概念下的情感智能是指：大智云时代下，城市需要借助技术手段来更好地实现对市民情绪的察觉，主动的城市舆情表达，对市民群落情绪的自我驱动和激励，对城市弱者的同理心及建立一个完整的舆情反馈机制。这才是中国城市未来走向以人民为本的根本的措施。

一项来自帝国理工和三星的研究提出了一种具有时序特征的生成式对抗网络（generative adversarial networks，GAN），能够利用一张静态脸部图像和一段讲话语音生成视频。它可以捕捉讲话者的情绪变化，利用嘴唇和肌肉的运动将其反映在脸部的变化上（图 15.2.1、图 15.2.2）。

图 15.2.1　帝国理工和三星基于语音的脸部动画生成

Figure 15.2.1 Generate Facial Expression Based on Voice, Designed by Imperial College and Samsung

图 15.2.2　虚拟 + 现实任意场景的婚礼体验

Figure 15.2.2 Virtual+Reality Wedding

李世鹏
科大讯飞股份有限公司集团副总裁、国际欧亚科学院院士、深圳市人工智能与机器人研究院副院长、IEEE Fellow

人工智能可以从通智、算智、感智、认智、预智、决智6个层次来定义，要实现从底层到高层的智能，最重要的核心就是数据。目前，科大讯飞在底层智能已经很成熟，语音识别包含语音合成技术、语音识别技术，方言识别技术、人脸识别、场景识别、医疗图像分析等技术在各大比赛中取得很高的奖项。语音合成技术是很危险的技术，如果不善用会造成严重的后果，所以这是人工智能发展过程中要注意的一点。科大讯飞的语音合成里面总有自己的一些水印，可以让别人了解这是人的声音还是机器合成的声音。

AI可以帮助我们打破语言的障碍：一是可以把人机交互变得特别容易，二是能打破人和人之间交流的障碍。在打破人机沟通的障碍方面，科大讯飞与海底捞合作推出了机器人客服。在打破人与人交互的障碍方面，科大讯飞推出讯飞翻译机，在外出交流方面打破语言障碍；会议上，演讲的内容转化为文字，并且可以实现中英文实时翻译。讯飞的智能录音笔，可以在8～10秒实现实时录音转成文字，并且实时翻译；智能办公可转写成文字。

明斯基说，通过研究这些不同形式的心智活动，我们可以解释我们思维有时候会谨慎地理性分析而有时候又会被情绪控制的原因。它向我们展示了我们的心智是如何从简单的本能式的思维发展成了更复杂的形式，比如意识和自我认知。他认为，由于我们倾向于将我们的思维看成是一段一段进行的，所以我们无法体会到我们究竟是多么出色的思考者。实际上，如果思维可以被理解成某种一步一步的过程，我们就可以构建出某种机器（人工智能），使其不仅能通过像我们一样的思考来辅助我们思考，还有可能会变得和我们一样具有意识。

15.3 美学智能

Aesthetics Intelligence

15.3.1 计算美学

如果机器能够开始理解并影响我们对美的感知，就应该在设计过程中找到更好的方法来实现这些感知美学的过程。当机器学会设计时，应该与人工智能合作，通过美学和创造性的思维来丰富城市建设的实践。除了提高生产力之外，还可以重新思考居民的生活方式，以及如何塑造建筑环境。

在计算美学的研究中，使得计算机或机器人能够“发现美”并且“理解美”，是当前最活跃的研究主题，也是美学智能研究的第一步。由于视觉美学是一个主观的属性，往往会涉及情感和个人品味，这使自动评估美学质量成为一项非常主观的任务。然而，人们往往会达成一种共识，即一些特征组合在视觉上比其他组合更有吸引力，这是新兴研究领域——可计算美学的原理之一（图 15.3.1）。计算美学探索如何用可计算技术来预测人类对感知刺激产生的情绪反应，使计算机模仿人类的审美过程，从而用可计算方法来自动预测城市美学质量。

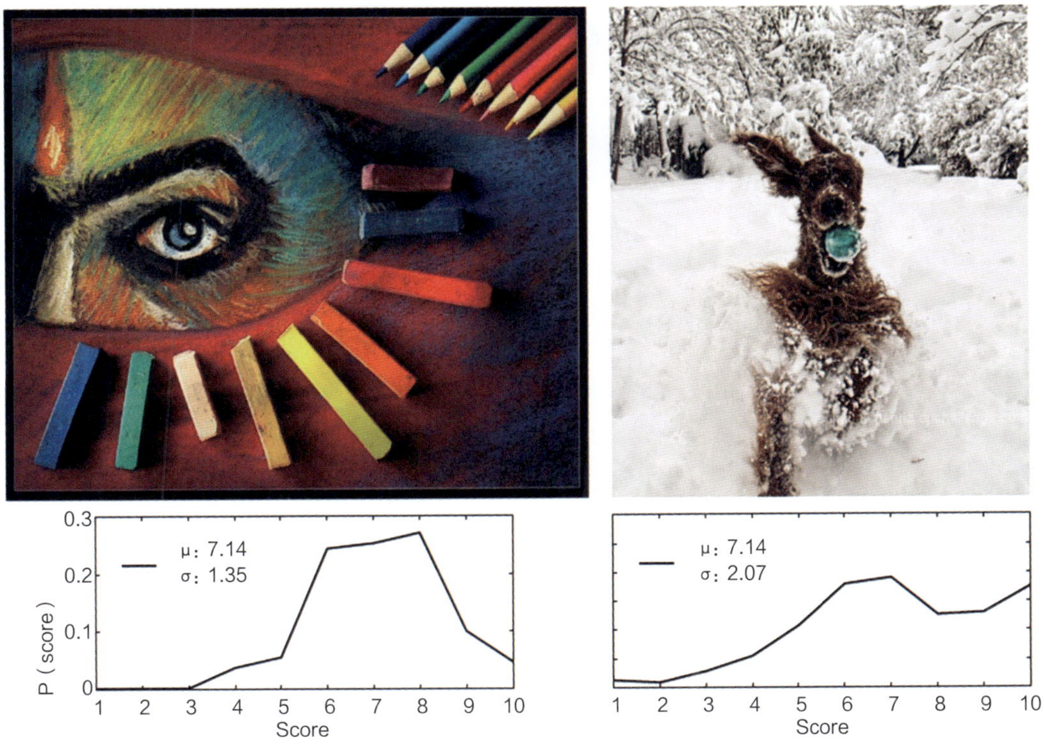

图 15.3.1　计算美学评价分布

Figure 15.3.1 Distribution of Computer Aesthetics

15.3.2 图像艺术：OpenAI DALL · E 2

OpenAI 是由诸多硅谷、西雅图科技大亨联合建立的人工智能非营利组织。2015 年，埃隆 · 马斯克与其他硅谷、西雅图科技大亨进行连续对话后，决定共同创建 OpenAI，希望能够预防人工智能的灾难性影响，推动人工智能发挥积极作用。

DALL · E 2 是一款令世人震撼的具有独立创造力的跨模态生成模型。之前不管是可以一键切换为卡通风格的 CycleGAN，还是以自动修复图像的 Partialconv，其中运用的 AI 技术只能在图像或者文字的单一模式下进行生成和模仿，而时下将文字转换成图像，甚至根据文字对图像进行修改的这种“脑补”能力也是一次创新性突破。

如图 15.3.2 所示，从 DALL · E 2 展示出的效果来看，其联想能力已经接近人类 6 岁的儿童，其艺术加工尤其是 PS 能力也已经达到了人类设计师的巅峰水平。在未来继续扩大参数规模的情况下，DALL · E 2 还预示着 DALL · E 3 将会有无限可能，这不禁让我们想进一步了解人工智能的边界到底在哪。

图 15.3.2　DALL · E 2 生成的图像

Figure 15.3.2 Generated Images by DALL · E 2

一个宇航员 + 在太空热带度假胜悠哉地躺着 + 蒸汽波风格（An astronaut + lounging in a tropical resort in space + in a vaporwave style）

15.4 智能创组

Intelligent Creative Cluster

15.4.1 共性议题的智能化

区别于只能处理特定问题的弱人工智能，它强调的是具备处理一般问题的能力。对通用人工智能的探索，使得利用同一个模型对多种问题进行优化和解决成为了可能。例如，在一项来自谷歌大脑的研究中，提出了一种神经网络架构搜索技术来构建神经网络，它不需要训练和调参就可以直接执行多种强化学习和监督学习任务。而在城市背景下，通过对城市全状态实时数据的不断收集及对城市问题的人为定义，人工智能城市将可以利用通用人工智能技术构建新一代具有一般智慧行为的城市模型，对城市海量数据进行记录和学习，从而预测城市运行中即将出现的各类问题，并通过对城市“形”和“流”状态的自发调节来应对和优化，以城市整体运行的最优化为目标，实现人工智能城市对人的需求的自发挖掘和自动满足。

世界城市学者联系网络图谱（图 15.4.1）便是实例之一。

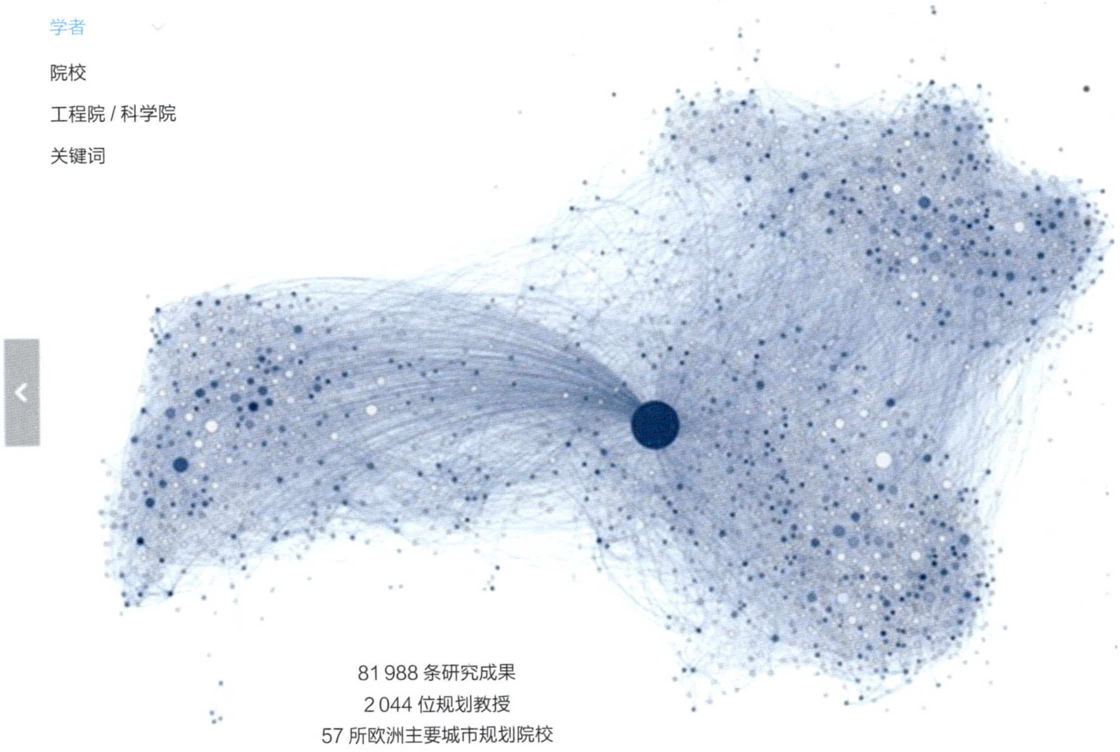

图 15.4.1　世界城市学者联系网络图谱

Figure 15.4.1 Network of Worldwide Planning Scholar

15.4.2 案例：智能城市知识服务系统 iCity

iCity 全称是智能城市知识服务系统（Intelligent City Knowledge Service System），是国际工程科技知识中心（IKCEST）系统之一，由中国工程院与联合国教科文组织共同发起。iCity 专注智能城市建设领域，为国际上智能城市相关从业人员提供数据知识服务，为我国智能城市建设做好支撑工作。

iCity 的建设总目标为：

（1）数据库资源建设。建设世界顶尖的智能城市相关知识的数据资源库，内容涵盖但不局限于城市基础数据、城市实践案例、城市智商（CityIQ）数据库、规划行业与新闻、学者网络与研究热点、规划教育课程等，为公众、学生、学者与专家提供智能城市建设相关的信息与资讯。

（2）智城知识应用服务。依托数据库等各类资源的建设以及规划院校、科研院所的人才支持，远期提供城市规律发现、城市问题诊断、城市规划方法与城市未来推演的服务，为未来智能城市建设提供科学与强有力的支持。

（3）智城知识教育普及。依托已有的教育资源、师资力量和学术与技术成果，协同各方资源，建立为相关领域工程技术从业者、在校学生，以及第三世界国家相关从业人员与科研工作者提供系统学习智能城市知识的平台，成为世界范围内智能城市知识推广的引领者。

iCity 的整体架构主要由两部分组成：世界城市观察（WOC-World Observatory of Cities）和世界规划知识（WUP-World Knowledge for Urban Planning-education）（图 15.4.2、图 15.4.3）。“世

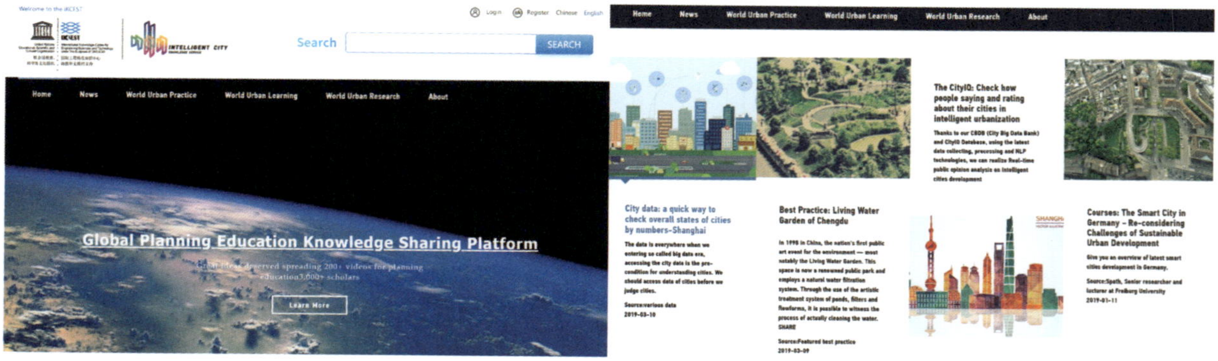

图 15.4.2　iCity 主界面

Figure 15.4.2 Main Interface of iCity

吴志强

中国工程院院士，德国国家科学与工程院院士，瑞典皇家工程科学院院士，同济大学教授

世界上所有的智慧城市就像撒落在地球上的各个智慧的种子，智慧的种子需要我们共同来维护、浇灌、给它们阳光和雨露。而 iCity 这个网站便是一个平台，能让全球智慧城市联合起来，完成未来发展的可持续目标。

Architecture 构架

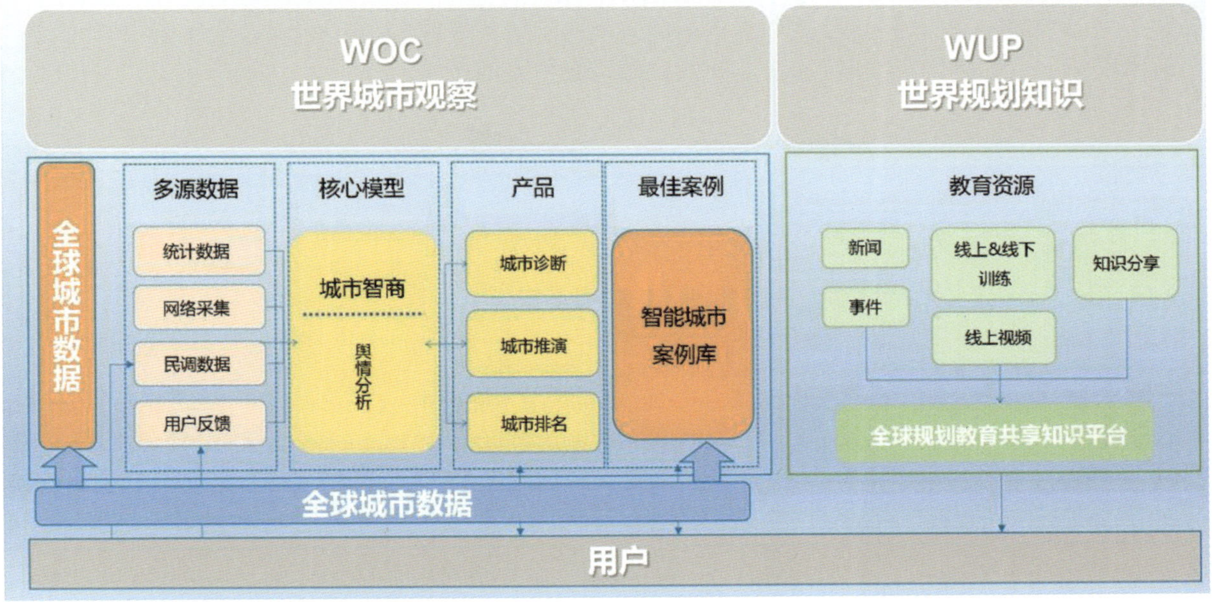

International Knowledge Centre for Engineering Sciences and Technology under the Auspices of UNESCO
IKCEST 联合国教科文组织国际工程科技知识中心
Intelligent City Knowledge Service
智能城市知识服务

iCity
WeChat Subscription Account

图 15.4.3　iCity 架构
Figure 15.4.3 Structure of iCity

界城市观察”全球城市数据（Citydata）与智能城市案例库（World Best City Practices）为基底，同时开发以 CityIQ 为代表的功能，近期实现城市数据查询、对比，远期实现城市推演和诊断。面向公众开放，实现全球城市概览与案例学习等基础功能，提供简单的量化查询、分析与比较功能，城市之间互相吸取优秀发展经验，弥补自身不足；随着平台影响力的扩大，将与更多的城市有互动往来，城市将会参与数据的建设工作，面向全球城市开展服务。

“世界规划知识”以行业及学术前沿资讯为纽带，重点打造全球规划教育的共享知识平台，实时追踪最新资讯，面向学者、从业人员及相关专业学生，提供终身学习教育资源与成果交流平台，推动产学联动发展，为智能城市研究与建设、规划教育输出更多的技术与人才。

参考文献

[1] Gatys L A，Ecker A S，Bethge M. Image style transfer using convolutional neural networks[C]//Proceedings of the IEEE Conference on Computer Vision and Pattern Recognition. New York：IEEE Communication Society，2016：2414-2423.

[2] W R Tan，C S Chan，H E Aguirre et al. ArtGAN：Artwork synthesis with conditional categorical GANs [C]//2017 IEEE International Conference on Image Processing（ICIP），2017：3760-3764.

[3] Radford A，Metz L，Chintala S. Unsupervised Representation Learning with Deep Convolutional Generative Adversarial Networks[J]. Computer Science，2015，11（1）：doi.org/10.48550/arXiv.1511.06434.

[4] Jonathan Ho，Tim Salimans，Alexey Gritsenko，et al. Video Diffusion Models. 2022-04-07. https：//doi.org/10.48550/arXiv.2204.03458.

[5] Konstantinos Vougioukas，Stavros Petridis，Maja Pantic. 2018. End-to-End Speech-Driven Facial Animation with Temporal GANs. 2018-05-23. https：//doi.org/10.48550/arXiv.1805.09313.

[6] Hossein Talebi. Peyman Milanfar. 2018. NIMA：Neural Image Assessment. 2018-04-30. https：//doi.org/10.1109/TIP.2018.2831899.

[7] Aditya Ramesh，Prafulla Dhariwal，Alex Nichol，Casey Chu，Mark Chen. 2022. Hierarchical Text-Conditional Image Generation with CLIP Latents. 2022-04-13. https：//doi.org/10.48550/arXiv.2204.06125.

后记 Postscript

在过去十余年的不断实践与创新中，人类赖以生存的主要空间——城市，在人工智能浪潮的引领下，也面临不断升级和变革更新的发展契机。智慧城市逐渐向人工智能城市迭代。人工智能城市基于人的需求、智能的需求、企业的需求、城市管理者的需求，它以问题为导向进行架构，解决过去所不能解决的问题。它具有自我迭代、自我更新、自我学习的能力，为全球城市智能化治理与城市的可持续发展注入了新的动力。

本书以人工智能城市为题，首次系统地介绍了人工智能城市的概念，阐述了从智慧城市到人工智能城市的发展理论基础，人工智能城市的技术前沿、核心目标、智化要素等内容，并以丰富的实践案例展示了人工智能技术对城市规划、城市治理、城市场景等方面的结合。

本书也探讨了下一代人工智能技术的发展方向，以及城市规划者应聚焦突破的挑战，愿城市规划实践者、相关领域学者与普通市民通过对本书的阅读，都能对人工智能技术、未来城市、技术发展趋势等问题有自己全新的见解。

在这里，我尤其要感谢潘云鹤院士带领我进入人工智能创新应用领域；感谢中国工程院的前辈、专家院士在课题工作中对我和我的团队的指导；也感谢我的科研攻关团队成员、学生们和助手们的共同努力和陪伴。

作者

2023 年 4 月